# SANO SENSO DI SÉ

## Come liberarti dalla dipendenza d'approvazione

**Antoinetta Vogels**

**BALBOA.**PRESS

A DIVISION OF HAY HOUSE

I libri Balboa Press possono essere ordinati tramite le librerie oppure contattando:

Balboa Press
A Division of Hay House
1663 Liberty Drive
Bloomington, IN 47403
www.balboapress.com
844-682-1282

A causa della natura dinamica di internet, qualsiasi indirizzo web o collegamento contenuto in questo libro potrebbe non essere più valido rispetto alla data di pubblicazione. Le opinioni espresse in questo lavoro sono esclusivamente quelle dell'autrice e non riflettono necessariamente le opinioni dell'editore che, quindi, declina ogni responsabilità al riguardo.

L'autrice di questo volume non fornisce, né direttamente né indirettamente, consigli medici né prescrive l'uso di alcuna tecnica come forma di trattamento per problemi fisici o emotivi senza il previo consulto di un medico. L'intento dell'autrice è quello esclusivo di offrire informazioni di carattere generale per aiutarti nella tua ricerca del benessere emotivo e spirituale. Nel caso in cui utilizzi una qualsiasi delle informazioni contenute in questo libro, tuo diritto costituzionale, l'autrice e l'editore non si assumono alcuna responsabilità per le tue azioni.

Copertina: Marco Scozzi
Illustrazioni: Laura Vogels, Susanna Scozzi

Le informazioni di stampa sono disponibili nell'ultima pagina.

ISBN: 978-1-9822-6559-5 (sc)
ISBN: 978-1-9822-6560-1 (e)

Revisione stampa Balboa: 04/05/2021

# Dichiarazione
# di non responsabilità

Il contenuto di questo libro viene presentato unicamente a scopo informativo ed educativo. Nessuna sua parte è intesa né presentata per curare, prevenire o diagnosticare in alcun modo malattie o condizioni fisiche, mentali, emozionali, spirituali, psicologiche, psichiatriche o mediche di alcun genere. Se avete problemi o sperimentate sfide di qualsiasi tipo, siete qui invitati a consultare un professionista competente, pertinente e titolato.

L'utilizzo del presente materiale non è un sostituto né è destinato ad alcun utilizzo connesso a servizi sanitari, psicologici, psichiatrici, medici, legali o di altro genere. L'autrice di questo libro non è psicologa qualificata e abilitata, né psichiatra, né professionista abilitata in pratiche sanitarie di alcun genere e né lei né il contenuto di questo libro ne rappresentano in alcun modo le pratiche o le procedure. Tutto ciò che viene presentato in questo libro è basato su esperienza e storia personale e non è stato (finora) testato o verificato tramite ricerca scientifica.

Vi viene notificato che, leggendo il contenuto di questo libro, siete interamente responsabili di qualsiasi diretta o indiretta conseguenza o risultato di questa lettura. Leggendo qualsiasi argomento trattato in questo libro, acconsentite a non essere nel diritto di ricevere indennizzi da chiunque sia associato con il libro stesso, per ogni uso, cattivo uso o non uso che venga fatto di ciò che è qui incluso.

# Dedica

Alle nostre madri e ai nostri padri, che non hanno potuto fare
a meno di trasmettere le sofferenze ereditate dai loro genitori.

Ai genitori come me, che spezzano questo circolo vizioso.

Ai nostri figli, che devono ancora elaborare molte cose,
ma che sono in grado, ora, di sviluppare un Senso di Sé più sano.

Ai figli dei nostri figli, ai quali possano essere risparmiate
sofferenze e guerre.

*Hai solo una vita da vivere; assicurati che sia la tua!*

~ Antoinetta Vogels

# Sommario

"Se fin dai primi momenti si stabilisce un modello positivo di desiderio, il bimbo crescerà con desideri naturali che si accordano ai suoi bisogni reali. Infatti, in una persona psicologicamente sana, i desideri producono vera felicità. Ma se al fanciullo viene imposta la concezione contraria, secondo la quale i desideri sono una cosa di cui vergognarsi e solo a caro prezzo trovano soddisfazione, allora il desiderio non si svilupperà in modo sano. Con l'andare degli anni, l'adulto continuerà a cercare soddisfazione al di fuori di sé, vorrà sempre più denaro, potere o sesso per riempire un vuoto che nell'infanzia è stato prodotto nel suo senso di sé, poiché la sua personale percezione dell'essere è considerata sbagliata."[1]

[1] Deepak CHOPRA, L'antica saggezza dell'anima, Sperling & Kupfer, Milano 1997. Traduzione a cura di Alessandro Magherini.

# Introduzione

## L'INIZIO DELLA MIA RICERCA INTERIORE

Lo sviluppo del **Metodo del Senso di Sé** è iniziato quasi trenta anni fa come ricerca personale quando, da neomamma, cercavo di porre fine alla mia insonnia. Non potevo immaginare che quella problematica avrebbe dato il via a una ricerca, tuttora in corso, sui pregiudizi che avevo rispetto alla vita, e che avrebbe dato luogo a un progetto di ricerca, educazione e business. La pubblicazione di questo metodo rappresenta il mio contributo allo sviluppo, per ciascuno, di una vita migliore e, su scala maggiore, per il mondo intero. Ecco come tutto è cominciato.

Era il 1985, mia figlia aveva solo tre mesi ed era ora di riprendere il lavoro. All'epoca ricoprivo il ruolo di fagottista nell'Orchestra Filarmonica di Amsterdam e il periodo di permesso per maternità era arrivato al termine.

Essere una neomamma è sempre una sfida, figuriamoci dopo un parto prematuro. Era minuta come una bambola la mia primogenita; prendermi cura di lei, e tornare a lavorare, richiedeva chiarezza di mente e un corpo ben riposato; e invece no, non riuscivo a dormire! Perché improvvisamente, e proprio quando ne avevo maggiormente bisogno, non ero più in grado di concedermi un sonno meritato e gratificante?

"Senza dubbio ho dei problemi a causa della mia nuova situazione, ma sono certa che si risolveranno in maniera graduale da soli", cercavo di rassicurarmi. Purtroppo, invece, nulla cambiava. Riuscivo a dormire abbastanza bene una notte ma nelle due notti successive il sonno era di breve durata o del tutto assente. In realtà non avevo preoccupazioni mentre ero distesa a letto: la mia mente era assolutamente vuota e non vi era alcun motivo di agitazione. Non avevo idea di che cosa stesse succedendo.

Nei mesi successivi l'inizio della mia insonnia, cercai molti rimedi. "Bevi una tazza di latte caldo prima di andare a letto" mi raccomandava mia madre. "Ci vuole un bicchiere di vino rosso" suggeriva un amico volenteroso. "Sospendi ogni attività un'ora prima di andare a letto e fai esercizi di rilassamento" diceva qualcun altro. "Niente caffè!" era l'ordine di molti conoscenti. "Niente aglio e niente peperoni!" era il rimedio proposto da un guaritore tibetano unitamente alla prescrizione di un gran numero di pillole scure e amare le quali non portarono differenza alcuna. Il mio dottore intervenne poi con medicine che favorivano il sonno e che, sì, funzionavano, ma quando smettevo di assumerle ero al punto di partenza. Poiché era stato escluso che la mia insonnia persistente dipendesse da cause cliniche, non facevo che disperarmi: "Cos'altro mi resta se non una vita passata prendendo medicinali?".

Mi rifiutai di seguire tale percorso. Ero già allora convinta che dormire fosse un processo naturale, quindi se il mio sonno veniva ostacolato, ci *doveva* essere una ragione. Scelsi così di cercare la causa, e il conseguente rimedio, della mia difficoltà a dormire, tanto dannosa per la qualità della mia vita. Ciò ha influito sulla mia capacità di fare da madre alla mia bambina, sul mantenermi in salute e riprendere la mia carriera, per non parlare delle conseguenze sulla vita dei miei familiari.

Con il senno di poi, posso dire che l'insonnia non era l'unico mio problema: vi era anche il mio temperamento estremo. Se le cose non andavano secondo le mie aspettative, avevo scoppi di rabbia di cui incolpavo chiunque. Perfino il mio migliore amico espresse la sua preoccupazione riguardo a questo lato del mio carattere. I miei colleghi concertisti si lamentavano per il mio scarso spirito di gruppo. Ero colpita di frequente da raffreddori proprio nei giorni cruciali dei concerti e da mal di gola quando avevo un impegno canoro. "Non vai a tempo con gli altri musicisti dell'ensemble" mi facevano notare candidamente i colleghi.

Provavo a cambiare ciò che era *al di fuori* di me stessa: mi esercitavo sul fagotto in modo ossessivo, seguivo un maggior numero di lezioni e mi facevo aiutare nei lavori di casa. Non una sola cosa tra quelle che provai allora, seppe fornire i risultati sperati. La ricerca al di fuori di me stessa non mi aiutava a risolvere i problemi, così iniziai gradualmente a osservare cosa stesse accadendo *dentro* di me. Cominciai a valutare i miei pensieri e il mio comportamento. Scavai più a fondo all'interno delle situazioni che mi preoccupavano invece di respingerle. "Qual è la Motivazione dietro alle azioni che compio, o dietro a quelle che cerco di evitare?" mi chiedevo. "Qual è il motivo delle mie esplosioni di rabbia, assolutamente sproporzionate?"

Un registratore MiniDisc divenne il mio confidente. Iniziai a registrare i miei pensieri e le mie sensazioni, che poi riascoltavo. Per 25 anni ho parlato al mio registratore e mi sono studiata, cercando di dare un senso alle mie motivazioni. Mi resi conto che non prendevo decisioni in maniera conscia: alcune emozioni quotidiane erano in realtà reazioni a motivazioni di cui non ero consapevole. Decenni dopo, emerse la cognizione di ciò che, effettivamente, stava accadendo nella mia mente: cominciai a notare cose che erano state del tutto escluse dalle mie riflessioni. Mi sentivo sempre più scossa nel trovare quello che iniziai a chiamare "il mio Ordine del giorno nascosto".

Con mia sorpresa, mi resi conto di avere molti timori. Iniziai così a seguire un percorso a ritroso verso le radici delle mie paure e, finalmente, capii cosa mi tenesse imprigionata. Alcune motivazioni, nate *da bambina o adolescente*, erano ancora presenti e attive in me *adulta*. Non avevo ancora compreso, però, i motivi delle mie paure o della mia insonnia. Tutto ciò che sapevo fare era creare una mappa ma, com'è noto, "la mappa non è il territorio"[1]. Quella mappa, tuttavia, mi è stata utile nel modificare, sia internamente che esternamente, il territorio della mia vita.

Parecchi anni dopo fui in grado di descrivere la natura di molti dei miei problemi; conclusi che essi scaturivano da un rapporto non salutare con mia madre. Inconsapevolmente, si era formato un **Invischiamento** (vedi pag. 110) tra me e la donna che mi aveva allevata: mia mamma. Questo intreccio mi impediva di sviluppare il senso di essere una persona autonoma e indipendente. Come se fossi ammaliata, tentavo di soddisfare le condizioni da lei imposte, invece di sviluppare un sano senso di me stessa.

---

[1] Citazione attribuita ad Alfred Korzybski, fondatore del campo di studi di Semantica Generale.

Da bambina, mi ero convinta inconsciamente che provando a comportarmi in modo da compiacerla avrei ottenuto la sua attenzione. Avevo via via interiorizzato le condizioni che mi assicuravano l'approvazione di mia madre. La realizzazione di queste condizioni divenne poi il fine unico della mia vita, perfino da adulta e anche dopo la sua scomparsa. Ero invasa da una grande paura tutte le volte che mi trovavo sul punto di sbagliare o quando trovavo un ostacolo durante i miei tentativi di vivere secondo i suoi standard.

## Qualcosa è venuto a mancare: il mio Senso di Sé

Nella mia ricerca della verità, ho fatto una scoperta inaspettata, che temevo persino di pronunciare ad alta voce. È stata la verità più difficile che abbia mai dovuto affrontare e, ancora adesso, mi fa venire i brividi.

Cosa c'è di più sacro di una madre? Il ruolo e la funzione di una madre sono venerati in ogni cultura. Avevo, quindi, grande difficoltà nel trovare supporto all'interno della mia famiglia di origine e perfino tra gli amici, quando si trattava di esaminare la possibilità che ci potesse essere un difetto nel rapporto tra mia madre e me. Persino la Bibbia la protegge: *"Onora il padre e la madre".* Ma come avrei potuto trovare una soluzione al mio problema, realmente esistente, se avessi ignorato la possibilità che la mia educazione non avesse seguito l'immagine comunemente accettata dell'amore incondizionato?

Sarei riuscita a guardarla negli occhi e comprendere che anche lei, mia madre, era una persona come tutte le altre, con i propri demoni interiori? Mi sono resa conto di non essermi mai sentita riconosciuta e rispettata in quanto essere umano, unico nel suo genere; così in me è stato ostacolato lo sviluppo di un **Senso di Sé**, e tale *mancanza* si è rinforzata in altri momenti critici della mia vita. Ho preso decisioni mediocri perché non erano basate su un sano senso della mia persona. Insomma, in me mancava qualcosa di fondamentale.

Fu uno shock scoprire che, fino ad allora, l'unico scopo della mia vita era stato capire *che cosa* mi mancasse. Mi misi a studiare il comportamento e le dinamiche interiori di altre persone; chiedevo loro come percepissero il proprio Sé, e come potessero essere certi che le loro motivazioni scaturissero proprio da quella sorgente. Fu comparando la loro interiorità con la mia, più ansiosa e frenetica, che capii che un **Sano Senso di Sé** è essenziale per un'esistenza felice e produttiva.

Dipendevo dall'approvazione di mia madre, nonché di altre figure significative della mia vita come insegnanti, capi e colleghi. Avevo assimilato le opinioni e i giudizi dei miei genitori fino a farli radicare in me, dominando la mia mente. Soddisfare quei criteri contorti generava in me un senso di sicurezza ma, alla fine, sono diventata consapevole del fatto che quei brevi momenti di benessere non solo erano malsani, ma erano anche un misero sostituto per un Sano Senso di Sé.

## Mettere a frutto le intuizioni

La situazione era confusa, ma almeno l'avevo inquadrata. Dovevo capire quale fosse il vero significato di un Sano Senso di Sé, che non dipendesse cioè dall'approvazione degli altri o dalla mia **Voce genitoriale interiorizzata** (vedi a riguardo pag. 85). Intrapresi così un viaggio alla ricerca del mio Sé.

Grazie all'introspezione, riuscii a chiarire il problema; mi diedi quindi da fare per modificare gli effetti negativi delle esperienze infantili ancora attive in me. In pratica, cercavo di attivare un processo di ricondizionamento. Ci vollero tutto il mio tempo e la mia energia e, per molti anni, questa attività riempì le mie ore di veglia, non diversamente da un lavoro.

Paradossalmente, anche le notti insonni, per quanto massacranti, mi portavano spesso notevoli intuizioni. Esausta ma determinata a sopravvivere, come un'antilope che cerca di sfuggire agli artigli di un leone, restavo aggrappata alle mie *Dodici affermazioni per ricondizionare il Senso di Sé* (vedi Cap. 12, pag. 191). Finalmente riuscii a dormire meglio e anche molti altri problemi si attenuarono fino a scomparire. Il livello di qualità della mia vita e di quella dei miei cari migliorò notevolmente.

Rispetto ad allora, oggi sono più felice, più spensierata, più in salute, più soddisfatta del mio lavoro. Anche se all'inizio ricadevo spesso nei vecchi meccanismi di pensiero (talvolta, mi capita ancora), sono arrivata alla certezza che il mio *essere* e il mio *agire* sono concetti separati. Affinché io *sia*, non devo necessariamente *agire*; affinché io *agisca*, invece, devo prima *essere*. La scelta tra l'agire e il non agire è secondaria. Insomma, il mio essere non è più correlato al mio agire, né dipendente da esso.

Fin dall'inizio compresi di non essere l'unica persona in quelle condizioni: ero sicura che qualcun altro avesse problemi e meccanismi di pensiero simili ai miei. Fu quello il momento in cui mi resi conto che le mie soluzioni avrebbero potuto essere di aiuto ad altre persone, così decisi di mettere tutto per iscritto. Condivido, quindi, in questo libro sia le deviazioni della mia realtà dal naturale corso di sviluppo, ossia la **Teoria del Senso di Sé**, sia il modo con cui sono riuscita a riprendere il controllo di me stessa, cioè il **Metodo del Senso di Sé**. Spero che altri ne possano trarre beneficio e che le mie osservazioni possano accelerare, per alcuni dei miei lettori, il conseguimento di un **Livello di qualità della vita** migliore.

Posso affermare con sincerità che entrare nel giusto atteggiamento mentale e sperimentare un Sano Senso di Sé è ogni giorno più facile; tuttavia, è necessario sottolineare che il mio metodo non è un rimedio dai risultati immediati. È certo, però, che non c'è niente di peggio che non vivere affatto la propria vita, e, anche se il mio metodo ha bisogno di tempo, per la tua vita ne vale la pena!

Ma cosa mi ha motivato a dedicarmi per anni a un lavoro così impegnativo come sviluppare e condividere il materiale che ora tu hai di fronte? Nel corso del mio processo di autoanalisi, ho capito che è effettivamente possibile spezzare il circolo vizioso delle famiglie che tramandano un Senso di Sé malsano da una generazione all'altra. Una volta che ti sarai riappropriato di un Sano Senso di Sé, sarai in grado di trasmetterlo efficacemente anche ai tuoi figli.

Se questo obiettivo fosse raggiunto su scala globale, la qualità di vita di ognuno migliorerebbe. Sono fiera del percorso della mia vita e spero che altri possano apprendere dalle mie esperienze e contribuire a fare di questo mondo un posto migliore.

Condividendo, con te e con tutti, i risultati ottenuti, adempio a un voto fatto quando, bambina di quattro anni, guardavo le rovine causate dalla Seconda Guerra Mondiale.

# Il mio voto di bambina

Sono nata nei Paesi Bassi subito dopo la Seconda Guerra Mondiale. Anche se non ho vissuto il periodo bellico, è vivido il ricordo delle storie che mio padre raccontava a proposito degli orrori che accadevano durante la Shoah. Ricordo quando, con lui, percorrevo le strade bombardate e in rovina di Groningen, la città dov'era nato e cresciuto.

Tali atrocità, di cui venivo dettagliatamente a conoscenza, sono rimaste impresse indelebilmente nella mia memoria. Non c'è allora da stupirsi se io presi la ferma decisione – un voto con me stessa – di dover in prima persona fare qualcosa per fermare le guerre.

Non potevo sapere che un senso di me assente, e la conseguente impresa di capire cosa non andasse in me, mi avrebbe dato una maggiore consapevolezza su come aiutare chi mi circonda e il mondo intero. Il mio sogno è che la diffusa applicazione del Metodo del Senso di Sé possa prevenire non solo le piccole, personali guerre in famiglia o sul luogo di lavoro, ma anche quelle di più ampio respiro tra le nazioni. Preferisco però cominciare con la speranza che questo metodo aiuti te e i tuoi cari a raggiungere pace e successo e a essere all'altezza del tuo potenziale.

**Figura I.1:** Io, all'età di quattro anni, con mio padre.

Così è nato questo libro. Ora preparati a lavorare verso l'obiettivo di ridurre e, ancor meglio, debellare la tua sofferenza.

## Ciò che questo libro presenta: il Metodo del Senso di Sé

Questo libro offre una teoria olistica (cioè che considera corpo, emozioni e mente reciprocamente interconnessi) come base per un modello di autoaiuto basato sulla convinzione che molti sintomi della sofferenza umana siano radicati in un **Senso di Sé assente** (vedi il

Cap. 1, *Teoria e Metodo del Senso di Sé*). Spera inoltre di fare chiarezza su come lo sviluppo, in adulti sani e operativi, possa essere ostacolato durante l'infanzia, con conseguenti distorsioni nel sistema psico-emotivo. Tali anomalie, a loro volta, possono sfociare in problemi fisici, psichici, emozionali e sociali. Non sei davanti a una teoria psicologica, né a un esercizio astratto, piuttosto a uno studio personale, ma approfondito, relativo alle anomalie nello sviluppo dell'individuo.

Le finalità di questo lavoro sono le seguenti:

1. Aiutarti a capire se hai un **Senso di Sé sostitutivo**.
2. Capire come e perché ciò è accaduto.
3. Permetterti di accettare e quindi affrontare tale situazione.
4. Eliminare dal tuo presente l'influenza di questo passato non salutare.
5. Trasformare, infine, il tuo Senso di Sé sostitutivo in un **Senso di Sé ristabilito**.

Il libro è suddiviso in quattro sezioni:

**Parte I**: Introduzione alla Teoria e al Metodo del Senso di Sé, con un quadro completo dello stato mentale ed emotivo di una persona con un Senso di Sé assente.

**Parte II**: Esempi di vita di una persona con un Senso di Sé assente.

**Parte III**: Descrizione della guarigione dalla dipendenza da un Senso di Sé sostitutivo. Sono inclusi la procedura da seguire nonché esercizi e consigli per ristabilire il Senso di Sé.

**Parte IV**: Elaborazione più dettagliata dei concetti fondamentali della Teoria e del Metodo del Senso di Sé e conclusioni importanti.

## CHI POTREBBE OTTENERE BENEFICI DALL'UTILIZZO DI QUESTO METODO?

Nel caso ti dovessi identificare in uno, o più, dei punti indicati nella lista qui di seguito, è assai probabile che, con il Metodo del Senso di Sé, sarai in grado di migliorare la qualità della tua vita.

- Qualcosa "non va", ma non sei in grado di identificare cosa.
- Ti rendi conto che non stai vivendo all'altezza del tuo potenziale.
- Dottori e terapeuti non ti fanno stare meglio.
- Hai difficoltà relazionali nel matrimonio, con i figli, nell'ambiente sociale e professionale.
- Possiedi un certo fanatismo nel lavoro, in altre attività o nei tuoi comportamenti.
- Hai difficoltà a rimanere sobrio.
- Soffri dal punto di vista fisico o emotivo.
- Sei affetto da una serie di sintomi, tra i quali:

| | |
|---|---|
| Affaticamento | Problemi coniugali |
| Ansia | Problemi correlati al lavoro |
| Auto-sabotaggio | Problemi di apprendimento e carenza |
| Depressione | di concentrazione (specialmente nei |
| Dipendenza | bambini) |
| Sensibilità al turbamento | Problemi relazionali in genere |
| Insonnia | Reazioni eccessive |
| Mal di testa | Ricadute durante il recupero da dipendenze |
| Nervosismo | Scatti di rabbia |

Ti prego di non scartare troppo velocemente l'idea che anche tu, come tante altre persone, possa soffrire di un Senso di Sé assente. Uno stato di negazione può essere veramente deleterio. Del resto, i sintomi e i problemi variano da persona a persona e in base alle circostanze. La forza del Metodo del Senso di Sé è che funziona come un ombrello, coprendo un gran numero di disturbi e disfunzioni.

## COSA TI SI RICHIEDE?

Non serviranno pillole, dottori, nuove religioni o nuove tecnologie (anche se alcune persone potrebbero trarre beneficio o addirittura necessitare di assistenza professionale) per poter aiutare te stesso attraverso questo metodo; ti occorreranno una mente aperta e la volontà di guardare all'interno di essa e dei tuoi sentimenti, e considerare poi con onestà quello che troverai. Ti offro suggerimenti riguardo *cosa* cercare e *come* trovare le soluzioni che hanno funzionato per me. Il metodo è logico e di facile comprensione; ci sono racconti ed esempi e i concetti essenziali vengono ripetuti frequentemente. Il percorso verso il benessere interiore è del tutto fattibile, una volta che avrai interiorizzato le idee che qui ti presento!

Il perfezionamento del Metodo del Senso di Sé non è terminato, né si esaurirà in breve tempo, perciò ti invito a condividere con me le tue opinioni all'indirizzo research@healthysenseofself.com; mi aiuterai a rendere ancora più concreto questo metodo e a raggiungere con esso ancora più persone.

Cominciamo questo viaggio insieme, augurandoci di riuscire a creare un'onda positiva nell'oceano fatto dalle vite di tutti noi... persone meravigliose.

# Benefici di un Sano Senso di Sé

Di seguito è riportata una lista delle problematiche che il Metodo del Senso di Sé aiuta a risolvere, divise in categorie per facilitarne la lettura.

## Metodi educativi dei bambini

- Maggiore pazienza
- Meno episodi di rabbia e di turbamento in famiglia
- Più rispetto per i bambini
- Migliore capacità di apprendimento nei bambini

## Relazioni affettive

- Maggiori possibilità di trovare, dare e ricevere amore
- Minor bisogno di controllo sugli altri e sulle cose
- Più compassione, empatia e tolleranza; meno ostilità
- Migliori interazioni sociali con amici, familiari e colleghi
- Migliore capacità di comunicazione
- Riduzione della necessità di ricorrere al divorzio

## Anziani

- Migliore salute in generale
- Minore incidenza di patologie
- Maggiore senso di soddisfazione

## Difficoltà del sonno

- Migliore qualità del sonno
- Migliore forma fisica

- Maggiore vivacità
- Maggiore integrazione nella società

## Ansia

- Meno attacchi di panico
- Riduzione degli stati depressivi
- Assenza di pensieri o atti suicidi
- Maggiore accettazione di sé e, di conseguenza, degli altri

## Comportamenti che creano dipendenza

- Minore frequenza di abuso di sostanze; abitudini più sane
- Più moderazione
- Minore ossessività
- Migliore autostima
- Miglioramento delle frequentazioni

## Comportamenti violenti

- Meno comportamenti incontrollabili e scatti d'ira
- Minore violenza e abuso verbale
- Comportamenti più responsabili
- Meno conflitti

## Comportamenti criminali

- Più buonsenso; maggiore attinenza alla realtà
- Migliore equilibrio tra cuore e cervello
- Miglior consapevolezza del funzionamento della società
- Minori problemi economici

## Comportamenti artistici

- Maggiore agio nell'esprimere sé stessi
- Minore paura del fallimento (*paura da palcoscenico*)

## Società, comunità, mondo

- Maggiore compassione ed empatia
- Migliore capacità di comprendere limiti, potenziali e talenti

- Maggiore probabilità di avere preferenze chiare, propri gusti e opinioni e di difenderli con convinzione

## Salute e benessere in generale

- Migliore salute
- Minore senso di nausea
- Meno incidenti a causa di mancanza di concentrazione e comportamenti inadeguati
- Più pace interiore

## Successo nel lavoro

- Più successo negli affari
- Meno incidenti professionali
- Maggiore capacità di raggiungere gli obiettivi
- Migliore abilità di concentrarsi
- Migliore preparazione per il lavoro di squadra
- Maggiore capacità di impegnarsi

## Realizzazione di sé stessi

- Più sicurezza di sé
- Migliore qualità della vita
- Maggiore agio nell'affrontare e accettare il proprio essere
- Acquisita abilità di realizzarsi e vivere la vita al massimo del proprio potenziale
- Migliore capacità di affrontare le critiche; meno reazioni eccessive
- Maggior agio con sé stessi
- Maggior agio in mezzo alla folla
- Consapevolezza di ciò che si vuole
- Maggior vicinanza alla propria natura

# Le Dodici affermazioni del Senso di Sé

Le *Dodici affermazioni del Senso di Sé* sono la chiave per la cura della tua **Motivazione** e per la liberazione del tuo Sé migliore.

Prenditi un momento per familiarizzare con queste affermazioni. Alla fine, arriverai a conoscerle a memoria. Tuttavia, dovrai prima imparare a identificare la natura della tua Motivazione e ottenere consapevolezza delle esperienze della tua prima infanzia. Solo allora sarai in grado di liberarti dalle catene della vecchia versione di te stesso. Nel Capitolo 12 scenderemo più a fondo nei dettagli di come utilizzare queste affermazioni in modo da vivere la vita con più libertà mentale ed emotiva.

I      La mia vita e il mio corpo mi appartengono

II      Sperimento me stesso in modo diretto

III      Sono presente nel Qui e Ora

IV      Penso con la mia testa

V      Sono consapevole dei miei sensi

VI      Sono cosciente dei miei sentimenti, delle mie preferenze e delle mie opinioni

VII      Vedo le altre persone per quello che sono

VIII      Parlo per trasmettere informazioni o socializzare

IX      Il mio lavoro non ha secondi fini

X      So che le ricadute sono sempre in agguato

XI      Sono pronto per condividere la mia vita con gli altri

XII      Sono pronto per fare parte di una comunità sana

# PARTE I
## La Teoria del Senso di Sé

# Capitolo 1
# Teoria e Metodo del Senso di Sé

Cosa significa non avere un **Senso di Sé naturale**? Come è possibile sperimentare la mancanza di qualcosa di cui non si conosce l'esistenza? Nell'Introduzione, ho raccontato come ho scoperto che in me mancava qualche cosa che gli altri, invece, sembravano possedere.

Condivido qui, come esempio, una situazione che ha aperto uno spiraglio di luce che si è poi ampliato fino a diventare un faro nel mio oceano di oscurità.

> *"Ti prego, non ti arrabbiare con me!"* pregavo mio marito ogni volta che, non riuscendo a prendere sonno, cercavo uno sfogo al mio fastidio. *"Davvero, non ce l'ho con te, è solo che non riuscire a dormire mi innervosisce, la cosa mi disturba a tal punto da avere la necessità di sfogarmi in qualche modo."*

> Lui annuiva; andammo avanti così per molti anni. A un certo punto, però, disse: *"Non ti capisco proprio. Come fai a non controllare la tua rabbia? Sei tu che decidi quando essere arrabbiata e quando no; e, in ogni caso, seppur nervosa dovresti controllare la maniera in cui ti esprimi."* Io purtroppo non trovavo da nessuna parte dentro di me quella forza di volontà necessaria per compiere scelte simili. Sulla base di questa e di altre simili considerazioni, dedussi che in me mancava qualcosa che mio marito, invece, aveva.

**Senso di Sé**

Consapevolezza conscia
o inconscia di ESISTERE
quale persona unica e autonoma.

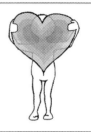

## UN SENSO DI SÉ ASSENTE PORTA A UN SENSO DI SÉ SOSTITUTIVO

Quando non si sviluppa un Senso di Sé naturale, al suo posto emerge un altro tipo di struttura, quella del Senso di Sé sostitutivo che maschera un Senso di Sé assente assumendone le funzioni.

## Caratteristiche di un Senso di Sé assente

Senza un Senso di Sé, non ci si sente in armonia con sé stessi, come una barchetta priva di un'ancora che ne impedisca la deriva.

**Senso di Sé naturale**

Si tratta della consapevolezza,
normalmente sviluppata durante
l'infanzia, di essere una persona
"reale" e indipendente, con il diritto
di esistere a prescindere da ciò
che gli altri possano dire o pensare.

Le persone con un Senso di Sé assente sono, tra le altre cose, estremamente irritabili e molto più sensibili alle critiche. Sentono un grande bisogno di raggiungere la perfezione, perché devono vivere al livello di certe aspettative (vedi Cap. 6, *Motivazione diretta e Motivazione indiretta*). Una profonda irrequietezza li porta agli estremi in molti aspetti della vita; spesso non riescono a comprare casa e sistemarsi, a restare con un partner, a rimanere in un gruppo di studio o lavoro, a essere buoni genitori, a essere concentrati e coerenti, per fare qualche esempio. In breve, chi è privo di Senso di Sé è spaesato, non sa cosa fare né perché fa ciò che fa. Potrebbero sembrare persone estremamente motivate ma, in realtà, sono guidate dai propri comportamenti compulsivi basati sulle loro paure (vedi Cap. 4, *Paura dell'Annientamento - approvazione contro riconoscimento*).

**Senso di Sé assente**

Caratteristica di chi non ha mai sviluppato la sana e costante consapevolezza di essere una persona reale e indipendente.

**Senso di Sé sostitutivo**

Struttura psico-emotiva che si sviluppa nei bambini, quasi come se fosse la spina dorsale della loro psiche, che hanno avuto educatori che li vedevano come un'estensione di sé stessi inducendoli a un orientamento compulsivo al fine di conseguire approvazione.

## Rilevare un Senso di Sé assente

Trarre conclusioni dalla mia autoanalisi è stato difficile. Come ho già fatto presente, identificare la mancanza di qualcosa senza avere di essa alcuna informazione è quasi impossibile. Il mio Senso di Sè assente è stato quindi causato dalla presenza di un Senso di Sé sostitutivo. Per capire se hai un Senso di Sé assente, prova a compilare una lista dei tuoi problemi, disturbi o disfunzioni; esamina la Tabella 1.1 che propone una lista di indicatori che una persona con un Senso di Sé assente può presentare. Se uno dei seguenti disagi riguarda te, uno dei tuoi cari oppure un tuo assistito, il Metodo del Senso di Sé potrà essere di grande aiuto.

## Sintomi di un Senso di Sé assente

- Continui sbalzi d'umore
- Bisogno eccessivo di sensazioni forti
- Paura di affrontare sé stessi
- Distaccamento dalla realtà
- Turbamento interiore
- Assenza di concentrazione
- Comportamento ossessivo/compulsivo
- Insonnia
- Attacchi di panico
- Emicranie
- Pensieri suicidi
- Problemi nelle relazioni
- Rabbia e violenza immotivate
- Stress cronico e ingestibile
- Costante senso di fallimento
- Comportamento controllante
- Tendenza alla chinetosi (mal d'auto)
- Paura delle folle
- Eccesso di permalosità
- Estrema sensibilità
- Farfalle nello stomaco
- Assenza di felicità e amore
- Crampi muscolari
- Problemi economici

Tabella 1.1: Sintomi di un Senso di Sé assente.

## SISTEMA ORIENTATO AL SENSO DI SÉ SOSTITUTIVO

Vivere una vita basandosi su un **Sistema orientato al Senso di Sé sostitutivo** non è altro che incentrare ogni nostra azione sulla finzione. Significa essere perseguitati dalla convinzione fasulla che l'approvazione sia fondamentale per poter nutrire il proprio Senso di Sé: "Io non esisto se non ottengo approvazione".

### Sistema orientato al Senso di Sé sostitutivo

È quell'insieme di esigenze, comportamenti, motivazioni, abitudini, convinzioni, finalità e paure che agisce nella persona con l'obiettivo di ottenere approvazione esterna. Questo meccanismo diventa la base di un modo di vivere malsano.

Il termine *sostitutivo*, nel Metodo del Senso di Sé, ha un'accezione negativa in quanto indica l'inautenticità di questo tipo di Senso di Sé. Quando la tua vita è guidata dal Senso di Sé sostitutivo, non sei capace di esprimere l'essenza del tuo essere, né sei in contatto con i tuoi reali, anche se repressi, bisogni, sentimenti, incentivi e desideri.

Con un Senso di Sé naturale così castrato a livello inconscio non riesci neppure a percepire la tua esistenza. Il risultato può essere un profondo anelito verso qualcosa di inspiegabile e indefinito (il **Sé autentico!**), accompagnato da sentimenti di rabbia e tristezza.

**Sé autentico**

È l'integrazione di corpo, emozioni e mente che porta a fare esperienze in modo sano; le azioni e i comportamenti sono conseguenza della vita reale e non influenzate da motivazioni patologiche.

Chi possiede un Senso di Sé sostitutivo è incapace di provare gioia tramite azioni normalmente piacevoli: manca infatti della consapevolezza di un Sé autentico e la paura e la rabbia, mai veramente soppresse, bloccano ogni sentimento. L'unica preoccupazione è come ottenere approvazione e questo può portare a partecipare ad attività che non si sono davvero scelte, come studiare musica con il solo scopo di assecondare un insegnante. Anche se la distruzione fisica del corpo non è contemplata, come quando si è in procinto di morte ad esempio, questo tipo di comportamento porta vicino all'estinzione dello spirito e della psiche. Ci si sente come se si soffrisse della sindrome dell'impostore e si stesse nascondendo la propria natura: "Oh, questa persona è gentile con me, forse non lo sarebbe se mi conoscesse davvero". Un'altra caratteristica è l'attitudine ad adeguarsi sempre a qualcosa di esterno, senza la libertà di esprimere la propria sincera natura. Il Sé autentico, infatti, non si sviluppa a causa della mancanza di **Relazione diretta con sé stessi**. Una volta che ci poniamo un **Obiettivo orientato al Senso di Sé sostitutivo** (vedi Cap. 8, *Comportamento orientato al Senso di Sé sostitutivo*), questo tipo di esperienza diventa vera e propria autoidentificazione.

**Relazione diretta con sé stessi**

Modo sano di relazionarsi con sé stessi, che significa essere in grado di sperimentare il proprio Sé senza doversi confrontare con i propri successi o con il parere altrui.

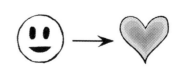

**Obiettivo orientato al Senso di Sé sostitutivo**

È quando si utilizza la *Motivazione indiretta*
per convincere il genitore a passare
da un'opinione negativa a una positiva e potersi
così sentire una persona "reale".

## BREVE SOMMARIO DEL METODO DEL SENSO DI SÉ

Sono convinta di una cosa: si nasce con determinate caratteristiche e qualità che definiscono la vera e unica personalità di ciascuno, ma queste vengono espresse solo quando si è liberi di essere sé stessi. A tale proposito, l'ambiente in cui si cresce deve permettere che ciò accada; cosa succede quando ci sono troppi ostacoli allo sviluppo di un corpo e una mente sani?

Ho sempre sentito che avrei potuto avere molto più successo se non fossi stata distratta prima dalle mie motivazioni sbagliate, poi dalla ricerca di cosa non andava in me. Sarei stata una musicista migliore e avrei ottenuto di più dalla mia educazione. Forse avrei scelto di intraprendere la professione di psicologa e vi avrei trovato grande soddisfazione. O magari avrei avuto più amici e avrei offerto loro qualcosa di più dei miei continui bisogni e della mia paura del rifiuto.

La Teoria del Senso di Sé *studia* quella fase in cui da bambini si ricevono *stimoli insufficienti* o *sbagliati*; quando si instaura un meccanismo di sopravvivenza che va a colmare le mancanze corporee, emotive e mentali. La teoria *descrive* poi come questi *meccanismi di compensazione si trasformino in compulsioni* tese a dare un senso di benessere anche in condizioni di tale inautenticità. Questo **"Sentirsi bene con sé stessi"** funge da Senso di Sé sostitutivo e causa sofferenza. Il compito finale della teoria è quello di mostrare come *superare le compulsioni* e i loro effetti nefasti.

Le compulsioni sono quindi risposte naturali e istintive alla mancata soddisfazione dei bisogni critici dell'infanzia. Già da piccoli si instaurano meccanismi di adattamento che infine sfociano in una

**Strategia di sopravvivenza della prima infanzia** (vedi Cap. 4, *Paura dell'Annientamento – approvazione contro riconoscimento*), tanto travolgente da prendere il controllo della vita di una persona. La teoria è stata sviluppata in metodo pratico che consegna gli strumenti per riprendersi da quella che, altrimenti, sarebbe una crisi lunga tutta una vita.

# L'Importanza del Senso di Sé nella società

La Teoria del Senso di Sé non si limita a migliorare la condizione del singolo, ma vuole lavorare anche e soprattutto per la comunità. Per fare ciò, è cruciale che tutti siano educati allo sviluppo, al rafforzamento o al recupero di un Senso di Sé naturale, e che siano in grado di instillarlo anche ai propri figli. Per *sofferenza umana* intendo l'insieme di problemi che portano a una perdita del benessere, dal comune raffreddore a patologie più gravi come le malattie psico-emotive quali la depressione, l'insonnia, le difficoltà di apprendimento, la sindrome da deficit di attenzione e l'iperattività; le disfunzioni familiari, l'abuso sui bambini, il suicidio, la violenza, i crimini e la guerra!

Forse non è realistico pensare di poter sradicare dal comportamento umano le malattie, l'aggressività, il conflitto e la guerra, perché potrebbero essere in parte innate nella specie umana. Piaccia o no, l'essere umano è un animale e, con ogni probabilità, certe caratteristiche del nostro comportamento continueranno a manifestarsi. Tuttavia, la mia esperienza mi porta a credere che una gran parte delle sofferenze umane potrebbe essere ridotta o eliminata qualora ognuno fosse in contatto profondo con il proprio Sé. Cambierebbe infatti il modo di relazionarsi gli uni con gli altri, e sarà proprio *questo* ad aiutare tutti noi.

Riesco a vedere un'onda di consapevolezza e conoscenza, insegnate dalla Teoria e dal Metodo del Senso di Sé, che si propaga per il mondo intero. Se questo accadesse davvero, i genitori avrebbero molta più probabilità di avere un Senso di Sé naturale e passarlo ai propri figli, rendendo molto più facile trasformare, nel giro di un paio di generazioni, il mondo in un posto migliore.

# Importanza dell'educatore

Nel corso di questo libro, con le parole "genitore" o "educatore (primario)" mi riferisco a chiunque si sia preso massima cura del bambino a partire dalla sua nascita, a prescindere dal rapporto di parentela. Educatore è inteso nel senso più ampio del termine: alcuni sono stati cresciuti dai genitori, altri da un fratello maggiore o da un altro parente, oppure dalle persone di un'istituzione per minori. Insegnanti di asilo ed elementari sono compresi a causa della loro influenza. Più in là con l'età, queste posizioni includeranno anche tate, educatori sportivi, personaggi religiosi e altre figure autorevoli che influenzino il Senso di Sé del bambino.

Se il Senso di Sé si sviluppa o meno, la responsabilità principale è dell'educatore primario: è quest'ultimo, infatti, ad avere il più profondo effetto sul bambino, influenzandone la futura qualità della vita e l'impatto che questi avrà poi sulla società. Il miglior contributo che un educatore possa dare alla società comprende la perizia, la pazienza e la salute psico-emotiva necessarie ad avere un rapporto responsabile e affettuoso con i bambini. Si può dunque affermare che il ruolo dell'educatore sia cruciale non solo per il bambino, ma per la società intera.

Più o meno tutti, sulla carta, possono essere genitori. Ma anche se non è difficile avere figli dal punto di vista biologico, *fare* il genitore, soprattutto nella società iperconnessa di oggi, è una vera sfida. In un mondo ideale, prima di impegnarsi nel ruolo di genitori bisognerebbe aver prima risolto i propri problemi, in modo da poter essere presenti per i figli non solo fisicamente ma anche psicologicamente. So che questa è una visione piuttosto utopistica, ma ricordate: "la mappa non è il territorio"! Puntare anche a una frazione di questa visione ideale significa andare, anche solo di un passo, verso la giusta direzione.

Se vogliamo davvero cambiare il mondo rispetto a come è ora, gli educatori dovrebbero assumersi le loro responsabilità e rinsaldare la conoscenza di sé stessi: fare introspezione, lavorare sui propri problemi e affrontarli. È questa la chiave per crescere con amore una nuova generazione.

# L'influenza genitoriale durante la vita

L'influenza esercitata dagli educatori tende a diminuire via via che il bambino, crescendo, diventa più autonomo, ma sempre che si sia sviluppato un Senso di Sé naturale. Se invece si vive in uno stato di dipendenza dal proprio educatore, questo si protrarrà anche nell'età adulta e perfino durante la vecchiaia, seppur in modo meno visibile rispetto al periodo infantile (vedi il concetto di *Invischiamento* a pag. 110).

Troppo spesso, anche da adulti, può capitare di sentirsi terribilmente in imbarazzo anche solo nel fare visita ai propri genitori: si teme di aver tradito le loro aspettative, si è quindi ancora dipendenti dalla loro approvazione; e la causa di tutto questo è un Senso di Sé assente. Sovente, nasce uno stress simile anche quando sono i genitori a fare visita ai figli. C'è chi, ad esempio, potrebbe mettersi a pulire e a riordinare ossessivamente poiché la sua casa non sembra "abbastanza in ordine" per essere vista dalla madre. È buffo come a volte, quando un simile comportamento viene segnalato da qualcun altro, si preferisce negare la verità e giustificare le proprie azioni, pur di ottenere l'agognata approvazione. Tuttavia, è quando lo stress diviene sproporzionato che si può potenzialmente intuire che la responsabilità è del Senso di Sé sostitutivo.

Questi adulti ancora bambini possono essere bisognosi di attenzioni a qualsiasi età, anche qualora i genitori siano morti o ci sia un oceano a separarli. Il desiderio che esprimono è quello di essere amati incondizionatamente, in modo da sentirsi accettati per quello che sono e riconosciuti come validi esseri umani. In tali casi, gli standard e i requisiti dei genitori riverberano ancora nella testa dei figli sotto forma di Voce genitoriale interiorizzata.

Recentemente, per esempio, sono ricaduta in questa trappola, convincendomi che dovevo comportarmi in una certa maniera per essere una buona madre per le mie figlie. Mi sembrava un fallimento seguire i miei progetti personali anziché fare la madre a tempo pieno. Tuttavia c'era un netto conflitto tra questo tipo di pensiero e la mia necessità di esistere come persona indipendente. Grazie a un lavoro di introspezione ho capito che stavo usando i criteri di mia madre anziché i miei. Non essere all'altezza dei miei "requisiti genitoriali interiorizzati" mi provocava paura e rabbia, oserei dire terrore. Era necessario distinguere, tra queste voci, quella che derivava dal mio pensiero e mettere poi da parte con serena convinzione tutto il resto. Non è stato facile come potrebbe sembrare.

## Non c'è una soluzione perfetta

Molte scelte e molti problemi che siamo chiamati ad affrontare nel corso della vita non prevedono una soluzione unica e ottimale. A volte siamo costretti ad assegnare delle priorità o a definire delle limitazioni in accordo con le nostre esigenze personali. Ciò che ogni educatore, però, può fare è *considerare i propri bambini come esseri autonomi e indipendenti e non come estensioni di sé stessi!* Avere un sano Senso di Sé ti consentirà di farlo con semplicità.

Trova il coraggio di intraprendere il percorso necessario a conseguire un Senso di Sé ristabilito (per una definizione più completa, vedi il Cap. 9). Questo ti aiuterà a creare un futuro migliore per te, per i tuoi figli e per il mondo!

Queste sono, in breve, le proposte, le finalità, le speranze e soprattutto la visione del Metodo del Senso di Sé e della società Healthy Sense Of Self.

# Capitolo 2
# Input ambientale

## Una sequenza serrata

Questo capitolo illustra, attraverso l'analogia con la crescita di un albero, come le condizioni ambientali durante l'infanzia determinino lo sviluppo di un Senso di Sé naturale. Un'immagine vale spesso più di mille parole; lo scopo principale delle illustrazioni presenti all'interno di questo volume è aiutare a comprendere meglio un concetto psicologico altrimenti molto complesso. Partiamo dunque da qualche considerazione generale sui processi di crescita in natura.

Ogni essere vivente passa attraverso un periodo di formazione. I sistemi anatomici e funzionali di un bambino o di un seme si modificano sia prima sia dopo la nascita o la germinazione, secondo una sequenza rigida e predeterminata dalla natura. Eppure, ci sono *interazioni* tra il patrimonio genetico di un essere vivente, la sua *natura* (in inglese *nature*) e le circostanze in cui quell'essere si trova a crescere: i fattori ambientali, culturali, sociali eccetera (in inglese *nurture*). Questi due aspetti si influenzano a vicenda, rinforzando o distorcendo la crescita di un animale o di una pianta.

Alcune fasi devono avere luogo prima di altre perché queste ultime si verifichino. Se alcune parti della fisiologia dell'individuo non si sviluppano in modo completo e appropriato nel momento adatto – il suo "periodo critico" – sarà più difficile rafforzarle in età adulta. Una volta passato questo periodo critico, l'individuo si è in qualche modo allontanato dalla normalità e rimane incapace di raggiungere il suo potenziale originario. Questo non si verifica solo negli animali e nelle piante, ma anche negli esseri umani. Ciò che siamo e il modo in cui si dipana la nostra vita prende origine, in buona parte, nell'infanzia. Diamo quindi un rapido sguardo a quanto accade in questa fase.

Lo sviluppo, negli esseri umani, non cessa con la nascita, ma segue determinati schemi; per esempio: andiamo a carponi prima di camminare; camminiamo prima di correre; balbettiamo prima di parlare. Un'altra regola, importante ma spesso trascurata, è che particolari tipi di input devono essere applicati in determinati momenti perché lo sviluppo proceda come stabilito. Se l'input viene attuato al momento giusto, lo sviluppo del bambino sarà normale e salutare. Se, invece, il bambino non viene a trovarsi nelle condizioni corrette, crescerà in modo innaturale e imperfetto. Certamente vivrà, ma andrà incontro a difficoltà che potranno indurlo a ricorrere a compensazioni autodistruttive e foriere di sofferenza.

**Figura 2.1:** Un albero privato di spazio e ostacolato nel suo sviluppo.

Gli input necessari sono vari: da una parte ci sono gli input ambientali e fisici, come cibo, acqua e calore in quantità adatte; dall'altra quelli interpersonali, psicologici ed emozionali. È però essenziale tenere presente che entrambi gli input, fisici e psicologici, hanno effetto sia sul corpo, sia sulla mente.

La parola *naturale*, all'interno del termine Senso di Sé naturale, indica l'adeguatezza dello sviluppo di una persona secondo i tempi naturali e l'ordine corretto. Denota che lo sviluppo è stato "normale" e che la consapevolezza umana è stata in grado di fare ciò per cui è stata programmata. Se i vari input necessari non sono presenti o non vengono forniti nel momento opportuno, non può svilupparsi un Senso di Sé naturale: ne risulta una persona con Senso di Sé assente.

**Se il nostro sviluppo è avvenuto in modo distorto, abbiamo necessariamente bisogno di un supporto esterno, proprio come gli alberi.**

Figura 2.2: Un albero contorto in cerca di supporto.

Il Senso di Sé non è dunque implicito nell'esistenza; non è qualcosa che si origina invariabilmente alla nascita o che si sviluppa automaticamente. Vi è, in noi, una spinta innata a svilupparlo, ma se certi tipi di feedback non vengono forniti e sviluppati nel corso dell'infanzia, il Senso di Sé non si svilupperà in modo naturale.

Un senso profondo di sé stessi, ossia quella sensazione di esistere indipendentemente dai giudizi altrui, è parte del normale e salutare sviluppo umano, che tuttavia presuppone un'attitudine specifica da parte dell'educatore primario nei confronti del bambino. È necessario che l'educatore comunichi al bambino informazioni riguardo al suo "essere". È questo che fornisce al bambino le fondamenta su cui costruire un Sano Senso di Sé e, peerciò, viene definita **Mirroring** (dall'inglese *mirror*, specchio; per una più ampia trattazione riguardo al *Mirroring*, vedi il Cap. 3).

### Sano Senso di Sé

Capacità di sperimentare e di essere presenti
a sé stessi e alla propria vita, riconoscendo
che le decisioni prese sono campi
di espressione esclusivi. Ne consegue il sentirsi
in diritto di vivere, così da essere in grado
di sperimentare la propria "essenza".

## MANCANZA DI INPUT CRUCIALI

Quando un input ambientale non rientra nei tempi o nei parametri ottimali necessari a garantire un normale sviluppo, il bambino, e più tardi l'adulto, ne soffriranno le conseguenze. Il sistema funzionale, fisico e/o psicologico, risulterà "difettoso": potrà essere debole, distorto o sottosviluppato. Senza le funzioni necessarie che portano a un'esistenza normale, condurranno una vita di sofferenza o andranno incontro, probabilmente, a una morte prematura.

Sono stati condotti molti studi ed esperimenti tesi a stabilire cosa succede quando vengono a mancare gli input essenziali durante quel periodo cruciale. Uno di questi studi, a opera di René Spitz[1], riguarda gli infanti ospedalizzati, che fino agli anni '50 del 1900 subivano spesso una grave carenza di attenzioni sia da parte del personale medico che delle famiglie. Essenzialmente, lo studio evidenzia che, durante le prime fasi dello sviluppo, i bambini, privati di una parte fondamentale per la loro crescita, "appassivano" sia fisicamente che emozionalmente, e di conseguenza morivano spesso molto giovani.

Questo studio è direttamente correlato alla mia situazione: mia madre si sentiva del tutto inadeguata a prendersi cura me, la sua primogenita, di conseguenza mio padre, che aveva nove anni più di mia madre ed era di modi piuttosto autoritari, si prese cura di me nei momenti in cui mia madre non era in grado di farlo. Aveva una filosofia spartana riguardo l'educazione dei bambini: un approccio comune nei Paesi Bassi del 1945, appena liberati dall'invasione e dalla dominazione tedesca. Questo significava che io dovevo rimanere nella culla, senza che nessuno mi prendesse in braccio, sola fino al momento della "pappa". I miei genitori temevano che, altrimenti, sarei potuta diventare una persona debole di carattere. Tale esempio non deve essere inteso come l'unico motivo per cui non ho sviluppato un Sano Senso di Sé, ma è certamente conseguenza di una mancanza, da parte di mia madre, di attaccamento nei miei confronti.

## LA METAFORA DELL'ALBERO

Piante e alberi, a causa della loro immobilità, sono costretti a cercare nell'ambiente circostante ciò di cui necessitano, indipendentemente dal fatto che il nutrimento sia adeguato oppure disponibile nei dintorni o al momento opportuno. Se l'organismo in fase di sviluppo non disponesse di quanto necessario, per ottenere ciò di cui ha bisogno potrebbe crescere contorto e sottosviluppato. Un virgulto, ad esempio, cresce nella direzione dalla quale proviene la luce mentre le radici si sviluppano verso la zona più ricca di acqua, nonostante questo tipo di movimenti indeboliscano la pianta.

---

[1] Renè Spitz (1887-1974) fu uno psicoanalista che mise in evidenza il ruolo formativo della madre mediante l'osservazione diretta dell'interazione madre-bambino. Registrò le sue esperienze per farne poi il film *Psychogenic Disease in Infancy* (1952), in cui evidenziava gli effetti della deprivazione materna sullo sviluppo del bambino. Il film si può trovare, in lingua inglese, al seguente link: https://archive.org/details/PsychogenicD.

Queste leggi sono applicabili anche agli esseri umani. Se non vengono soddisfatti tutti i bisogni, la crescita viene ostacolata e anche il Senso di Sé risulta in qualche modo contorto. Proprio come l'albero, anche l'essere umano cresce puntando verso la direzione che percepisce più appropriata a soddisfare le proprie esigenze. Il cervello e i circuiti neuronali tendono a puntare verso una determinata direzione anche se questa li conduce lontano dalle loro capacità e caratteristiche innate. I bambini faranno l'impossibile, psicologicamente e neurologicamente, per ottenere quello che più si avvicina all'input ambientale di cui hanno bisogno per sviluppare un Senso di Sé naturale: cioè essere riconosciuti come persone reali.

**Figura 2.3:** Uno sviluppo equilibrato delle radici è facile da individuare.

A volte le radici degli alberi sono visibili e consentono di osservare se la pianta sia stata indotta a compensare le deprivazioni ambientali. Attualmente, non possiamo studiare il cervello di una persona allo stesso modo, e quindi quello che vi accade a livello fisico rimane un mistero. L'analogia con la crescita dell'albero può però essere d'aiuto. È infatti importante capire che questi processi provocano cambiamenti permanenti nella struttura fisica del cervello, e il confronto con gli alberi permette di visualizzare meglio in che maniera la psiche umana compensa la mancanza di input.

I rami dell'albero rappresentano la struttura mentale-emozionale della nostra coscienza o, più precisamente, la manifestazione fisica dei nostri collegamenti cerebrali. Quando una persona impara o matura, nel cervello si viene a creare un percorso neurologico che si rafforza attraverso la ripetizione, rimane latente se viene usato raramente fino a scomparire se non utilizzato. Proporrei, per meglio capirci, di considerare questi percorsi neurologici come manifestazione fisica della nostra mente, la quale a sua volta influenza la nostra intera psiche.

Questa descrizione del nostro cervello è da intendere come approccio molto semplicistico alla complessa materia delle connessioni cerebrali. L'immagine serve per fare meglio comprendere al lettore come alcune deviazioni possano avere luogo durante la crescita nella fase di "cablaggio del cervello" in seguito a ostacoli o alla mancanza di sostegno psico-emotivo.

Proprio come il nostro cervello, anche l'albero si sviluppa sia secondo il suo progetto (*nature*) sia secondo l'influenza dei fattori ambientali (*nurture*). La naturale inclinazione di un germoglio è quella di crescere dritto e alto con rami equamente estesi su tutti i lati, ma questo accade unicamente se tutti i suoi bisogni sono soddisfatti. Circostanze sfavorevoli possono rendere asimmetrico lo sviluppo di un albero ma anche di una persona. Per una pianta tali ostacoli possono essere un edificio, una recinzione, altri alberi, cavi di conduzione; per evitarli, la piantina deve piegarsi, alterando la forma del tronco che rimarrà storto e ricurvo per sempre.

**Figura 2.4:** Piegandosi in ogni direzione per evitare ostacoli, questo albero sta facendo del suo meglio per crescere.

In alcuni casi questo significa che le radici cresceranno orizzontalmente e parallele al suolo invece che nella profondità del terreno. Alcuni alberi si sviluppano da una parte sola (Figura 2.5); sul tronco può formarsi un maggior numero di rami lungo il lato che riceve il sole e meno sul lato che rimane in ombra. Continui e forti venti sono il motivo per cui alcuni alberi sviluppano rami e ramoscelli solo lungo la parte sottovento (Figura 2.6). Così anche le radici, che normalmente crescono in determinate direzioni in modo da bilanciare al meglio il peso e la forma del tronco, possono invece svilupparsi in modo sproporzionato quando incontrano impedimenti. A causa di simili influenze esterne, alcuni alberi sono destinati a non poter raggiungere il loro massimo potenziale, che li avrebbe resi invece simmetrici e maestosi.

**Figura 2.5:** Alcuni alberi sviluppano rami solo su un lato.

**Figura 2.6:** Il tronco e i rami di un albero contorto.

Proviamo ora a immaginare un albero piegato all'indietro che tenta di arrivare alla fonte del suo indispensabile nutrimento e cerchiamo di stabilire quali siano gli effetti sul tronco. Questo è esattamente ciò che accade nel nostro cervello. Compariamo i neuroni (Figura 2.7) ai rami di un albero. Specifici collegamenti cerebrali vengono a formarsi ogni volta che cambiamo il nostro comportamento pur di realizzare esigenze non soddisfatte. Qualcuno di questi collegamenti potrebbe inibire lo sviluppo di qualche altra connessione neurale diventando dominante in un'area nella quale non dovrebbe neppure esistere. Cosa accade al progetto originale che, in circostanze migliori, avrebbe potuto svilupparsi pienamente? Forse puoi immedesimarti in questa situazione: "È forse quello che è capitato a me? Mi sembra di non utilizzare al meglio tutte le mie capacità".

Figura 2.7: Un neurone.

Se consideriamo che le esperienze del passato causano un impatto fisico sul nostro cervello, possiamo renderci conto del perché risulta così difficile in età adulta modificare comportamenti radicati fin dall'infanzia. Cambiare non è impossibile, ma occorrono dedizione, tempo e strenuo impegno.

Guardando tutte le varie forme e direzioni dei rami e del tronco, nitidamente definite sullo sfondo di un cielo invernale, possiamo più chiaramente immaginare la rappresentazione di situazioni che si sono sviluppate durante la crescita dei nostri collegamenti cerebrali, influenzando la nostra intera psiche.

**Figura 2.8:** Se solo le nostre connessioni cerebrali fossero visibili come i rami degli alberi, in inverno!

È arrivato il momento di compiere un'autoanalisi. Prova a rispondere alle seguenti domande:

* In quale tipo di atmosfera sono cresciuto?
* Quali ostacoli hanno ostruito il mio percorso?
* Come ha affrontato tutto questo l'albero del mio cervello?
* Quali sono stati gli effetti sulla struttura e sulla forma della mia mente e delle mie emozioni?
* Quale influenza ha avuto tale sviluppo sul mio potenziale e sulla persona che sono in questo preciso momento?

All'interno dell'immagine seguente, disegna l'albero che rappresenta la tua mente così come immagini possa essere. Ovviamente non c'è un modo giusto o sbagliato. Prova solo il piacere di creare l'immagine del tuo sviluppo mentale ed emozionale. Apprezza ciò che puoi imparare riguardo te stesso e qualsiasi domanda, sensazione o ricordo possa sorgere in te.

**Disegna il tuo albero cerebrale**

**Disegna il tuo albero cerebrale**

**Figura 2.9:** Il tuo albero cerebrale somiglia a questo?

**Figura 2.10:** O forse a quest'altro?

# Capitolo 3
# Mirroring

Nel precedente capitolo, abbiamo visto come un saldo Senso di Sé naturale necessiti di un prerequisito necessario per il suo sviluppo, ossia aver ricevuto nell'infanzia un messaggio che confermi che: "Sei te stesso e hai ogni diritto di esserlo". Se ciò non accade, il bambino rischia di rimanere inutilmente occupato nella ricerca del proprio Sé per tutta la vita, riducendo, in proporzione, il potenziale di sviluppo dell'intera specie.

La *presenza* o la *mancanza* del giusto tipo di input durante il periodo critico dell'infanzia portano rispettivamente a un Sano Senso di Sé oppure a un Senso di Sé assente. Purtroppo, non tutti i bambini ottengono l'input adeguato al momento opportuno. In questi casi questi non hanno modo di raggiungere una consapevolezza concreta riguardo al fatto che la loro vita riguarda esclusivamente loro stessi. Ed è proprio in questa fase che per i bambini entra in azione un *Piano B*, il quale genera il bisogno di un Senso di Sé sostitutivo. Questo capitolo riguarda il modo in cui si sviluppa il Senso di Sé sostitutivo, da dove esso proviene e quale sensazione genera. Vi si descrive il ruolo dell'educatore primario, le conclusioni alle quali il bambino giunge qualora le sue esigenze non siano soddisfatte e in quale modo queste vengono interiorizzate. Spiegheremo, infine, come identificare un Senso di Sé sostitutivo e come questo differisce da un Sano Senso di Sé.

## IL MIRRORING DEGLI EDUCATORI

Il Mirroring, da *mirror*, inglese per *specchio*, è un riscontro inconscio che i genitori o l'educatore forniscono ai bambini durante un periodo cruciale del loro sviluppo, e funziona come materiale per la costruzione del Senso di Sé. In modo simile a uno specchio, l'educatore convoglia una precisa immagine del bambino al bambino stesso: come è il carattere del bambino, quale è il suo valore e quali sono le sue qualità. D'altra parte, come non tutti gli specchi riflettono la realtà in modo fedele (basti pensare agli specchi deformanti dei luna park ad esempio), così anche l'educatore può trasmettere un riflesso inesatto. In ogni caso, il bambino non ha ancora la capacità critica di distinguere un riflesso vero da uno falsato, e prende l'immagine ricevuta come vera.

### Mirroring – Rispecchiamento

L'insieme di quei processi inconsci, verbali
e non, con i quali il genitore/educatore trasmette
un feedback primario al bambino. Tale feedback
è adeguato quando l'educatore si relaziona
al fanciullo quale individuo reale e indipendente;
oppure inadeguato, se l'educatore usa il bambino
come mezzo per soddisfare i propri bisogni
emozionali. Il bambino si riflette in questa
dinamica accettandola come pura verità. Il potersi
rispecchiare correttamente è decisivo
per lo sviluppo di un *Sano Senso di Sé*.

Il bambino sviluppa il senso fondamentale di chi è, e di quale sia il proprio ruolo nella vita dal genitore, in base al modo in cui il genitore stesso comunica e interagisce con lui. In particolare, il genitore o educatore primario *riflette*, tramite il Mirroring, al fanciullo *cosa significa per lei/lui* e quale impatto la sua presenza ha sulla vita del genitore. Da ciò il bambino deduce quale sia la sua funzione in questa relazione andando a influenzare la vita successiva e ogni altro tipo di relazione.

I bambini devono formarsi un'immagine chiara del fatto che sono entità separate dai loro genitori o educatori. Il Mirroring è la modalità con cui i bambini creano la percezione, l'identificazione e il riconoscimento del proprio Sé a livello istintivo e non verbale. Quindi, questa immagine del Sé non è innata, bensì promossa e rafforzata dal modo in cui il bambino vede il proprio Sé riflesso nel comportamento che gli altri hanno nei suoi confronti. Poiché l'educatore primario è la persona verso la quale il bambino è maggiormente esposto, l'immagine che l'educatore primario riflette risulta essere della massima importanza per lo sviluppo del Senso di Sé.

Questo feedback, ossia l'immagine riflessa, viene convogliato in modo sottile ma costante attraverso gesti, tono della voce, parole dette o non dette, espressioni del viso, azioni oppure mancanza di azioni. Raramente viene attuato direttamente tramite parole, in quanto gli adulti sono sovente inconsapevoli di costituire uno specchio che trasmette messaggi, né tantomeno conoscono la natura del messaggio o cosa possa significare per il bambino.

## Il Mirroring è sempre accurato e neutrale?

Gli educatori primari non sono specchi neutrali come sono invece gli specchi reali. È interessante il fatto che a determinare quanto sia salutare il Mirroring che il bambino riceve sia proprio il grado di salute del Senso di Sé dell'educatore. Questo fattore è cruciale nel determinare un Senso di Sé naturale nel bambino e, conseguentemente, migliorare la qualità della sua vita.

Il bambino, incapace di distinguere un riflesso distorto da uno accurato, conclude inconsciamente che è come si vede rappresentato in tale riflesso e ciò che vede nello specchio va a formare la sua realtà non verbale. Non ha infatti la possibilità di rendersi conto di cosa influenzi il feedback del suo educatore. È soltanto molto più tardi che, investigando, potrà apprendere la verità su quanto è accaduto quando era piccolo. A questo punto, sfortunatamente, occorre grande perseveranza e duro lavoro per cambiare i collegamenti che si sono radicati nel cervello.

Al contrario, il bambino a cui viene regolarmente mostrata un'immagine riflessa che lo identifichi come un essere umano unico e autonomo svilupperà un sano e naturale Senso di Sé. Determinati comportamenti dell'educatore possono facilitare lo sviluppo di un Senso di Sé naturale. Qui di seguito ne presentiamo alcuni.

- **Riconoscimento del bambino.** Si verifica quando questi viene non solo sentito ma anche *ascoltato* dall'educatore, quando non viene solo guardato ma anche *visto*; in altre parole, quando l'educatore gli riconosce la sua indipendenza e autonomia. Troppo spesso il bambino è considerato alla stregua di un'estensione dei bisogni emozionali dell'educatore. Gli scopi specifici di quest'ultimo possono essere i più disparati, ma il comune denominatore è che quanto ha l'apparenza di essere un bene per il bambino è in realtà a favore dell'educatore (vedi Cap. 6, *Motivazione diretta e Motivazione indiretta*). Ecco un esempio tipico: piazzare il proprio figlio a guardare la televisione con il pretesto di concedergli un privilegio o un premio quando in realtà non è altro che una scusa per fare i propri comodi. Permettere al bambino di lavorare al proprio fianco, anche se si viene rallentati, è un modo per far spazio alla sua presenza.

- **Autoespressione.** Tollerare i lunghi pianti o altri comportamenti della prima infanzia senza farli pesare al bambino, mi riferisco qui soprattutto ai bambini oltre l'anno di età. Dare ai piccoli la libertà di esprimere il proprio Sé non appena ne sono capaci, anziché considerarli come un oggetto che deve solo seguire le regole di casa, è uno stimolo positivo per la loro creatività. Quando le regole di casa sono usate per affermare il controllo dell'educatore sul bambino, quest'ultimo recepisce queste regole come una questione di vita o di morte, dando loro un'importanza maggiore rispetto al proprio benessere o ai propri sentimenti. Il bambino potrebbe sentirsi ignorato, fino a sviluppare un forte senso di ribellione contro l'autorità.

- **Opinioni personali.** I bambini dovrebbero essere incoraggiati ad alimentare le proprie opinioni, preferenze e gusti, anziché essere ridotti al silenzio, criticati o umiliati se queste opinioni differiscono da quelle dell'educatore.

- **Esprimere il potenziale.** Idealmente, un educatore dovrebbe avere occhi e orecchie ben aperte nei confronti della vera essenza del bambino. Per il genitore ideale crescere ed educare un figlio altro non è che metterlo in condizione di esprimere il proprio potenziale e di svilupparsi in un adulto indipendente. All'estremo opposto c'è l'educatore che si concentra su ciò che lo compiace; questo spesso consiste nel tentativo di modellare il bambino in un'estensione di sé stessi, in un tentativo di vivere attraverso di lui o di compensare ciò che all'educatore manca.

- **Esserci.** I genitori riconoscono la presenza dei figli quando restano stabilmente accanto a loro. Questo significa mantenere la mente focalizzata sui bambini e non farsi distrarre, ad esempio, dallo smartphone che oggi tanto appassiona alcuni giovani genitori. "Esserci" significa essere attivamente e pienamente coinvolti durante l'interazione con i bambini, tenere incondizionatamente conto delle loro mille necessità, provvedere al loro Mirroring accuratamente e compassionevolmente.

Tornando nuovamente alla metafora degli alberi, possiamo immaginare i genitori che s'inchinano amorevolmente proteggendo i loro bimbi, assicurandosi che questi crescano psicologicamente diritti e bilanciati, con un Sano Senso di Sé e con radici profonde. In questo modo i piccoli avranno la possibilità di sbocciare e sviluppare in modo naturale quella pienezza che è un tributo alla vita stessa e che li renderà, una volta cresciuti, capaci e liberi di esprimersi senza dubbi o paure.

## LO SPECCHIO DISTORTO

Analizziamo adesso cosa accade quando l'educatore è troppo preso dai suoi problemi e dalle sue esigenze emozionali e non è in grado di riconoscere il bambino come individuo.

In questo caso, lo specchio nel quale i figli si vedono riflessi, generalmente in un processo non verbale, convoglia un'immagine differente e pericolosa, proprio come potrebbe accadere con uno specchio deformante. Ciò che dovrebbe essere: "Tu sei un'entità unica, di eguale importanza rispetto agli altri e che ha diritto di esistere e di crescere in modo indipendente" può diventare: "Ti è concesso di essere e di esistere nella misura in cui mi potrai compiacere assecondando le mie esigenze. Chi e cosa sei è irrilevante e il permesso stesso di sentirti vivo dipenderà essenzialmente da questa relazione nei miei confronti. Sei importante solo quando farai ciò che io voglio tu faccia o sarai come io voglio tu sia".

Il bambino impara inconsciamente che deve soddisfare certe condizioni imposte dall'educatore se vuole sperare minimamente di sentirsi trattato come una persona reale, che conta qualcosa. Del resto, il bambino, specialmente fino alla pubertà, considera il genitore come un'entità sovrannaturale che ha sempre ragione e i cui riflessi sono sempre accurati.

Cosa porta persino i genitori meglio intenzionati a diventare uno **Specchio distorto?** Questa è una domanda su cui porre particolare attenzione.

### Specchio distorto

Si instaura quando l'educatore primario, troppo preso dai suoi problemi e dalle sue esigenze emozionali, è incapace di riconoscere il bambino come un essere indipendente; il riflesso che quindi trasmette risulta distorto. Il bambino, inevitabilmente, fraintende quel che vede riflesso; questa conclusione è comprensibile ma del tutto scorretta, con ripercussioni, potenzialmente negative, su larga scala.

## Diventare uno Specchio distorto

Lo sviluppo di un Senso di Sé sostitutivo può essere dovuto a varie cause. Il nostro metodo, tuttavia, pone l'attenzione su una causa in particolare ovvero su quanto i genitori e gli educatori siano concentrati su loro stessi. Non credo che gli educatori attuino comportamenti egocentrici in quanto persone fondamentalmente cattive. Ritengo, piuttosto, che si comportino così perché i loro stessi bisogni non sono stati soddisfatti durante l'infanzia! Le persone concentrate solo su sé stesse operano probabilmente sulla base di un Senso di Sé sostitutivo, e ne sono perciò dipendenti, a causa dello Specchio Distorto che hanno ricevuto dai loro genitori durante l'infanzia.

Perché alcune persone sono particolarmente predisposte a diventare vittime di tale situazione? Non saprei dire! Potrebbe essere dovuto a una specifica struttura genetica. Forse la ragione è puramente ambientale. O magari il motivo è una combinazione di entrambi i fattori.

Le persone egocentriche hanno un'eccessiva e non salutare concentrazione su sé stesse e sono incapaci di dedicare ad altri la loro attenzione. Si considerano al centro dell'universo e immaginano che ogni cosa orbiti attorno a loro e che a loro faccia riferimento. Di solito queste persone assorte in sé stesse non si rendono conto di possedere queste caratteristiche, che, come precedentemente detto, sono inconsce e non necessariamente visibili agli occhi degli altri, specialmente ai bambini piccoli. Qui di seguito sono elencate alcune di queste caratteristiche.

* Non riconoscono che anche gli altri si concepiscano al centro della propria esistenza. Considerano le altre persone come "non reali" anziché come esseri distinti e autonomi aventi i loro diritti e le loro esigenze e caratteristiche. Di conseguenza, gli altri sono valutati solo in quanto oggetti da manipolare per i propri scopi (Sistema orientato al Senso di Sé sostitutivo).

* È loro convinzione che le cose capitino, o dovrebbero capitare, al solo fine di soddisfare le loro esigenze e non anche quelle degli altri. Allo stesso modo, prendono in considerazione e approvano soltanto quelle cose e situazioni percepite come potenzialmente utili ai propri bisogni psico-emotivi.

* All'apparenza molto gentili e generose, sotto la superficie nascondono un **Obiettivo segreto** orientato alla soddisfazione del loro Senso di Sé sostitutivo. Non provano infatti alcun genuino interesse nei confronti delle vicende e delle esperienze altrui (a volte neppure per quelle dei propri figli!): il loro interesse può essere simulato ma tutto ciò che non può essere usato ai fini di questo piano viene ignorato o respinto.

* Ogni problema che sorge al di fuori del loro mondo, concentrato esclusivamente su sé stessi, viene percepito come un ostacolo o come una seccatura e viene prontamente liquidato. Considerare quali effetti abbia sugli altri un simile comportamento non è nelle loro possibilità.

* Si lasciano andare a scatti d'ira non appena sentono di non avere il controllo sulle situazioni o quando queste non si evolvono secondo i loro piani. Ciò è dovuto alla paura di perdere il loro Senso di Sé sostitutivo. Quando si trovano in una posizione di potere i loro improvvisi scatti di rabbia creano un ambiente dove ognuno, attorno a loro, deve camminare in punta di piedi.

* Rimproverano abitualmente gli altri (i figli, il coniuge) quando le cose vanno male o perfino prima che le cose vadano male,

scaricando sugli altri la colpa e causando grande agitazione emotiva.

Tutte queste caratteristiche, come potete vedere, traggono origine, inconsciamente, dalla paura.

### La sfida di essere genitori

Dal momento in cui si diventa genitori, deve essere prestata molta attenzione al neonato. Per la persona concentrata su sé stessa, questo costituisce una sfida difficile, se non impossibile.

Al principio anche la persona egoista riesce a cavarsela come genitore, in quanto è spesso in grado di **Accumulare punti** tramite la tenerezza caratteristica dei neonati. Il genitore riceve indirettamente attenzione e ciò gli consente di soddisfare i propri non salutari obiettivi emozionali. Tuttavia, il bambino, crescendo, assume via via una presenza sempre più rilevante diventando fonte continua di esigenze e richieste di attenzioni che vanno ben al di là dell'iniziale cura quotidiana.

### Accumulare punti

Ricercare il successo attraverso l'utilizzo di un *Veicolo* con l'unico obiettivo di raggiungere un proprio *Ego-riferimento*.
Si accumulano punti per poter arrivare all'*Obiettivo segreto*, ossia ottenere un qualche tipo di approvazione esterna.
Lo scopo di tale comportamento è un *"Sentirsi bene con sé stessi"* che funziona come un *Senso di Sé sostitutivo*.

Un genitore concentrato su sé stesso non è in grado di favorire né di incoraggiare la crescita e lo sviluppo di un Senso di Sé naturale nel proprio figlio, ed è incapace di vedere la realtà del bambino in quanto persona avente gli stessi diritti dei propri genitori. Questo tipo di genitore ha difficoltà nell'accudire il figlio e nel dedicargli tempo, energie e buone intenzioni. La sua pazienza ha vita corta in quanto il processo di cura non fornisce soddisfazione ai suoi bisogni, ossia all'unica cosa che per lui conta veramente. Anche quando c'è un apparente impegno nei confronti del bambino, spesso esiste un secondo fine egoistico inconscio.

Nessuno può dire ai genitori egocentrici quanto siano dannosi i loro programmi, perché le loro vite ruotano solo intorno a sé stesse e ai loro bisogni emotivi. Non conoscono il vero amore per gli altri: si preoccupano solo di sé stessi.

Ma se non c'è amore neanche per sé stessi, come potrebbero questi genitori provare amore per il loro bambino?

Lasciate che fornisca un esempio, accaduto durante la mia vita, di questo possibile secondo fine, oppure Obiettivo segreto. Da bambina, soffrivo frequentemente di infezioni all'orecchio. A un certo punto, venne colpito l'osso mastoideo e il dottore consigliò l'intervento chirurgico per la sua rimozione. Mio padre era contrario ma mia madre ebbe l'ultima parola e così venni operata. Si trattava di un brutto intervento che poi dovette essere ripetuto altre volte. Alla fine, mi venne asportata una grossa parte dell'osso dietro all'orecchio. Con il senno di poi, ho dei dubbi circa il fatto che lo scopo di tale intervento fosse stato davvero il mio benessere. So che per mia madre era assai problematico trattare con gente malata, se stessa inclusa; l'intervento avrebbe dovuto evitare che stessi sempre male. Oggi ho il forte sospetto che in questo caso il mio benessere non sia stato preso in considerazione, ho anzi constatato che non era stato preso in considerazione in nessun'altra situazione.

Per una più profonda comprensione dei problemi trattati, vorrei riferirmi agli strati dell'"Io", spiegati oltre, nel Capitolo 16.

## Un eterno circolo vizioso

Gli atteggiamenti egoisti di chi è privo di un Senso di Sé si sviluppano con ogni probabilità in un circolo vizioso nel corso di generazioni. I figli di persone concentrate su sé stesse diventano a loro volta genitori incapaci di focalizzarsi sui propri bambini e di riconoscerli come indipendenti esseri umani aventi diritti propri. La dipendenza da un Senso di Sé sostitutivo viene così ereditata dalla generazione successiva, passando di generazione in generazione, in un eterno circolo vizioso, che perpetua la sottile ma altamente tossica incapacità di riconoscere l'altro.

# Capitolo 4
# Paura dell'Annientamento
# – approvazione contro
# riconoscimento

Quando un genitore non riesce a "vedere" il proprio figlio per quello che è realmente, genera automaticamente un Mirroring alterato che porta il bambino ad avere un Senso di Sé assente. Di conseguenza, il bambino colma la mancanza di riconoscimento con il voler ricevere approvazione a ogni costo. Questi comportamenti sono naturalmente sbagliati; questo capitolo si occuperà di approfondire le varie motivazioni.

## Approvazione e riconoscimento: un mix sfortunato

Nel rapporto tra educatore e bambino, la ricerca di approvazione e di riconoscimento da parte di quest'ultimo sembrerebbe un concetto banale, in realtà può invece provocare effetti collaterali anche dannosi per il piccolo.

In una relazione salutare, *approvazione* significa semplicemente che il genitore apprezza ciò che il bambino fa (oppure evita di fare) e tale approvazione non ha influenza alcuna sui livelli più intimi ed esistenziali del bambino. Al tempo stesso, *riconoscimento* significa che l'educatore vede realmente il bambino e che accetta che lui o lei sia il re o la regina del proprio universo; che consente al figlio di sviluppare i propri gusti, opinioni e preferenze, anche quando non conformi alle sue; che insomma accetta completamente il fatto che il proprio bambino sia una persona unica e indipendente.

Quando però la relazione non è sana ma si basa su un Mirroring inadeguato, il bambino non riceve mai vero riconoscimento, perché il genitore, egocentrico, non vede il figlio come una persona reale, bensì lo usa per colmare i propri vuoti emozionali. Non è detto che l'educatore sia consapevole di ciò, né che si comporti così per malizia, anzi, il più delle volte è vero il contrario. Il risultato, tuttavia, non cambia.

Cosa può fare il bambino che non trova nell'educatore un feedback così necessario e complesso come il riconoscimento? Certamente si rivolgerà a quella risposta che invece il genitore è in grado di dare, ossia l'approvazione. In questo caso, l'approvazione si amplia fino a diventare l'orizzonte del figlio, in quanto è l'unico momento in cui egli sente davvero vicino a sé il proprio custode. In pratica, il bambino associa erroneamente i concetti di riconoscimento e assenso. È comprensibile come la mente del bambino possa mescolare l'uno con l'altro: comportarsi bene al punto da meritarsi il tanto desiderato benessere consente di immaginare di essere stati riconosciuti dall'educatore. Per il lettore è però cruciale rendersi conto della differenza che intercorre tra approvazione e riconoscimento.

Questa fondamentale e fatale incomprensione si ripete in continuazione: per il bambino, ottenere o non ottenere l'approvazione parentale determina la differenza tra essere vivo o sentirsi annientato. Avere approvazione diviene la *condicio sine qua non* per sentirsi visto e ascoltato e sperimentare temporaneamente un diritto all'esistenza.

Purtroppo, il sollievo dalla paura ottenuto grazie al conseguimento dell'approvazione non riesce a soddisfare il vero bisogno, ossia essere considerati come distinti e autonomi esseri umani. Il massimo che si può ottenere sono vibrazioni positive provenienti da uno Specchio distorto: "Tu vai bene perché in questo momento mi stai accontentando". Uno specchio salutare invece avrebbe dato il messaggio: "Tu vai (sempre) bene per il solo fatto che esisti. A volte fai qualcosa di giusto e a volte qualcosa di sbagliato ma questo non ha conseguenza sul tuo diritto a esistere". A dispetto dell'approvazione, quindi, la presenza del terrore persiste. Quando poi si raggiunge l'approvazione e quindi si sperimenta temporaneamente la sensazione di "Sentirsi bene con sé stessi", nasce la paura di perdere questo stato di benessere.

# Il Buco nero

Il Senso di Sé assente è vissuto quindi come un vuoto doloroso. Con il passare del tempo, questo vuoto necessita di essere riempito e tende a risucchiare qualsiasi cosa possa generare approvazione, esattamente come farebbe un **Buco nero** che si nutre di ogni risultato positivo come ricompensa dei propri sforzi. L'enorme capacità di risucchio di questo vuoto può essere infatti paragonata al fenomeno cosmico. Ogni volta che si raggiunge lo stato di "Sentirsi bene con sé stessi", il Buco nero lo assorbe e lo vanifica in breve tempo, creando perciò un costante e fondato timore di perdere questo stato di fugace soddisfazione.

**Buco nero**

Metafora che indica un'intollerabile, terrificante "invisibilità", sperimentata a livello subconscio da chi non si sente una "persona reale". Il *Buco nero*, come una forza della natura, risucchia comportamenti e azioni al fine di colmare sé stesso con un *Senso di Sé sostitutivo*.

A causa dell'immediatezza e insistenza di questo processo, il bambino, e poi l'adulto, finiscono con il vivere la propria vita avendo come unico fine il ricevere approvazione, interpretata come giustificazione esistenziale. Riempire il Buco nero crea una sorta di equilibrio nel sistema, che però è solo temporaneo, in quanto il Buco nero non ha fondo e richiede continuamente nuovo contenuto. La paura del fallimento è inoltre compagna di ogni successo, poiché il successo non è desiderato in quanto fine a sé stesso, ma con il solo scopo di dare soddisfazione al Senso di Sé sostitutivo.

Per avere piena comprensione dello sviluppo di questo processo e della forza delle motivazioni non salutari che si originano da questo tipo di Specchio distorto, dobbiamo analizzare approfonditamente l'esperienza vissuta dal bambino nei confronti del Buco nero, esperienza che il nostro metodo definisce **Annientamento**. Dobbiamo anche studiare la paura nata dall'esperienza causata da questo vuoto, cioè la **Paura dell'Annientamento**.

**Annientamento**

Forte senso di abbandono; il non sentirsi
visti né ascoltati; pensare di non essere
tenuti in considerazione né di avere alcun
impatto su ciò che ci circonda. Tutto ciò
viene vissuto come forma di non esistenza.

**Paura dell'Annientamento**

È il timore di essere invisibili
agli occhi degli altri.
Questo concetto non può essere
interiorizzato appieno
senza prima aver compreso
la definizione di *Annientamento*.

## Sperimentare l'Annientamento

Nel nostro metodo, il termine Annientamento identifica la percezione interiore, non consciamente definita, di sentirsi come se si fosse
presenti ma invisibili agli occhi degli altri. Si può pensare a questa sensazione immaginando di essere una persona priva di voce o di volto.
L'unico modo di sottrarsi all'Annientamento è quello di ricevere approvazione dall'educatore o, in età adulta, da chi ne fa le veci.

Questo Annientamento non ha niente a che vedere con la morte
fisica. La profonda Paura dell'Annientamento nasce da una sensazione istintiva di sentirsi invisibili, non riconosciuti né accettati dalla
comunità, pur essendo fisicamente presenti. È come se l'autentica
essenza e lo spirito di una persona fossero incapaci, o non avessero
la possibilità, di manifestarsi nel proprio ambiente.

L'esperienza di Annientamento non viene spesso identificata
come tale da chi ne è afflitto. Il Senso di Sé assente si manifesta semplicemente come una crescente consapevolezza di "estraneità" che

porta alla convinzione di essere tenuti in poco conto e che si trasforma poi in una profonda sensazione di essere respinti o di vedersi negato l'accesso al mondo degli altri.

L'Annientamento può evocare una sensazione simile a quella della morte, dandoci l'impressione di "non fare parte", concetto molto simile a quello della non esistenza, anche se il corpo fisico muore una sola volta, mentre l'Annientamento, come descritto qui, si verifica ripetutamente. Come vedremo, la ricerca di approvazione grazie alla quale si evita l'esperienza dell'Annientamento è fortissima.

Rammento di come, tentando di socializzare con un gruppo di persone, non riuscivo a stabilire quando era il caso di inserirmi in una conversazione o esprimere la mia opinione. Mi sentivo priva di importanza agli occhi degli altri, eppure, dentro di me, sapevo di valere. Ero incapace di esprimermi perché non ero in sintonia con quella parte del mio essere che genera intuizioni e che, se le si accorda fiducia, prende decisioni per noi. Se non si è dotati di Senso di Sé non ci si può trovare allineati a esso e non è quindi possibile fare affidamento sulle proprie intuizioni. Di conseguenza, mi convincevo che dovevo lavorare duramente, migliorarmi, eccellere in qualcosa per non rischiare, per l'ennesima volta, di non essere considerata.

## Timore dell'Annientamento e altre paure

L'esperienza dell'Annientamento comincia durante l'infanzia, continua durante l'adolescenza e si sviluppa anche in età adulta. Anche se si avverte questa paura pungente, è probabile che non si abbia un ricordo conscio della prima esperienza di Annientamento, perché a quei tempi non gli si poteva dare questo nome. È perciò estremamente difficile riconoscere o confermare il suo ruolo nella costituzione emozionale e psicologica dell'adulto. La maggior parte delle persone ne sperimentano la versione meno intensa (l'ansia!) e non si rendono conto di che cosa hanno veramente paura, in quanto questa stessa paura può essere così intollerabile, orribile e penosa che raramente raggiunge la consapevolezza. L'unica soluzione che rimane è comportarsi in modo da ottenere approvazione.

Un bambino è in grado di riconoscere, sebbene inconsciamente, quando il genitore, pur nutrendolo e curandolo, lo tollera a malapena oppure lo gratifica solo quando soddisfa i suoi desideri. Ricordo un incidente che ebbi mentre andavo in bicicletta quando avevo dodici anni: avendo perso l'equilibrio, caddi battendo il torace contro l'estremità del manubrio. Si trattò di un incidente doloroso ma non ricevetti neppure un cenno di conforto da parte di mia madre; il percorso per raggiungere l'ambulatorio del medico ha lasciato nella mia memoria il segno del fastidio provato da lei in quel momento. "Come hai potuto farmi questo?" è stato il messaggio non verbale che ho percepito; in quell'occasione ho davvero pensato di non essere stata realmente *vista*.

La Paura dell'Annientamento non muore mai e mantiene la persona nell'incertezza (in *trance*) durante l'intera vita, tempestandola di nuove paure che da questa scaturiscono. È una minaccia costante oltre che una persistente, sebbene non identificabile, realtà. Il tentativo di ostacolare l'Annientamento genera un intero e insano sistema di abitudini psico-emotive nocive, di convinzioni, bisogni, desideri, compulsioni e manie. Questo sistema ci schiavizzerà a meno che, o fino a quando, non ci si renderà consapevoli di esso. In breve, la Paura dell'Annientamento è comparabile, e in certi aspetti anche peggiore, alla paura della morte.

## Temere la Paura dell'Annientamento

C'è poi un'altra dimensione della Paura dell'Annientamento, che è la paura di sperimentarla ancora, la quale sbuca fuori proprio quando le cose sembrano andare per il meglio. Questa paura non riflette un vero motivo di preoccupazione: è il timore di essere talmente atterriti dalla paura stessa che sarà impossibile raggiungere lo stato di "Sentirsi bene con sé stessi". Una tale insicurezza può condurre a un circolo vizioso difficilmente controllabile il quale potrebbe dar luogo a una grave insonnia, alla depressione o addirittura al suicidio.

Quando si teme la Paura dell'Annientamento, lo stress ci porta a comportamenti che normalmente non avremo minimamente preso in considerazione (ad esempio bere alcol solo per avere la sensazione di appartenere a un gruppo). Il solo pensare a questa paura evoca il timore di poterla sperimentare, attivando così quel sistema di emergenza che scatena poi una risposta adrenalinica che impedisce di prendere sonno.

Diviene quindi urgente la necessità di esercitare un completo controllo sui propri sentimenti, comportamenti, ambienti e circostanze, così come sui sentimenti e comportamenti degli altri, in modo tale da scongiurare questa paura. In un disperato tentativo di evitare l'immaginato scenario apocalittico dell'Annientamento, l'intensità delle emozioni va alle stelle.

## Diventare schiavo dell'esigenza di ottenere approvazione

Ottenere approvazione e compiacersene è una cosa, ma come si arriva a ostinarsi nel cercare di conseguirla a ogni costo? Come può l'approvazione diventare la sola e unica ragione per vivere? Occorre tener presente che tale processo inizia durante l'infanzia e si sviluppa nel corso di tutta la vita.

Qui di seguito viene elencata una possibile serie di eventi che possono portare a questo tipo di dipendenza.

* *La mancanza di riconoscimento* che porta il bambino a soddisfare le proprie esigenze in altri modi.
* *Il senso di colpa.* "Se non fossi quello che sono sarei stato riconosciuto dal mio educatore e avrei ottenuto quello che volevo", questo è quello che pensa il bambino. Non ha dubbi che l'educatore sia presente e che si preoccupi come ogni educatore fa per i propri figli.
* *Il sollievo dalla Paura dell'Annientamento* dovuto ai continui tentativi del bambino di migliorare i suoi comportamenti e i risultati delle sue azioni, atteggiamento adottato dal bambino sin dall'infanzia come strategia per ridurre il terrore.

Quest'ultimo processo, apparentemente irrilevante, ha un sottoprodotto importante e dannoso di cui vedremo le conseguenze nell'elenco che segue.

* Il bambino adotta quei comportamenti che, in passato, hanno dimostrato di poter alleviare la Paura dell'Annientamento.
* Poiché tale sollievo è solo temporaneo, il bambino deve *ripetere* queste azioni.
* Crescendo il problema non cessa di riproporsi; l'individuo è così automaticamente portato a vivere nel passato rendendo il suo

titanico sforzo vano: il riconoscimento serviva allora, non adesso, ma il tentativo di ottenerlo è comunque attuale e presente. Il fallimento è assicurato, perché l'obiettivo da raggiungere è ormai posto nel passato.

Nonostante ciò, non può rinunciare! È questione di vita o di morte! Anzi, il giovane adulto cerca *sempre più disperatamente* di ottenere il risultato sperato. La convinzione di essere in colpa viene continuamente rafforzato e la depressione è dietro l'angolo.

* Accade quindi che, lentamente ma inesorabilmente, il giovane identifichi le modalità del suo istinto di sopravvivenza con il proprio metodo a prova di errori, il che lo porta a sviluppare una Strategia di sopravvivenza della prima infanzia, che si rinforza con il tempo radicandosi nel suo inconscio (vedi il Cap. 5, *La Strategia di sopravvivenza della prima infanzia e lo stato di "Sentirsi bene con sé stessi"*). Alla fine non rimane alcun indizio di tali pratiche, ma la ricerca iniziale rimane la stessa, come se si trattasse del Sacro Graal: è la ricerca del riconoscimento da parte del genitore mediante l'approvazione.

---

### Strategia di sopravvivenza della prima infanzia

È l'insieme di comportamenti, meccanismi e tattiche nati per farci sopravvivere alla mancanza di riconoscimento e sviluppati fin dalla prima infanzia. Questa strategia si perpetua fino all'età adulta portando alla ricerca continua di approvazione per *"Sentirsi bene con sé stessi"*.

---

Un'esperienza personale di tale meccanismo:

> *Mia madre stava ascoltando un brano d'improvvisazione al pianoforte suonato da George, il nostro vicino di casa. Al termine della sessione sospirò di piacere e disse: "Incantevole. Crei sempre della musica bellissima". George si girò sulla panca, la guardò con affetto e le rispose: "È perché ci sei tu a ispirarmi".*
>
> *Io stavo a guardare dalla porta e vidi mia madre arrossire e ridacchiare come la scolaretta che, al tempo, io ero.*

*Le visite di George sembravano farla sentire speciale come nient'altro. L'attenzione che lui le prestava e la sua abilità al piano sapevano conquistare mia madre. Pensai che se avessi imparato a suonare il piano avrei potuto anch'io renderla felice.*

*Sembrò compiaciuta quando le dissi che avevo deciso di studiare musica, ma mi vietò l'utilizzo del piano ogni volta che mi esercitavo a casa. Ero sorpresa che la mia musica non avesse su di lei lo stesso effetto che aveva invece quella di George. "Perché non mi riserva la stessa attenzione?", mi chiedevo. "So di non avere ancora le abilità di George, ma pensavo che lei mi avrebbe incoraggiato. Forse otterrò l'attenzione di mia madre se mi impegno di più e divento una musicista migliore". Decisi così che la musica fosse il miglior modo per ottenere la sua approvazione. Di questa Motivazione però non fui conscia.*

Questa continua ricerca di approvazione quale surrogato del riconoscimento, comincia poco dopo quella critica finestra di sviluppo in cui tale riconoscimento è essenziale, ma, se non viene scoperta e gestita, continuerà per tutta la vita. E addirittura, il pensiero che il tentativo di risolvere tale mancanza sia inutile potrebbe non arrivare mai portando a dimenticare di vivere la propria vita.

# PENSIERI SULLE DIPENDENZE

## La mia insonnia

La mia insonnia era radicata nella paura di sperimentare l'Annientamento il giorno successivo. Il mio problema si manifestava con differenti modalità. Alcune volte non ero in grado di addormentarmi; altre mi svegliavo nel mezzo della notte e non riuscivo a riprendere sonno; spesso mi accadeva anche di svegliarmi decisamente troppo presto la mattina. In ogni caso avevo bisogno di molto più sonno di quanto non riuscissi a ottenere.

A prescindere però dalla modalità dell'insonnia, era comunque l'ansia di dover conseguire le mie condizioni autoimposte a tenermi sveglia. Le reazioni del mio inconscio erano però leggermente differenti a seconda di come l'insonnia si presentava.

* **Modalità 1**: il non riuscire a prendere sonno era causato dal non essere in grado di lasciare andare determinati risultati della giornata. Praticamente andava in questo modo: una volta ottenuto ciò che mi soddisfaceva, il mio inconscio si aggrappava ai punti che avevo accumulato nel tentativo di prolungare il più possibile lo stato di "Sentirmi bene con me stessa", se possibile, anche al giorno successivo. Tutto questo per eliminare il rischio di provare la sensazione di Annientamento: la posta in gioco era alta. In questi casi riuscivo ad addormentarmi solo verso le 6 o le 7 di mattina, quando ormai avevo perso la speranza di funzionare in maniera soddisfacente per trascinare il mio Senso di Sé sostitutivo al giorno dopo. Solo allora sprofondavo in un sonno profondo.

* **Modalità 2**: c'era poi il timore di non riuscire a funzionare abbastanza bene per riuscire a ottenere, il giorno successivo, un Sano Senso di Sé. Questa preoccupazione mi svegliava nel bel mezzo della notte precludendomi il ritorno al sonno. Come al solito, non era la mia mente cosciente a darmi pensieri, perché il richiamo al risveglio doveva provenire da una parte molto più profonda del mio cervello, quella in cui si generano le modalità del "combatti o scappa".

Ovviamente, la minaccia di non riuscire a dormire mi spaventava più di ogni altra cosa: ero terrorizzata dall'idea di essere talmente esausta da non riuscire a funzionare bene e guadagnarmi così il mio Senso di Sé sostitutivo. Ero caduta in un circolo vizioso con una forte tendenza alla depressione; chissà, forse un giorno si scoprirà un legame fra Senso di Sé assente e depressione.

## Alcolismo

Durante la sua breve vita, mio fratello nutrì la speranza che un giorno lui e nostro padre sarebbero andati a bere qualcosa insieme in un pub. Nostro padre, però, non riconobbe, o non fu in grado di comprendere, il profondo desiderio di mio fratello di essere riconosciuto come un figlio prezioso. Dopo che mio padre venne meno, i problemi con l'alcol di mio fratello crebbero enormemente conducendolo verso una morte precoce. Penso spesso a quanto la loro relazione sarebbe potuta facilmente maturare positivamente se solo mio padre non fosse stato cieco di fronte ai bisogni di riconoscimento del proprio figlio. Forse mio fratello oggi sarebbe ancora vivo, chissà; al contrario entrambi sono morti senza rispetto l'uno per l'altro e con molto rancore.

## Stacanovismo

Quello che avete letto finora può facilmente essere rilevante an-che per chi sviluppa la compulsione a lavorare in continuazione. Il vero movente è, ancora una volta, la necessità di ricercare l'appro-vazione che in questo caso è ottenuta mostrando al proprio datore di lavoro, o ai propri familiari e amici, o persino a sé stessi, il frutto di un esercizio lavorativo tanto esagerato da diventare soffocante. Anche il lavoro può infatti trasformarsi in una dipendenza.

## Suicidio

È con un senso di repulsione che cito un sintomo particolarmente doloroso del Senso di Sé assente e della conseguente depressione. Anche se non sono né un medico né una psicologa, sento il dovere di esprimere il mio istintivo sospetto che queste situazioni siano col-legate fra loro in quanto io stessa le ho sperimentate. Menzionando la possibile correlazione tra Senso di Sé assente e suicidio, potrei poten-zialmente avviare chi ne avesse bisogno verso la giusta direzione. Mi riterrei colpevole se evitassi di esprimere la mia intuizione riguardo questa possibilità.

La depressione è in agguato ogniqualvolta ci si trova in situazioni in cui sembra impossibile raggiungere il proprio Senso di Sé sosti-tutivo. Ad esempio, cosa succede quando le circostanze cambiano all'improvviso e la persona a cui si richiede l'approvazione scompa-re? È forse una sorpresa che il pensiero di chiudere con la propria vita insorga quando diviene impossibile raggiungere l'unico scopo della propria vita?

Invito dunque gli esperti e gli scienziati del settore a prendere seriamente in considerazione queste connessioni. Comprendere quel che accade nella mente di chi è incapace di realizzare il proprio Sen-so di Sé potrebbe far luce sull'impulso di quanti pensano al suicidio.

# Capitolo 5
# La Strategia di sopravvivenza della prima infanzia e lo stato di "Sentirsi bene con sé stessi"

Abbiamo osservato come la Strategia di sopravvivenza della prima infanzia serva da colonna portante, seppur artificiale, per chi soffre di Senso di Sé assente. Questo capitolo si occuperà di spiegare la relazione tra la strategia e lo stato di "Sentirsi bene con sé stessi".

## "SENTIRSI BENE CON SÉ STESSI"

**"Sentirsi bene con sé stessi"**

Stato emotivo, di relativo benessere e sicurezza, derivato dall'ottemperare con successo i desideri dell'educatore. L'approvazione ricevuta riduce la necessità di produrre determinati risultati a tutti i costi, ma solo in modo temporaneo e quindi non sano. Questo stato è solo una pallida imitazione del sentirsi veramente vivi.

Lo stato di "Sentirsi bene con sé stessi" ha un nome che si spiega da solo: dà conforto, è un rifugio per le anime perse, in lotta e senza dimora. È un momento in cui ci si sente sicuri. Anche se temporaneo, è uno spazio dove si è a proprio agio. È quel luogo in cui non si necessita di essere obbligatoriamente all'altezza delle aspettative dell'educatore, *in quanto in qualche modo le si sono appena raggiunte.* Infatti, lo stato di "Sentirsi bene con sé stessi" si sviluppa quando si è stati all'altezza delle condizioni richieste dall'educatore e autoimpo- ste in base all'esperienza infantile. La necessità di ottenere successi, a mano a mano si affievolisce; si ottiene approvazione, reale o virtuale, e c'è una certa soddisfazione. Ci si trova insomma come in un'oasi nel deserto.

Una vita vissuta con un Senso di Sé sostitutivo altro non è che una serie continua di stati di "Sentirsi bene con sé stessi" alternati a più lunghi periodi di forte stress causato dalla ricerca assidua di tale stato. Non solo, quando si sperimenta lo stato di "Sentirsi bene con sé stessi" compaiono due ulteriori fattori di stress: la paura di perderlo e la necessità di estenderlo. È quindi di primaria importanza compren- dere che questo sentimento non è assolutamente al servizio della tua persona: solo così potrai convincerti ad abbandonare un percorso per te dannoso.

Per lungo tempo ho pensato che il "Sentirsi bene con sé stessi" fosse in fondo un sentimento desiderabile, un qualcosa di assoluta- mente normale. Tutti gli altri mi sembravano così equilibrati, in gra- do di raggiungere questo stato ogni qualvolta l'avessero desiderato, mentre io per conquistare quello stesso stato faticavo così tanto senza capirne il perché. Compresi dopo molto tempo che alla fine questa non era un'emozione reale. Le uniche "emozioni" che sperimentavo erano, in effetti, quelle relative al mio Senso di Sé sostitutivo e alle condizioni che mi imponevo. Da una parte c'erano il terrore e l'ansia di riuscire a ottenere riconoscimento da parte di mia madre, dall'altra la rabbia e la disperazione quando questo processo non funzionava. Queste emozioni erano talmente violente da non lasciare spazio a nient'altro che potesse entusiasmare il mio cuore.

Il termine "Sentirsi bene con sé stessi" suggerisce un ulteriore concetto: il giudizio che si dà a sé stessi. In verità, i momenti in cui non mi impegnavo, consciamente o meno, nel giudicarmi erano rari. È una delle ragioni per cui ero, e sono ancora, molto a disagio quan- do ricevo complimenti; questa situazione di imbarazzo mi riporta immediatamente allo stato di "Sentirsi bene con sé stessi", che si tra- sforma conseguentemente in ansia.

# Un caso esemplare

Come abbiamo detto quindi, è probabile che questi modelli di comportamento si sviluppino in un circolo comportamentale vizioso che si protrae per generazioni.

Facciamo un esempio: mettiamo che la madre con un Senso di Sé assente, sia una musicista; la sua vita dipende dalla qualità delle sue performances, che vanno ad avallare il suo stato di "Sentirsi bene con sé stessi". Il figlio è certamente presente nella sua vita, e lei probabilmente fa tutto il possibile per essere una buona madre, ma il bambino non rientra nella sfera delle sue priorità, perché lì c'è posto solo per la musica. Quando non è occupata nelle prove, la prima cosa che pensa è: "Come posso organizzare la mia giornata a casa, gestire mio figlio e la mia famiglia così da poter suonare qualche ora in più?"

Per la madre, la qualità delle proprie performances è questione di vita o di morte. Ovviamente si relaziona al bambino, ma solo a livello fisico, come se non si accorgesse veramente che quel piccolo essere è una persona vera, con emozioni, bisogni e desideri che richiedono la sua attenzione. Ricorda che una persona dipendente da un Senso di Sé sostitutivo programma sempre il modo migliore per poter raggiungere i propri obiettivi.

Cosa succede se il figlio ha fame e interrompe sua madre mentre lei sta facendo pratica? È probabile che venga sgridato per questa perdita di tempo oppure che gli venga detto di stare buono fino alla fine delle prove. Il bambino, cresciuto da una donna con Senso di Sé assente, ha messo da parte i suoi bisogni per venire incontro a quelli della madre, dal momento che è l'unico modo che ha per ricevere approvazione; decide così di proteggerla dal proprio comportamento esigente per paura di essere rimproverato e sentirsi in colpa. Del resto, ha bisogno a tutti i costi del sorriso della madre per raggiungere la sensazione di "Sentirsi bene con sé stessi"!

Quando il bambino impara che gli impulsi basati sui suoi desideri spontanei portano al rifiuto, comincia a convertire quelle voglie nel desiderio di dover a ogni costo soddisfare il genitore, in modo da ricevere quella rassicurante pacca sulla spalla: "E bravo il mio bambino per non aver interrotto più la mamma!" Ecco che si mette in atto lo stato di "Sentirsi bene con sé stessi", che diventa l'unica, temporanea, via di uscita dalla Paura dell'Annientamento. Questo rende il bambino obbediente, ma lo piega nello spirito.

> Nota: non bisogna trarre conclusioni affrettate su come vediamo dall'esterno una relazione genitore/figlio. Gli educatori non sono sempre premurosi come sembrano. Quando è da solo con il genitore, al riparo dagli sguardi degli sconosciuti, il bambino potrebbe essere in balia del comportamento del proprio educatore oltre che a sbalzi d'umore improvvisi.

## STRATEGIA DI SOPRAVVIVENZA DELLA PRIMA INFANZIA

La Strategia di sopravvivenza della prima infanzia è un meccanismo di difesa che si sviluppa gradualmente e involontariamente nei bambini piccoli che non ricevono la necessaria attenzione dai propri genitori. Se, durante quell'intervallo critico in cui c'è bisogno di un Mirroring adeguato, il bambino riceve invece uno Specchio distorto, rinuncia al privilegio di scoprire il proprio Sé e un Senso di quel Sé. Piuttosto, il bambino diventa esperto nel conoscere e prevedere le azioni che placano l'umore dell'educatore. Tali conoscenze e abilità si consolidano in una vera e propria strategia, l'unica che riesce a sollevarlo dallo stato di Annientamento. Questo modo di fare è deleterio per la qualità della sua vita, perché porta l'urgenza di ottenere approvazione a tutti i costi, costi quel che costi.

I comportamenti di tale strategia, oltre a manifestarsi già in tenera età, tendono anche a radicarsi, finché anche da adulto tutti i bisogni, i desideri, le motivazioni e le scelte ne sono influenzati. È come crescere con una copia della spina dorsale dei genitori al posto della propria: non si è avuto modo di costruirsene una personale, e allora si usa quella della persona di cui tanto desideriamo l'approvazione. Ogni inclinazione che sarebbe sorta dal proprio Sé è abbandonata in favore di questi atteggiamenti, in quanto solo essi sono in grado di tranquillizzare una persona con un Senso di Sé assente.

> Se poi, da adulto, il bambino che ha sviluppato una tale strategia diventa a sua volta genitore, come è successo a me, probabilmente anche i suoi figli svilupperanno un sesto sen-

so su come farlo stare meglio nei momenti peggiori, a costo della propria indipendenza. È possibile che i figli imparino a intervenire nei conflitti tra i propri genitori, cercando con la loro strategia di calmarli pur di evitare urla e scontri. Insomma, come si suole dire, tale padre, tale figlio!

## VOCE GENITORIALE INTERIORIZZATA

Al raggiungimento della maturità, le vibrazioni positive dell'educatore non dovrebbero più essere necessarie. Purtroppo, non è così per chi soffre di Senso di Sé assente. Anche da adulte, queste persone si autogiudicano con i criteri dei genitori, scambiandoli per i propri. Il bisogno di approvazione è ormai diventato loro parte integrante.

Abbiamo detto che la Strategia di sopravvivenza della prima infanzia si consolida nel tempo, radicandosi sempre di più nella mente dell'individuo. Si trasforma, cristallizzandosi in una serie di norme originate dai genitori ma operanti nei figli, che riverberano nel loro intero organismo, persino dopo anni che non si vive più sotto lo stesso tetto oppure dopo la loro scomparsa.

Nel Metodo del Senso di Sé, quando la presenza delle opinioni, dei gusti e dei giudizi dell'educatore è diventata nel bambino un punto d'appoggio fondamentale, parliamo di Voce genitoriale interiorizzata, come già accennato nell'Introduzione. Questa voce interiore è tanto forte quanto quella dell'educatore nella vita reale: bisogna quindi intervenire rapidamente per riconoscerla e fermarla, oppure si soccombe a essa per tutta la vita.

### Voce genitoriale interiorizzata

Sono quei messaggi, verbali
e non, trasmessi, consapevolmente
o meno, dai genitori ai figli
che si installano nella mente
del bambino fino a essere percepiti
come verità assoluta.

In effetti, la Voce genitoriale interiorizzata prende il controllo della situazione e, per raggiungere lo stato di "Sentirsi bene con sé stessi", è necessario aderire a ogni suo comando. L'idea di una voce diversa dalla propria presente all'interno del proprio Sé può sembrare bizzarra o inverosimile. Io stessa ho avuto bisogno di molto tempo per scoprire e accettare questa dimensione ma, ogni volta che mi guardavo dentro, sentivo mia madre che riaffermava la propria superiorità attraverso la mia stessa voce. A quel punto ho capito che *quella non era la mia voce*; piuttosto, quella voce presentava criteri copiati da mia madre, non generati dalle mie cellule grigie e dalla mia intelligenza emotiva.

Ebbene sì, anche quando non si vive più con il proprio educatore la dipendenza può sussistere in modo inconsapevole e automatico. Ecco un esempio: ogni volta che servo ai miei ospiti le tazze di caffè, tutte ben disposte su un vassoio, posso sentire l'approvazione di mia madre... e ho quasi settanta anni! Per quale motivo una tale situazione dovrebbe causare un piccolo moto di gioia dentro di me? È difficile credere che un'azione tanto insignificante mi provochi ancora lo stato di "Sentirsi bene con sé stessi"!

## IMPEDIRE A UN BAMBINO DI SVILUPPARE UN SENSO DI SÉ

Riesci a immaginare lo stress e la tristezza di una vita priva di un Sano Senso di Sé? Senza menzionare i danni collaterali: scatti d'ira, abuso di droga o alcol, problemi di apprendimento da piccoli, divorzi, problemi di salute (anche mentale), insonnia, ansia, depressione, suicidio e molto altro ancora.

Un tale modello, se non riconosciuto, si ripete di generazione in generazione impedendo a intere famiglie di vivere appieno la propria vita. Perché si è schiavi di una forza che spinge a vivere a condizioni autoimposte che un tempo davano l'illusione di essere visti e sentiti. Non si è altro che un giocoliere che si destreggia attraverso i tanti aspetti della propria vita ritenuti da migliorare, così da ricevere la propria razione di approvazione esterna. La paura più grande, quella di non esistere, si realizza davvero.

Quando si vive in questo stato non c'è possibilità di vedere realmente gli altri e di stabilire un'empatia. Gli altri sono solo pedine del "gioco delle condizioni da soddisfare", che però non viene visto come un gioco bensì come una questione di vita o di morte. Le altre persone si accorgono di tale falsità e percepiscono l'indifferenza, l'ambiguità e la distanza, tutte caratteristiche di un Senso di Sé assente.

Se stessimo pensando a una persona imprigionata e sottoposta ad abusi fisici, la spinta a soddisfare i desideri del molestatore sarebbe comprensibile, per l'ovvia ragione di impedire ulteriore sofferenza. Chiunque capirebbe che tale persona è stata manipolata e ha agito contro la propria volontà. Pensate al film *Room*, basato sul best-seller di Emma Donoghue[1], ad esempio.

Il paragone tra abuso fisico ed emozionale dev'essere preso in considerazione. Per secoli la società ha appoggiato le punizioni corporali sui bambini come valido strumento educativo, e solo oggi vediamo come questo abbia creato svariati danni in molti di loro. Fino al ventesimo secolo, nella cultura cinese la fasciatura dei piedi era una tradizione popolare tra i ricchi. Le madri fasciavano i piedi delle figlie, impedendone una crescita normale, perché i piedi piccoli erano simbolo di bellezza e benessere. Anche se ciò oggi è considerato abuso fisico, questa è stata una pratica accettata per secoli. Tuttavia, non sarebbe stato un crimine se le madri che legavano i piedi alle figlie le avessero poi picchiate quando queste, una volta adulte, non riuscivano a correre una maratona?

Non fornire gli strumenti per costruire un Sano Senso di Sé può essere paragonato a una forma mentale di fasciatura dei piedi. Nonostante, spesso, questo comportamento non sia intenzionale e non abbia niente a che fare con gli standard di bellezza, alcuni genitori fasciano i loro desideri e bisogni attorno al Sé del bambino, che appassisce e si contorce come un piede fasciato. Dovrebbe essere considerato un crimine forzare una persona con un Senso di Sé assente a vivere come se avesse un Sano Senso di Sé, così come costringere una ragazza con i piedi fasciati a correre una maratona – potrebbe anche essere possibile, ma sarebbe difficile, doloroso e con un alto rischio di fallimento.

[1] *Room* è un film del 2015 diretto da Lenny Abrahamson basato sul romanzo di Emma Donoghue, *Room. Stanza, letto, armadio, specchio*, Mondadori, Milano 2010. Traduzione a cura di Chiara Spallino Rocca.

Ho sperimentato in prima persona le conseguenze di questa mutila-
zione involontaria dello spirito invece che del corpo. I suoi effetti sono
durati per tutta la mia vita; in effetti, ne hanno determinato il corso. È il
motivo per cui ho dedicato così tanti anni a questi studi e a questo libro
invece che alla musica. Il fatto che né cattiva volontà né incuria delibe-
rata fossero presenti non ne ha attenuato per niente gli effetti.

Finora, è stato forse considerato normale che un genitore non
fosse così ben informato da disporre per il bambino le fondamenta
su cui crescere prosperamente, ossia un Sano Senso di Sé. È adesso
giunto il momento di mettere in discussione questo comportamento
e sensibilizzare la società.

Mi rendo perfettamente conto che le cose non sono così ben definite. Possiamo concepire questo invito a ripensare i nostri comportamenti come un passo in avanti nel percorso dell'umanità. Ricom-
poniamoci e prendiamo il coraggio a due mani. Siamo nati come
pagine bianche e abbiamo guardato al nostro educatore con occhi
pieni di fiducia e speranza. Ci aspettavamo infinito amore e cura, perché il nostro educatore era tutto per noi. Essere forzati a rispondere ai
requisiti dell'educatore per arrivare alla sensazione di "Sentirsi bene
con sé stessi" è un allarmante mescolarsi di due mondi che manda in
confusione il bambino.

Se anche tu, lettore, hai provato queste, o alcune di queste sensazioni, hai probabilmente la determinazione per comportarti in maniera differente, che tu sia già genitore o che tu volgia diventarlo. Se
vogliamo nutrire e fare crescere in modo sano le prossime generazioni dobbiamo prendere consapevolezza del fatto che esiste una
linea sottile tra un Mirroring inadeguato e un ricatto emotivo con la
negazione di approvazione e/o riconoscimento.

# Capitolo 6
# Motivazione diretta e Motivazione indiretta

In questo libro, *Sano Senso di Sé – Come liberarti dalla dipendenza d'approvazione*, si parla spesso di *Motivazione* e in questo capitolo ne approfondiremo le varie sfaccettature. Spesso la causa dei comportamenti problematici sono Motivazioni sepolte nell'inconscio fin dall'infanzia. La lettura di questo capitolo in particolare aiuterà a comprendere se tali Motivazioni sono ancora valide e spiegherà come "sostituire" la versione non sana con quella salutare.

## Visione d'insieme sulle Motivazioni

Di tanto in tanto, è necessario rispolverare le nostre Motivazioni e dar loro una bella lucidata. È infatti necessario purificarsi regolarmente per vivere in un ambiente piacevole. I vecchi abiti devono far posto ai nuovi e i CD che non ascoltiamo più occupano solo spazio prezioso. Ciò che non si usa più deve andarsene!

Ognuno di noi è il manutentore del proprio sistema, del proprio Sé; c'è bisogno di cura e di molte attenzioni per mantenerlo pulito, proprio come per la nostra casa. È inoltre necessario aggiornare le nostre Motivazioni perché i bisogni del bambino cambiano con la crescita e gli adulti devono ricalibrarli in base alle nuove esigenze, altrimenti le Motivazioni si faranno datate, intricate e inappropriate. Cosa c'è di più fuorviante che continuare a ripetere le stesse cose per la ragione sbagliata?

Capire e curare le proprie Motivazioni: questa è la chiave per migliorare sé stessi; il primo passo per guarire da un Senso di Sé sostitutivo e ottenere un Senso di Sé ristabilito ovvero un Sano Senso di Sé.

Per cominciare, prova a farti la seguente domanda:

**PERCHÉ faccio QUELLO che faccio?**
oppure
**PERCHÉ evito di fare, spesso a tutti i costi, certe cose?**

Capire il perché delle nostre azioni ci aiuterà ad avere una visione più chiara di chi siamo, infatti per trovare il proprio obiettivo ultimo è fondamentale conoscere tutto ciò che c'è da sapere su sé stessi. Conoscere sé stessi è potere!

## Scoprire le proprie Motivazioni non è così facile

L'indagine sulle Motivazioni richiede, innanzitutto, totale onestà con il proprio Sé. Sembra facile, invece non lo è per niente. Magari siamo anche pronti ad ammettere che, a volte, inganniamo il prossimo mostrando di essere in connessione con noi stessi mentre non lo siamo affatto, ma, allo stesso tempo, sarebbe scioccante scoprire che siamo continuamente impegnati a ingannare anche noi stessi, a volte per una vita intera; del resto, noi esseri umani siamo i maestri della negazione. E questo è proprio ciò che molti di noi devono imparare ad ammettere! Perché se si sceglie di rinunciare a ingannare sé stessi per cercare di scoprire come si è realmente... beh, allora si sta percorrendo la via giusta.

## Cos'è la Motivazione?

La Motivazione è quella forza che ci induce ad agire e che, in genere, guida il nostro comportamento. È il risultato di un ragionamento, più o meno conscio, attraverso cui decidiamo o evitiamo di fare determinate cose. Con ragionamento qui si intende sia la sua forma attiva, ovvero quando si esplora e si traggono conclusioni su qualcosa; sia la forma passiva: quando ci facciamo guidare da un pilota automatico. In quest'ultimo caso, la Motivazione è basata su conclusioni tratte in stadi precedenti della nostra vita.

> **Motivazione**
>
> È ciò che crea un incentivo, un impulso a fare o non fare qualcosa; ciò che determina un comportamento in base ai propri desideri.

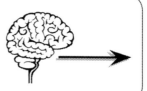

## Classificare le Motivazioni come dirette e indirette

Il *Metodo del Senso di Sé* parla di **Motivazione diretta**, quando è salutare, e di **Motivazione indiretta**, quando è invece l'insalubre risultato di un Senso di Sé ostacolato.

Una volta compreso il collegamento tra Sano Senso di Sé e Motivazione diretta e il fatto che una Motivazione indiretta indica invece un Senso di Sé sostitutivo, allora si è sulla strada giusta verso la guarigione!

## Perché è importante conoscere le proprie Motivazioni?

Per me, mettere in discussione le mie motivazioni e cercare risposte vere e sincere è stata la chiave per trovare una via d'uscita dalla mia difficile situazione, dall'insonnia, così come dal continuo sconvolgimento emotivo in cui precipitavo. In breve, mi ha ridato la vita. Le basi per guarire il mio Sé si sono formate solamente quando, finalmente, ho iniziato ad approfondire la ricerca su me stessa e a curare la mia Motivazione.

Questo metodo non si focalizza sulle necessità ovvie e universali come, ad esempio, mangiare, cercare un riparo oppure riscaldarsi; si concentra piuttosto su un altro tipo di Motivazioni, quelle più profondamente radicate nella nostra interiorità.

"Sono davvero in contatto con le mie emozioni?"

"Le mie Motivazioni sono davvero coerenti con ciò in cui *credo*?"

"Le mie scelte di vita sono davvero al servizio dei miei obiettivi?"

"È vero che mi sento, a volte, come guidato da un potere invisibile?"

Ricordo che, quando lavoravo come fagottista professionista, spesso mi sentivo incapace di fare una pausa tra un'esercitazione e l'altra o durante la preparazione delle ance. Ero molto ansiosa, come se la mia vita dipendesse interamente dalla qualità dei miei concerti. Con il senno di poi, comprendo perché ero così compulsiva: il mio Senso di Sé sostitutivo dipendeva dal raggiungere determinate condizioni e, di conseguenza, pensavo di non potermi permettere di essere una musicista mediocre e tornare a casa con la sensazione devastante di non avere portato a termine un'interpretazione perfetta. Ogni volta che ciò accadeva, tutto quello che potevo fare era attendere l'occasione successiva per esibirmi in maniera eccelsa e allontanare quel persistente senso di Annientamento.

Comprendere la differenza tra Motivazione diretta e indiretta aiuterà a comprendere in modo più chiaro il potere invisibile che sta dietro le diverse Motivazioni e da dove questo potere deriva. Solo quando si riconosceranno le proprie *reali* Motivazioni si riconoscerà la loro importanza. Si potranno quindi, finalmente, sviluppare strategie atte a migliorare la qualità della vita.

## Raramente le cose sono come sembrano

Esaminate questi esempi di Motivazioni differenti:

> *Due mamme portano i propri figli a scuola di musica. Nonostante entrambe stiano compiendo la stessa azione, le loro Motivazioni possono essere assai differenti fra loro. Una delle due mamme potrebbe, ad esempio, essere motivata a sviluppare il talento e gli interessi del proprio figlio indirizzandolo verso la musica perché questo aumenta la felicità e la qualità della vita del suo bambino. L'altra mamma, invece, potrebbe essere motivata dall'avere un figlio altamente performante perché questo la fa sentire un buon genitore e, di riflesso, anch'essa parte della scena musicale.*

> *I risultati di questa esperienza saranno quindi molto diversi per ognuna delle due mamme. Nel primo esempio, madre e figlio troverebbero soddisfazione e gioia l'una con l'altro, mentre nel secondo sperimenterebbero stress, discordie, tensioni e reciproca insofferenza. Il bambino potrebbe arrivare addirittura a voler mollare tutto nonostante il suo talento.*

Ecco un altro esempio:

*Due mamme si complimentano con i propri figli per i buoni voti presi a scuola. Anche qui le differenze possono essere molteplici.*

*In un caso, la madre è motivata dall'amore incondizionato e dal riconoscimento del valore intrinseco del bambino. Sostiene l'immagine del proprio figlio riconoscendogli i meriti ottenuti e lodando il duro lavoro e le abilità a prescindere dai risultati. Gli effetti di questo piccolo gesto saranno sorrisi genuini, rapporti figlio/genitore rinforzati e una migliore salute mentale per il bambino stesso.*

*La seconda madre sta solamente concedendo al bambino la propria approvazione, ma sta già pensando con preoccupazione ai futuri fallimenti del figlio. Qui la madre è dichiaratamente alla ricerca di un figlio che appaia intelligente o talentuoso, in modo da poter riflettere questa intelligenza su sé stessa. Probabilmente questa mamma ha problemi con il proprio intelletto, non si sente all'altezza delle richieste della propria madre. La sua Motivazione è avere un figlio che abbia sempre buoni risultati in modo che possa "Sentirsi bene con sé stesso" come Senso di Sé sostitutivo. Le sue preoccupazioni non riguardano tanto il figlio quanto la personale necessità di ricevere approvazione attraverso i risultati del bambino, il quale non riuscirà a sviluppare il proprio Senso di Sé e cadrà nel circolo vizioso dell'approvazione esterna. Questo vortice porta automaticamente a temere qualsiasi fallimento e la cosa pericolosa è che questa modalità si trasmette facilmente dal genitore al figlio/a.*

Prendiamo ora un'esperienza personale:

*L'evento che mi accingo a raccontare è accaduto quando avevo da poco messo su famiglia. Ero in visita dai miei genitori e mia madre si occupava del pranzo. Il tempo meraviglioso invogliò me e mio marito a fare una breve passeggiata in bicicletta, con la nostra figlia più piccola seduta sul seggiolino. Allungatasi di un poco la nostra gita, la bambina si addormentò, e al nostro ritorno mia madre andò su tutte le furie. Da un lato mi tacciò di egoismo per aver obbligato la piccola a un'escursione di gran lunga eccessiva, dall'altro mi accusò di aver svilito i suoi sforzi per il pranzo non rispettando l'orario canonico.*

La vera ansia di mia madre riguardava la paura che noi arrivassimo tardi rovinandole lo stato di "Sentirsi bene con sé stessa". E, del resto, era questa la ragione per cui si era tanto impegnata a preparare il pranzo, anche se ovviamente lei non ne era consapevole. Ogni potenziale ostacolo all'ideale inizio del pasto le causava irritazione e bisogno di controllare la situazione. Ironicamente, fu il suo stesso turbamento a rovinare l'atmosfera.

## ORDINE DEL GIORNO NASCOSTO E OBIETTIVO SEGRETO

Spesso, nascondiamo le nostre vere Motivazioni non solo agli altri, ma anche a noi stessi; perciò sono molto difficili da scoprire. Sovente, e in varie situazioni, escogitiamo una ragione plausibile in grado di giustificare il motivo per cui abbiamo scelto di fare o non fare una certa cosa. Questo ci dà la confortante illusione di credere che il nostro comportamento sia motivato e che la nostra "ragione plausibile" sia la reale Motivazione di cui necessitiamo per agire.

Le nostre scelte e le nostre Motivazioni, tuttavia, sono spesso ben più complesse di quanto crediamo e di gran lunga meno trasparenti. Molti di noi hanno attivato un **Ordine del giorno nascosto**... nascosto perfino a noi stessi! Questi ordini del giorno costituiscono le cause che ci inducono ad agire oppure a non agire.

**Ordine del giorno nascosto**

Si tratta di un fine inconscio che guida azioni e comportamenti. Non è lo scopo reale, ma la dimostrazione dell'abilità di realizzare un *Ego-riferimento* alla perfezione, seguendo un percorso automatico verso il proprio *Obiettivo segreto*.

Il Metodo del Senso di Sé si basa sull'idea dell'esistenza di potenziali Ordini del giorno nascosti che generano la nostra Motivazione. Tuttavia, per molti di noi questo non è un processo conscio. È il nostro inconscio che, nascondendo i suoi scopi, tenta di ingannare la parte cosciente della nostra mente. Le ragioni che ci spingono a decidere di fare o non fare qualcosa oppure ad avere determinati comportamenti ci hanno spesso accompagnato fin da piccoli ed è per questo motivo che non vengono mai messe in discussione. L'Ordine del giorno nascosto, fondamentalmente, si basa sul comportarsi in modo tale da ottenere una ricompensa emozionale che allievi la Paura dell'Annientamento.

L'utilizzo dei termini *Ordine del giorno nascosto* e *Obiettivo segreto*, spesso posti l'uno accanto all'altro, potrebbe generare una certa confusione. Diamo quindi un ulteriore chiarimento a riguardo. Entrambi i termini rappresentano gli obiettivi di una persona che tenta di riparare ai danni della mancanza di riconoscimento da parte dell'educatore. La differenza sta nella portata. Mentre l'Obiettivo segreto è l'obiettivo finale (avvicinarsi alla persona da cui si vorrebbe ottenere riconoscimento), l'Ordine del giorno nascosto si riferisce invece ai passi necessari e programmati per raggiungere l'Obiettivo segreto.

**Obiettivo segreto**

L'obiettivo più profondo situato nell'inconscio, ossia ottenere l'approvazione dell'educatore. Questo obiettivo è però solo un malsano sostituto del riconoscersi come una persona "reale".

Probabilmente, le persone con un Ordine del giorno nascosto quando erano bambini non sono stati riconosciuti a dovere dai propri genitori e, di conseguenza, pensano che sia *colpa loro* – credono cioè che se fossero stati in grado di accontentare il genitore sarebbero stati riconosciuti in modo adeguato. Attraverso l'Ordine del giorno nascosto questi bambini (e successivamente questi adulti) cercano di modificare o inibire certi aspetti del loro comportamento così da poter essere apprezzati dal proprio genitore e sentirsi finalmente dire: "Forse questo ragazzino non è poi così mediocre come pensavo. Provo amore per lui. È meritevole di essere mio figlio. Lo apprezzo per la persona che è".

Ricapitolando, l'Obiettivo segreto altro non è che un tentativo di "riportare indietro le lancette dell'orologio" verso quella finestra temporale in cui il genitore ha mancato l'occasione di essere uno specchio adeguato per il figlio, che continuamente prova a far cambiare idea alla propria mamma o al proprio papà. Raggiungere questo obiettivo resta però un'illusione, perché il vero colpevole non è il figlio, bensì *l'educatore*.

## MOTIVAZIONE DIRETTA

La Motivazione diretta è il tipo di incentivo più naturale e salutare per prendere decisioni chiare rispetto alle proprie azioni e comportamenti. Quando un'azione è determinata da una Motivazione diretta, i fattori che ci spingono a decidere di compiere oppure no una determinata azione sono inequivocabili. Ciò significa che esiste un filo diretto che collega la nostra motivazione, azione e comportamento ai nostri obiettivi.

**Motivazione diretta**

È la *Motivazione* basata sul presente. L'incentivo è puro, semplice, diretto e non provoca un *Conflitto interiore* o un *Ordine del giorno nascosto*.

La Figura 6.1 illustra i sani flussi di focalizzazione e di tensione nervosa associati alla Motivazione diretta. Questa persona mostra una salutare attività interna che manifesta cantando e suonando la sua chitarra con l'unico fine di divertirsi o magari, chissà, di trasmettere un messaggio.

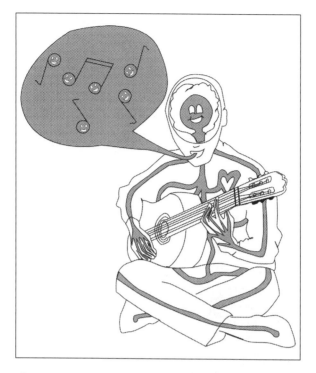

**Figura 6.1**: Fare musica ispirati dalla Motivazione diretta.

## MOTIVAZIONE INDIRETTA

La Motivazione indiretta è originata dal bisogno, percepito non solo come desiderabile ma necessario, di realizzare un Ordine del giorno nascosto. La si può pensare come una compulsione che ha un solo scopo: assicurare le condizioni che porteranno all'approvazione. Il risultato è lo stato di "Sentirsi bene con sé stessi", il Santo Graal di una persona guidata dal bisogno di guadagnarsi un Senso di Sé sostitutivo.

> **Motivazione indiretta**
>
> Entra in azione quando la *Motivazione* non è quella che sembra, ma si è sviluppata con il fine di raggiungere il temporaneo stato emotivo del *"Sentirsi bene con sé stessi"* che sostituisce la sensazione di essere una persona "reale".

La Figura 6.2 mostra i flussi di focalizzazione e di tensione nervosa associati alla Motivazione indiretta. Questa persona suona e canta come quella della Figura 6.1, ma, a differenza della prima, il punto di partenza è del tutto diverso. Possiamo immaginare che questo chitarrista dipenda dal risultato della sua esibizione per potersi assicurare l'approvazione del genitore (o, al suo posto, del pubblico per trasferimento) solo così si sentirà una persona vera. In una fase successiva, considerando che in passato era stato all'altezza delle aspettative dei genitori (Voce genitoriale interiorizzata), si trova nello stato di "Sentirsi bene con sé stessi" il quale agirà come Senso di Sé sostitutivo. C'è molto in gioco, ad esempio evitare l'Annientamento! Questo atteggiamento, quindi, influenza e guida in qualche modo le prestazioni? Assolutamente sì!

**Figura 6.2:** Fare musica ispirati dalla Motivazione indiretta.

Quando si è spinti da Motivazione indiretta, agli occhi esterni possiamo apparire come persone focalizzate sulle proprie azioni e attività ma, nel profondo del nostro subconscio, nascosto a noi stessi e agli altri, qualcos'altro ci sta muovendo. Usiamo queste azioni e attività unicamente come un **Veicolo** che ci consente di raggiungere rapidamente e in piena comodità il nostro Obiettivo segreto.

## Trasferimento

Sebbene l'approvazione sia ricercata inizialmente solo nell'educatore primario, con il tempo la funzione di questi è trasferita ad altri che abbiano caratteristiche simili. Potrebbero essere persone simili al proprio padre a causa del loro piglio autoritario, oppure alla propria madre per la forza di volontà... giusto per fare un paio di esempi.

Purtroppo, ciò significa anche dare a queste persone il potere di farci sentire accettati, vivi oppure rifiutati e annichiliti. Ecco il dramma. Stiamo perseverando in due abitudini:

1. continuiamo a ubbidire alla inconscia convinzione che per sentirci tranquilli e al sicuro dobbiamo continuare a soddisfare condizioni che appartengono alla nostra infanzia;
2. cediamo alla necessità di volere ottenere lo stato di "Sentirsi bene con sé stessi" attraverso l'approvazione altrui.

È in questo modo che, ad esempio, la dipendenza dal Senso di Sé sostitutivo si sviluppa nei maniaci del lavoro, gli stacanovisti. L'obiettivo delle tante ore di duro lavoro non è l'obiettivo reale, motivato direttamente, di portare a termine i propri compiti in modo perfetto, perché quello che conta è l'Ordine del giorno nascosto, il cui programma può estendersi dall'accontentare il proprio capo a mettersi in mostra con i colleghi o, addirittura, con sé stessi. Il piano dichiarato non è altro che un Veicolo per realizzare il proprio Obiettivo segreto.

### Veicolo

Attività o comportamento utilizzato per dimostrare abilità specifiche o tratti caratteristici (*Ego-riferimenti*) finalizzata a ottenere approvazione per *"Sentirsi bene con sé stessi"*.

Quello che ho capito dopo molti anni d'introspezione è che tutto ciò che facevo era finalizzato a *ottenere approvazione*; approvazione da parte di me stessa, attraverso la mia Voce genitoriale interiorizzata, e approvazione esterna. Più precisamente, ricercavo la sensazione di "Sentirsi bene con sé stessi" tramite il riconoscimento da parte dei miei genitori di essere una figlia amata e rispettata. Ecco alcuni esempi di utilizzo del Veicolo per il mio Ordine del giorno nascosto e la loro causa principale:

- la mia Motivazione per pulire casa non era abitare in un luogo lindo e accogliente, bensì contrastare ciò che percepivo essere il pensiero di mia madre: "Non essere egoista, pulisci quel che sporchi";

- la mia Motivazione per dormire bene non era rimanere in buona salute, ma evitare gli sguardi di disapprovazione a colazione, quando arrivavo al tavolo pallida e con le borse sotto gli occhi. Dovevo contrastare l'accusa, espressa ad alta voce o meno: "Non rovinare l'atmosfera con i tuoi problemi di sonno";

- la mia Motivazione per essere una musicista non era la passione, o la voglia di divertirmi mentre diventavo una musicista professionista, bensì competere con il vicino di casa che conquistava l'attenzione di mia madre quando suonava il piano: dovevo essere brava quanto lui così mia madre avrebbe adorato il mio modo di suonare e, di conseguenza, anche me.

Persino le ragioni per sentirmi felice non avevano niente a che vedere con la qualità della mia vita, ma miravano solo a smontare la disapprovazione di mia madre: "Non avere sempre problemi" ed essere all'altezza del suo ordine: "Sii felice o ti ammazzo!"

## Aspetti della Motivazione indiretta

Per meglio capire il meccanismo della Motivazione indiretta, possiamo identificare un ordine:

1. è necessario svolgere un compito;
2. bisogna completare l'Ordine del giorno nascosto (parte del compito);

**3.** si deve raggiungere l'obiettivo:

- accettazione e legittimazione da parte dei genitori;
- raggiungimento dello stato di "Sentirsi bene con sé stessi";
- acquisizione del Senso di Sé sostitutivo.

Un importante aspetto dell'Ordine del giorno nascosto è diret-tamente connesso alla Motivazione indiretta: l'enfasi nel *dimostrare che si è all'altezza*. C'è chi prova a dimostrare di essere altruista, chi di essere normale o di avere una buona reputazione, o ancora di essere sempre in orario o di dormire bene. Perché dobbiamo necessa-riamente *essere in grado*? Perché la principale Motivazione (indiretta) *non* è correlata al contenuto di *ciò* che si sta facendo, o a *come* ci si sta comportando.

> *Ci si focalizza esclusivamente sul mostrare (dimostrare)
> che si è in grado di farlo!*

L'Obiettivo segreto è ottenere approvazione. Perciò, *dimostrare che si è in grado* è più importante che *raggiungere* effettivamente il risultato. La Motivazione reale è far cambiare idea ai genitori. Lavare la macchina o pulire la cucina sono solo Veicoli.

Per questo motivo, gran parte degli sforzi va a finire nell'Ordine del giorno nascosto, anziché in una Motivazione diretta, impedendo di ottenere il risultato cui si puntava. In verità non si stava nemmeno puntando a quel risultato – si puntava solo a ottenere approvazione. La vera intenzione non era suonare bellissima musica o diventare un dottore. Eppure, al mondo esterno, questo è quel che sembrava. "Non è strano?" si domanderanno gli altri. "Tutto questo lavoro e nessun ri-sultato!" Ora sappiamo perché. Il nostro cuore non era veramente lì.

Lo scopo di questi comportamenti è quello di non farsi schiac-ciare dall'Annientamento. Al suo posto, tuttavia, si proveranno ansia, stress ed esplosioni di rabbia, soprattutto se si è in qualche modo ostacolati nel raggiungere il proprio obiettivo.

## Motivazione indiretta e Senso di Sé

Per cui... sì! Devo ammettere che, durante gli ultimi venticinque anni lungo il mio viaggio interiore, ogni qual volta la mia mente cadeva nel tranello dell'Ordine del giorno nascosto, inconsciamente, cercavo di porre rimedio alle svariate possibilità perse per poter sviluppare un Sano Senso di Sé durante la mia infanzia. Tuttavia, la finestra di accesso a questo sviluppo era chiusa e l'unica cosa che potevo ancora ottenere era lo stato di "Sentirsi bene con sé stessi", ossia un Senso di Sé sostitutivo.

Se inizi a entrare in risonanza con quanto è stato detto, potresti renderti conto del fatto che questa situazione potrebbe essere vera sia per *te* sia per un *tuo caro*. Spesso non si è consapevoli della completa assenza di un Senso di Sé, ma questo potrebbe, appunto, essere una spiegazione per alcuni dei problemi che ti affliggono.

# Capitolo 7
# Ego-riferimenti e meccanismi di sopravvivenza dannosi

Il processo che porta a un Senso di Sé sostitutivo, come abbiamo già visto, si svolge per mezzo di Veicoli e Ordini del giorno nascosti. C'è però un terzo componente. Ognuno di noi possiede infatti una serie di specifiche, regole alle quali tentiamo di rimanere fedeli. Servono per assicurarci di ottenere l'approvazione di cui abbiamo tanto bisogno. Queste regole personali sono nate come Strategia di sopravvivenza della prima infanzia e si sono preservate più tardi nella vita con la Voce genitoriale interiorizzata. Nel Metodo del Senso di Sé ognuna di queste regole è detta **Ego-riferimento**. Questo capitolo chiarirà con quali criteri queste regole, o abitudini, si attuano nel tentativo di raggiungere l'ambìto Obiettivo segreto. Ma ritorniamo un attimo alla Motivazione indiretta.

Nel termine Motivazione indiretta, la parola *indiretta* suggerisce che al posto di una connessione univoca tra la persona e il suo obiettivo ci sia il coinvolgimento di qualcos'altro. Questo aspetto è illustrato al meglio confrontando le dinamiche che sono in gioco quando la Motivazione indiretta è l'incentivo della tua azione, come una strategia al tavolo da biliardo. In questo gioco, non punti direttamente alla boccia che vuoi mandare in buca, piuttosto, miri quella all'estremità opposta del tavolo in modo che rimbalzi e viaggi indietro lungo il tavolo per colpire poi la boccia desiderata. La Motivazione diventa indiretta quando ciò che facciamo o, più precisamente, il motivo che ci porta a fare quello che facciamo, ha lo scopo di alleviare la nostra Paura dell'Annientamento derivante dalla mancanza di riconoscimento. Puntando all'approvazione (l'unica alternativa a nostra disposizione) abbiamo imparato come comportarci controllando le reazioni dell'educatore. La Strategia di sopravvivenza della prima infanzia, che portava al desiderato risultato dell'approvazione, diventa permanente e infine si trasforma in una di queste regole personali.

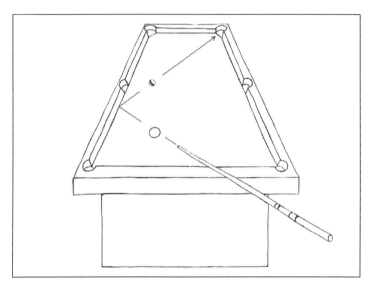

**Figura 7.1:** Traiettorie al biliardo.

Tali regole ritornano alla mente così di sovente, e seguirle è sempre stato così importante, che alla fine diventano parte di noi. Sentiamo che è necessario migliorarci in base a esse e fare sempre meglio la volta successiva. Se questo capita anche a te, potrai affermare di aver scoperto i tuoi Ego-riferimenti!

## Ego-riferimenti

È un concetto piuttosto complesso, ma cruciale nel Metodo del Senso di Sé per il processo di recupero dalla dipendenza da un Senso di Sé sostitutivo. Riconoscerli il prima possibile è perciò di vitale importanza.

**Ego-riferimenti**

Sono quei presupposti, accettati
inconsciamente, che ci permettono
di raggiungere un'approvazione esterna,
mediante comportamenti studiati
per ottenere quei risultati che ci portano
allo stato di *"Sentirsi bene con sé stessi"*.

Gli Ego-riferimenti sono una serie di condizioni che devono essere portate a termine alla perfezione. Includono comportamenti e azioni specifici che l'educatore apprezza; sono quelle azioni che il genitore usava criticare regolarmente in quanto non consone alle sue idee e che ora sono ricordi traumatici. Seguendo queste regole e migliorando in queste mansioni si prova a soddisfare i genitori e a ottenere l'agognata approvazione. Si può pensare agli Ego-riferimenti come a condizioni autoimposte, ma bisogna non giudicarsi troppo duramente in quanto questa è l'alternativa migliore che abbiamo. Ecco di seguito un esempio.

Durante una visita a mia madre, quando ero già una donna sui cinquant'anni, pianificammo di andare insieme ad assistere a un concerto. Tuttavia, all'ora prestabilita per la partenza io e mia figlia eravamo leggermente in ritardo. Mia madre rimase così indisposta che ci ignorò, si allontanò in maniera esplicita e rimase in silenzio per il resto della serata. Il mio cuore sprofondò, quella che doveva essere un'uscita divertente e spensierata fu rovinata, non solo per lei, ma anche per me e per mia figlia. Non scorderò mai lo sforzo che feci per lenire il dispiacere e tentare di rendere la situazione più piacevole.

"Non devo essere in ritardo. Non devo essere in ritardo". Ecco come si rinforza un Ego-riferimento.

## ORIGINE DEL TERMINE *EGO-RIFERIMENTI*

Nel corso dei miei anni di introspezione ho scoperto l'esistenza di una strategia operante nella mia psiche che però funzionava al di sotto della parte cosciente della mente. Studiando le mie motivazioni, osservai che questa strategia mi spingeva a migliorare determinati comportamenti che non giudicavo mai abbastanza soddisfacenti. Anticipando il rifiuto da parte di mia madre, ero io stessa la mia peggiore critica. Non essere in grado di raggiungere questi standard mi causava un intenso odio nei miei confronti. Quando cominciai a capire cosa mi stesse tenendo in ostaggio, mi resi conto che avevo bisogno di un nome per questo fenomeno, in modo da poterlo identificare e tenerne traccia.

Ricordo l'assoluta necessità di trovare il termine adatto, il quale mi venne poi intuitivamente: *Ego-riferimento*. Bisogna aver chiaro che la disamina della mia mente e delle mie emozioni non era pianificata. Non era una fatica piacevole, ma un lavoro che avevo bisogno di fare di volta in volta che la necessità si presentava, di solito quando avevo in realtà pianificato ben altro. Non ero, quindi, preparata per trovare un nome adatto a definire il concetto che mi interessava, nome che venisse poi compreso e anche accettato dalla psicologia tradizionale.

Il termine Ego-riferimento mi sembrò il più adatto allo scopo: la parola *Ego* si riferisce a tutto ciò che *non* era un Sano Senso di Sé. Ego era ciò che avevo frainteso come senso di me stessa, e che volevo sostituire con il mio Sé autentico. Il termine *riferimento* indicava invece il comportamento desiderato che dovevo attuare in modo perfetto per raggiungere la sensazione di "Sentirsi bene con sé stessi".

In generale, si usa Ego-riferimento per descrivere le strategie e i comportamenti degli adulti che hanno radice in esperienze infantili più o meno traumatiche. Quello che è cominciato come una strategia per ottenere la soddisfazione dei propri bisogni infantili diventa poi un modo di *essere* da adulti decisamente nocivo e autolesionista. Infatti, si vuole ottenere successo a tutti i costi, una condizione debilitante e stressante. Non c'è un luogo interiore in cui riposare, il che porta a esaurimento, collasso mentale, malattie e una vita di frustrazioni.

Sono le circostanze specifiche di ogni individuo a determinare quali caratteristiche si trasformano in Ego-riferimenti. Tutti i bambini scoprono comportamenti diversi alla ricerca di approvazione dall'educatore primario. D'altra parte, gli Ego-riferimenti scelti possono anche avere a che fare con temperamenti e inclinazioni personali, e anche, ma non necessariamente, essere gli Ego-riferimenti ereditati dal genitore.

# Ego-riferimenti e Veicoli

Come discusso precedentemente, il termine Veicolo viene utilizzato per indicare un'azione, un'attività o un comportamento che funge sia da vettore per un Ego-riferimento sia come opportunità da non perdere per poterci lavorare su in anticipo. Il Veicolo ha due funzioni: porta a un risultato apprezzabile (la Motivazione diretta) e serve a realizzare l'Ordine del giorno nascosto (la Motivazione indiretta). Le attività usate come Veicoli sono le più disparate: si va dalle semplici faccende di casa alle attività legate al lavoro fino a voler perseguire un particolare livello di istruzione per i propri figli o scegliere il proprio marito oppure moglie.

# Esempi di Ego-riferimento

Gli Ego-riferimenti sono compulsivi per natura; sono la chiave di volta nella nostra battaglia per ottenere un Senso di Sé sostitutivo. È inutile tentare di liberarsene in fretta o almeno non prima di aver scoperto la loro reale natura, nascosta profondamente sotto la superficie della nostra vita quotidiana. Per capire meglio quali aspetti della vita sono suscettibili a diventare Ego-riferimenti, ho redatto una lista di quelli che io stessa avevo. In base alle mie osservazioni da bambina (la mia Strategia di sopravvivenza della prima infanzia), erano questi i miei problemi di comportamento e di carattere su cui più ero spinta a lavorare, con l'obiettivo primario di accogliere approvazione e "Sentirmi bene con me stessa". Ecco, quindi, cosa mi sentivo in dovere di fare quando ero ancora preda degli Ego-riferimenti:

- come figlia, essere sempre in forma fisicamente, emotivamente e psicologicamente;
- evitare di essere arrabbiata, irritata o anche solo infastidita, evitando i conflitti a ogni costo. Più in generale, non avere problemi né crearne;
- non lamentarmi e non essere egoista, evitare di interessarmi sempre a quello che fanno gli altri;
- ottenere buoni risultati nella vita, diventare "qualcuno". In pratica, avere successo ed essere ammirata, facendo le cose in modo diverso da come le fanno gli altri e trovando modi per essere speciale;

- dormire bene, essere rilassata, essere di ottimo umore e avere sempre un aspetto riposato;
- stare attenta a non ammalarmi e a sentirmi sempre bene;
- avere una casa pulita e ben organizzata;
- sapere cosa voglio;
- essere puntuale;
- in molte circostanze, essere diversa da quello che sono naturalmente. Essere così come sono non andava bene;
- come madre e moglie, assicurare che l'atmosfera nella mia famiglia fosse sempre positiva, dedicando tempo ai figli e al marito, mantenendo sempre un buono stato d'animo e non arrabbiandomi mai.

Naturalmente, ognuno di noi ha un proprio elenco, sebbene alcuni di questi punti siano generici o addirittura universali tra le persone con un Senso di Sé assente. È del tutto probabile che non ci si renda conto di tutte queste regole, ma, diventando consapevoli, possiamo cominciare a capire lo sforzo che compiamo per essere perennemente attenti alle nostre azioni.

La necessità di un buon risultato da parte dell'Ego-riferimento aumenta con l'età. Man mano che il bambino e il genitore crescono, sembra esserci una consapevolezza inconscia del fatto che il tempo utile per convincere il genitore di essere una persona "che vale" sta per terminare. Quindi, non solo si prova con ancor più insistenza, ma l'educatore ormai anziano potrebbe essere ancora più difficile da accontentare.

Quando facevo visita a mia madre durante gli ultimi dieci anni della sua vita (io ne avevo una cinquantina), non osavo entrare in casa sua senza dei fiori o un piccolo dono. Non pensavo veramente a renderla felice, lo facevo unicamente per ottenere approvazione (Ego-riferimento: "Non essere egoista"). Non volevo rimanere indietro nei confronti di mia sorella che le portava ancora più regali e fiori. Guardandomi indietro, mi accorgo che mi sentivo sempre in competizione: non c'era alcuno spazio per un gesto spontaneo.

In altre occasioni, sentivo di doverla portare a fare qualche gita, dal momento che mia madre si era fatta l'idea che stessi vivendo una vita da egoista. Mia sorella la portava spesso in giro e quindi lo dovevo fare anch'io se non volevo perdere punti, purtroppo però mi era impossibile essere così presente come avrei voluto a causa di un altro mio Ego-riferimento: "Fai in modo di dormire bene". Era inutile promettere di portarla fuori se poi dovevo, ancora una volta, annullare tutto perché la notte precedente non avevo dormito.

## CONFLITTO INTERIORE E AUTO-SABOTAGGIO

Non è poi così irragionevole cercare di soddisfare un Ego-riferimento. Cosa accade, però, se ce ne sono più d'uno e che addirittura si contraddicono l'uno con l'altro? Questa complicazione genera un **Conflitto interiore**, una battaglia perduta in partenza in quanto un Ego-riferimento deve essere scelto e l'altro ignorato. Il risultato è l'Annientamento, e, a causa dello stress e della mancanza di sonno, insorge l'impossibilità di portare a compimento *qualunque* Ego-riferimento. Ciò a sua volta accresce l'ansia e genera ulteriore Paura dell'Annientamento, fino ad attacchi di panico o patologie ancor più gravi.

**Conflitto interiore**

Lotta tra due o più istanze autoimposte, in competizione e incompatibili tra di loro messe in atto per poter ottenere un *Senso di Sé sostitutivo*. Questa competizione interiore non porta ad alcun risultato se non a sperimentare un elevato livello di ansia.

A sua volta, la paura crea spesso rabbia. Quando non si hanno gli strumenti per affrontare gli ostacoli della vita, spesso l'unica risorsa che rimane è quella dell'impulsività che potrebbe poi trasformarsi in violenza. Questo può essere estremamente pericoloso e deve essere riconosciuto e combattuto prontamente. C'è fortunatamente un meccanismo che la natura ci ha donato per poter essere in grado di capire quando le nostre motivazioni sono sbagliate e ci fanno cadere in errore: l'auto-sabotaggio. È un modo naturale di mostrarci che siamo sulla strada sbagliata, ma bisogna riuscire a capire il suggerimento.

Se ciò può apparire come un elemento negativo, in realtà ci impedisce una vita condotta dal pilota automatico. Sta a noi accorgercene e rimediare.

Un'altra condizione fisica che si può provare se si ha un Conflitto interiore è una collisione di correnti nervose che vanno in mille direzioni diverse, provocando un notevole ronzio nel corpo. Non si presuppone necessariamente una tensione muscolare. Ci si sente come se il sistema nervoso fosse sotto stress. Immaginiamo una zona di mare dove si scontrano correnti provenienti da direzioni opposte: è proprio così che si sente il sistema nervoso nei periodi di Conflitto interiore.

Il mio conflitto si manifestava generalmente durante la notte impedendomi di dormire. Ironia della sorte, in realtà la mia mente non era preoccupata da alcunché. È stata una benedizione essere in grado di etichettare come Ego-riferimenti le mie strategie comportamentali poiché ho potuto, così, rendermi conto di avere un Ordine del giorno nascosto. Spesso era comunque difficile identificare quale fosse l'Ego-riferimento attivo e quale il mio specifico Ordine del giorno nascosto. Quando ci riuscivo, però, mi addormentavo come una bambina.

## Invischiamento e dipendenza da approvazione

Ora che abbiamo un'idea del concetto di Ego-riferimento e del ruolo che gioca nelle persone con un Senso di Sé assente, diventa chiara la stretta connessione con l'educatore primario, e in particolare con la malsana dipendenza dall'approvazione.

L'Invischiamento è un estremo coinvolgimento emotivo, quasi psicologico, con l'educatore. È come se il cordone ombelicale non fosse stato mai reciso veramente e l'educatore abbia avuto e continui ad avere una prepotente influenza sul bambino, con una forte spinta perché si adegui ai suoi desideri e bisogni. Il genitore si limita a sperimentare il figlio come un'estensione del proprio Sé e lo manipola (si noti bene, involontariamente) in modo da servirsene per i propri scopi. In questa situazione, è molto probabile che anche l'educatore non abbia un proprio Senso di Sé e abbia bisogno che il figlio lo aiuti a soddisfare i propri Ego-riferimenti.

**Invischiamento**

Relazione malsana tra il bambino
e il suo principale educatore. L'identità
e le motivazioni dell'infante sono strettamente
intrecciate a quelle dell'adulto tanto
da provocare nel bambino un'eccessiva
necessità di approvazione.

Il bambino non è in grado di comprendere come sia una relazione normale e salutare con il genitore e diventa, di conseguenza, dipendente in modo ossessivo dal ricevere approvazione da parte dell'educatore. Ricevere un po' d'attenzione o addirittura un semplice sorriso dal genitore significa per il bambino sentirsi ammesso, seppur temporaneamente, nell'Invischiamento. Al di fuori di esso è impossibile funzionare in modo adeguato a causa della mancanza di una spina dorsale psichica che funzioni da sostegno idoneo. Esiste, invece, una forte brama di segnali di accettazione da parte dell'educatore e un perenne desiderio di far parte del suo mondo.

Più tardi, ottenere approvazione significa essere ammesso nell'altamente desiderato stato di Invischiamento. È all'interno dei confini dell'Invischiamento che il bisogno di ottenere un Senso di Sé sostitutivo è sospeso per un attimo, perché ci si sente di nuovo come parte del genitore: l'assenza di spina dorsale non viene notata quando ci si può sostenere a quella dell'educatore. Si tratta però di una sensazione infida. Un passo falso e si viene scaraventati fuori dal caldo abbraccio dell'Invischiamento, tornando alla fredda realtà del dover ottemperare ai desideri dell'educatore al fine di ottenere un Senso di Sé sostitutivo ed evitare l'Annientamento.

Ciò che si impara da bambini è difficile da cambiare in età adulta. In altre parole, quando si è invischiati con il proprio educatore, lo si è per tutta la vita, a prescindere dal fatto che l'educatore sia in vita oppure no. Dopo la morte del genitore, questa dipendenza può essere trasferita ad altre relazioni: al partner, ai figli ecc.

# Il Castello dell'Invischiamento: una metafora

La seguente metafora esplora le difficoltà e le pressioni subite da chi vive in una relazione di invischiamento con i propri genitori.

*Lontano lontano, in una nazione nascosta in una valle coperta dalla nebbia, c'era un villaggio di nome Sforzolandia. Era un villaggio come molti altri, e la maggior parte degli abitanti viveva una vita relativamente felice: lavoravano durante la settimana e di domenica trovavano tempo per fare ciò che davvero li entusiasmava.*

*Alcuni abitanti, però, vivevano una condizione molto diversa. Erano nudi e sembrava non potessero avere accesso agli abiti, quelli di tutti i giorni, indossati dal resto degli abitanti del villaggio, ma di questo ne ignoravano il perché. Di conseguenza, erano molto stressati, ansiosi e infelici. C'era un solo modo per accaparrarsi degli abiti e veniva tramandato di generazione in generazione: fare visita alla Regina Madre, residente nel Castello dell'Invischiamento, situato in vetta a una montagna ripida e rocciosa.*

*Si diceva che nel sotterraneo del castello vi fosse una manifattura di bellissimi abiti: giacche, pantaloni, camicie e cardigan che venivano prodotti proprio per quegli abitanti nudi, e, a vedersi, non avevano pari. C'era un solo inconveniente: il materiale di cui erano composti non era lana, né cotone o seta, ma plastica, e in questo erano del tutto simili al mobilio e ai candelieri lungo le sale del castello: in una parola, finti.*

*Le persone senza vestiti, tuttavia, avrebbero fatto di tutto per ottenere un abito di quel genere, in modo tale da poter uscire nel villaggio e mescolarsi con gli altri abitanti. Sarebbero potuti sembrare proprio come loro… Anche se non del tutto. Da lontano, non si sarebbe notata alcuna differenza; da vicino, però, le differenze potevano essere visibili e questo obbligava gli abitanti a badare che nessuno si avvicinasse troppo o, peggio, che li toccasse, accorgendosi, così, che i vestiti erano soltanto una finzione. Inoltre, la plastica era tutt'altro che confortevole e li faceva sentire come obbligati all'interno di una stretta e caldissima prigione. Ciononostante, gli abitanti nudi si facevano in quattro per ottenere tali vestiti.*

*La Regina Madre aveva precisato condizioni specifiche alle quali avrebbero dovuto sottostare coloro che volevano utilizzare i suoi abiti. Sulla strada che conduceva al castello si trovava infatti la Casa degli Ego-riferimenti, dove i paesani nudi dovevano registrarsi e farsi carico di compiti che la Regina assegnava loro, dall'aiutarla nelle faccende domestiche a curare il giardino del castello. I candidati dovevano non solo portare a termine questi compiti alla perfezione, seguendo uno standard più elevato rispetto a quello degli altri abitanti, ma anche creare e mantenere un'atmosfera positiva, assicurandosi che la Regina fosse sempre al centro dell'attenzione e ricevesse un flusso continuo di energia positiva che le serviva per "Sentirsi bene con sé stessa". Inoltre, dovevano attenersi a specifici comportamenti: evitare di creare né provare qualsiasi tipo di tensione; essere sempre lieti; non provocare conflitti o dissapori con gli altri; essere in grado di socializzare; non ammalarsi né avere problemi di soldi e non lamentarsi mai.*

*Gli abitanti del villaggio tradizionalmente accettavano il patto: la posta in gioco era troppo alta. Tuttavia, quasi nessuno riusciva nell'impresa di adempiere a tutte queste condizioni. Solo occasionalmente capitava che qualcuno venisse ammesso al cospetto della Regina. L'abitante doveva infatti apparire fresco e in forma, senza problemi, senza mancanza di moneta, ben nutrito, sorridente e con le guance rosee. Questo era il momento per il quale il cittadino nudo aveva lavorato l'intera vita. Si sentiva come se fosse tornato a casa e, invaso dalla felicità, abbassava la guardia. Questa vulnerabilità si dimostrava però un errore fatale.*

*Finché infatti andava tutto bene, il paesano riceveva quello per cui aveva fatto tanta strada: l'abito di plastica che sembrava proprio un outfit normale. In questo però non c'era mai sicurezza; ogni tipo di interferenza nel flusso di energia positiva bastava a far andare su tutte le furie la Regina, che a quel punto esplodeva di rabbia, rompeva le finestre del castello con la sua terribile voce stridula, cacciava fuori l'abitante e, come per magia, faceva svanire i vestiti immediatamente. Anche se il visitatore si fosse umiliato e avesse promesso di migliorare, la porta sarebbe rimasta irrimediabilmente chiusa ed egli non avrebbe potuto fare altro che tornare con umiltà a casa, nel suo nascondiglio. La sola possibilità che gli rimaneva era la pianificazione di nuovi modi per affrontare un altro inevitabile viaggio dalla Regina Madre, proprietaria degli abiti.*

A volte, proprio nel momento in cui erano sul punto di entrare nel castello, gli abitanti cadevano in qualche stupido errore e perdevano tutto quello che avevano conquistato, crollavano e si lasciavano sopraffare dalla rabbia. Questo stato d'animo li portava automaticamente a diventare violenti e commettere crimini nei confronti degli altri abitanti. C'era chi si suicidava e chi uccideva i propri familiari. In preda alla disperazione, alcuni incendiavano la propria casa o quella dei vicini. La Regina Madre, però, non era mai il loro bersaglio nonostante fosse la sola che meritava di esserlo. Tutti avevano bisogno di lei...

Nel frattempo, gli altri abitanti di Sforzolandia non avevano idea di come fosse la vita dei loro compaesani nudi. Anche quando questi ultimi indossavano abiti di plastica, avvertivano che si trattava di persone diverse da loro perché non si lasciavano avvicinare né toccare e perché parevano sempre camminare come sulle uova nel timore di essere spogliati del frutto della loro fatica. C'era insomma qualcosa che non andava in quelle persone e per questo motivo gli abitanti di Sforzolandia non le rendevano partecipi della loro vita quotidiana. Indossare abiti di plastica non aiutava i nostri abitanti nudi nei loro disperati tentativi di fraternizzare con gli altri. Le persone con gli abiti di plastica continuavano a sentirsi escluse e sole, e non riuscivano a darsi un perché visto che il loro obiettivo era stato raggiunto!

Un giorno, però, uno degli abitanti nudi, filosofando sul proprio modo peculiare di vivere, si accorse di avere sciupato un'enorme quantità di tempo e di energia. Era stato cacciato dalla Regina molte volte ed era ormai esausto e sconvolto, quando venne colpito da un'idea pazzesca: "E se confezionassi da me i miei abiti, come fanno gli altri?" si chiese. Nessuno degli abitanti nudi era stato mai sfiorato da questa soluzione, perché la tradizione era forte e addirittura la loro mente non era stata strutturata per considerare tale possibilità. Solo una completa rivalutazione della propria vita aveva condotto quell'abitante a una simile conclusione.

Si era reso infatti conto che, fin dalla nascita, era sempre vissuto tra gente nuda e abituata all'idea che avrebbe potuto ottenere gli abiti solo ottemperando alle condizioni imposte dalla Regina Madre. Era loro uso guadagnarseli in quel modo. "Che abitudinari siamo! Abbiamo focalizzato la nostra attenzione e dedicato tutta la nostra energia al solo fine di compiacere la Regina. Non abbiamo mai avuto la possibilità di creare abiti, abiti veri, per noi stessi!

*Ora, però, siamo in grado di soddisfare le nostre esigenze in modo diretto! D'ora in poi potremo indossare qualsiasi abito di nostra scelta".*

*Quell'abitante dovette raccogliere tutto il suo coraggio per vincere la paura di dover andare lungo le vie vestendo i primi abiti confezionati da sé. Con il crescere dell'abilità nel tagliare e nel cucire i tessuti la paura scemò via via fino a scomparire del tutto. Si era liberato dalla propria prigionia mentale e iniziava una vita normale: era finalmente libero. Aveva anche trovato la missione della sua vita: insegnare agli altri abitanti nudi come cucirsi da soli gli abiti!*

# Il Grafico di confronto del Senso di Sé. Anche io ho un Senso di Sé sostitutivo?

Caro lettore, se anche tu stai cominciando a comprendere che vivere non significa adempiere in modo automatico a delle regole prestabilite, bensì poter scegliere proattivamente ogni nostra azione, allora è giunto il momento di dare un'occhiata al *Grafico di confronto del Senso di Sé*, il cui scopo è farti comprendere in quale categoria, in questo momento, rientri.

Il punto di partenza per la costruzione di questo grafico è stata la mia intuizione riguardo al fatto che l'essere umano può essere diviso in tre categorie, in base alla qualità del proprio Senso di Sé. Il primo gruppo ha un Sano Senso di Sé; il secondo gruppo ha un Senso di Sé assente, che porta al bisogno di avere un Senso di Sé sostitutivo; la terza categoria ha un Senso di Sé ristabilito: è composta, cioè, da persone il cui Senso di Sé assente è stato sostituito con un Sano Senso di Sé "acquisito" attraverso un processo di recupero e guarigione.

## COME USARE IL GRAFICO DI CONFRONTO DEL SENSO DI SÉ?

La prima cosa da fare è leggere gli stati fisici, emozionali e mentali, sperimentati da chi *possiede* un Senso di Sé naturale, in modo da controllare cosa in noi combacia. Poiché io stessa non ho mai avuto un Senso di Sé naturale, queste descrizioni sono basate sulla ricerca piuttosto che sull'esperienza personale.

Nella prima colonna sono descritti i comportamenti e le caratte-ristiche di chi possiede un Sano Senso di Sé. Sviluppare un Senso di Sé naturale è la via normale e salutare, mentre l'assenza di un tale sviluppo è da considerarsi anormale. Perciò, si può affermare che: la presenza di un Senso di Sé si contraddistingue per la mancanza di sintomi di un Senso di Sé assente.

La seconda colonna ospita i sintomi manifestati da chi non è in contatto con il proprio Sé, ma deve fare affidamento su un Senso di Sé sostitutivo. Se ti identifichi in questa colonna è probabile che an-che tu abbia un Senso di Sé assente.

Nella terza colonna è indicato invece il tanto agognato punto d'arrivo, per coloro che soffrono dei sintomi elencati nella seconda colonna. Qui viene descritto come si sentono coloro i quali hanno ristabilito il proprio Senso di Sé.

Leggendo le descrizioni della tabella, prova a valutare con quale colonna ti identifichi maggiormente. Rimani concentrato, anche se nel grafico compaiono concetti della teoria che ancora non sono stati esposti nei capitoli che hai letto finora di questo libro. Tali concetti possono offrire una spiegazione sul *perché fai quello che fai* e aiutarti a districarti nella giungla della Motivazione indiretta.

Si sente spesso dire che *ciò a cui facciamo resistenza, persiste*. Ri-manendo curiosi, però, creiamo spazio nella nostra mente per com-prendere e capire; e questo può fare la differenza. Fai in modo che questa valutazione di te stesso sia un punto di riferimento durante la progressione verso la seconda e terza parte del libro.

## GRAFICO DI CONFRONTO DEL SENSO DI SÉ

| Senso di Sé naturale | Senso di Sé assente compensato da un Senso di Sé sostitutivo | Senso di Sé ristabilito |
|---|---|---|
| **ACCETTARE GLI ALTRI**<br><br>Si vede il prossimo come una persona reale, separata dal proprio Sé. Si possiedono le capacità per guardare e riconoscere le persone per ciò che sono e ascoltare realmente ciò che dicono. | Si vede e ascolta il prossimo solo se è utile al raggiungimento di obiettivi personali, spesso nascosti. Si usano gli altri come pedine (Veicoli, oppure Ostacoli) al fine di soddisfare le condizioni dell'Ego-riferimento. C'è un trasferimento di vissuti da figure del passato ad altre nel presente. | Si vede il prossimo per quello che è. Infatti, l'accettazione del Sé porta conseguentemente all'accettazione degli altri. |
| **BACKGROUND GENITORIALE**<br><br>Si è ricevuto un background adeguato che ha fornito supporto, attraverso un Mirroring equilibrato, tanto necessario per crescere un Senso di Sé naturale indipendente. | Il background ricevuto è stato inadeguato. Il genitore era eccessivamente egocentrico e incapace di dare un Mirroring appropriato. | Per alcuni soggetti, una guarigione ottimale richiede un contatto limitato o addirittura nullo con il genitore. |
| **BENESSERE**<br><br>Si ottiene ciò che si desidera o si ritiene necessario tenendo conto realisticamente del proprio benessere e i dei propri limiti o possibilità. Si possiede un sano senso dei propri limiti e confini. | Si ha un comportamento compulsivo e ossessivo; non c'è spazio per il fallimento; tutto dipende dal raggiungimento di un esito positivo dei compiti. Si è disposti a tutto per raggiungere l'approvazione, a prescindere dal proprio benessere e dai propri limiti. | Si è liberi dall'eccessiva necessità di controllo; si impara a distinguere la dedizione dalla compulsione. |

| Senso di Sé naturale | Senso di Sé assente compensato da un Senso di Sé sostitutivo | Senso di Sé ristabilito |
|---|---|---|
| **CAPACITÀ DECISIONALE**<br><br>Si è in grado di agire prontamente e, generalmente, si è a proprio agio nel compiere scelte e assumersi impegni. | Si è, solitamente, in modalità "lotta o fuggi", il che rende il comportamento incostante e porta a prendere decisioni sbagliate. Si è a disagio nel compiere scelte o assumersi impegni. | Non c'è più ragione di essere in modalità "lotta o fuggi". La capacità di prendere decisioni o impegni è cresciuta e continua a evolvere. |
| **CAPACITÀ DI LASCIARSI TRASPORTARE**<br><br>Ci si lascia trasportare dal flusso della vita, con abilità di improvvisazione e capacità di ricominciare dopo un turbamento. | C'è inflessibilità, controllo di sé, degli altri e delle circostanze; la capacità di improvvisazione è assente. Gli eventi imprevisti irritano e confondono. | Ci si fida nuovamente del processo della vita; non avere attaccamento ai risultati rende capaci di farsi trasportare dagli eventi liberandosi dal bisogno di controllo. |
| **CONSAPEVOLEZZA DEI PROPRI VALORI**<br><br>Si sa ciò che si vuole e ciò a cui si tiene. Si prova stima per sé stessi. | Si è incapaci di prendere una decisione non essendo presenti con il vero Sé. L'unica cosa che conta è che tutto sia utile a raggiungere l'Obiettivo segreto. | Si scopre ciò che si vuole e si prova stima per sé stessi. Si è in grado di darsi priorità e limiti, nonché di valutare il proprio potenziale. |
| **CONTROLLO DELLO STRESS**<br><br>Si gestiscono i vari livelli di stress senza problemi. | I livelli di stress sono cronici e ingestibili. | La gestione dello stress comincia a essere meno difficile da praticare. |

| Senso di Sé naturale | Senso di Sé assente compensato da un Senso di Sé sostitutivo | Senso di Sé ristabilito |
|---|---|---|
| **DISTURBI ALIMENTARI** | | |
| Si è meno propensi a soffrire di disturbi alimentari. | Si è inclini a disordini alimentari quali anoressia o bulimia perché cibarsi diventa un Veicolo per percepire il Sé; mangiare fa sentire più radicati. | Non c'è bisogno di usare il cibo come mezzo per sentirsi stabili o per sperimentare un Senso di Sé. |
| **ENERGIE INTERIORI** | | |
| Si provano sensazioni chiare ed equilibrate. Si è particolarmente carismatici perché sempre "presenti" nella realtà. | Le sensazioni che si provano sono caotiche e confuse. Si vive come in trance e la percezione del mondo esterno è molto scarsa. | Le energie interne si chiariscono; ci si sente vivi e presenti nel mondo e con gli altri. |
| **EQUILIBRIO EMOZIONALE** | | |
| Si è equilibrati, poiché consapevoli che gli eventi che accadono durante l'esistenza non toccano il proprio Sé profondo. Gli alti e i bassi dipendono dalla ruota della vita. | Si è facilmente incupiti, nervosi, agitati e offesi: tutto è percepito come una minaccia al mantenimento del fragile ed effimero Senso di Sé sostitutivo. | Le emozioni sono sempre più equilibrate e si sente più spesso una sensazione interiore di stabilità. |
| **GUSTI E PREFERENZE AUTENTICI** | | |
| Si hanno gusti e preferenze personali ben sviluppati, vissuti come aspetti del proprio Sé. | Non si hanno gusti e preferenze personali, questi variano perché vengono utilizzati per malsani secondi fini. | Gusti e preferenze personali sono ora autentici e percepiti come aspetti del proprio Sé. |

| Senso di Sé naturale | Senso di Sé assente compensato da un Senso di Sé sostitutivo | Senso di Sé ristabilito |
|---|---|---|
| **MODALITÀ ATTENZIONE**<br><br>Si è in Modalità attenzione; un buon livello di concentrazione sul presente permette di essere concentrati e sbrigare ciò che è ritenuto rilevante per il genuino benessere personale e per i propri autentici obiettivi. | Si è in Modalità scansione: l'attenzione è concentrata sul passato ed è limitata agli aspetti relativi al Senso di Sé sostitutivo. | Si sostituisce la *Modalità scansione* con quella *attenzione*. Aumenta sempre più la capacità di concentrarsi sulla vita vera, sul proprio benessere e su sani obiettivi. |
| **MOTIVAZIONE**<br><br>Si possiede la capacità di concentrarsi su ciò che si desidera e si affrontano le cose per quello che sono, senza ulteriori motivazioni. Si utilizza una Motivazione diretta. | Si è dipendenti dall'esito delle proprie azioni, dai risultati e dalle opinioni degli altri. Si riesce a concentrarsi solo sul proprio Obiettivo segreto attraverso gli Ego-riferimenti. Si utilizza una Motivazione indiretta. | Con il passare del tempo, l'abilità di accettare le cose per come sono aumenta. Si amplifica la focalizzazione sui contenuti e si ottengono risultati migliori. La Motivazione passa gradualmente da indiretta a diretta. |
| **NAUSEA**<br><br>Si è meno propensi a soffrire di nausea o ad avere perdite di equilibrio. | Si è predisposti a casi di nausea e perdita d'equilibrio. | Ci si sente radicati in sé stessi, di conseguenza, la nausea diminuisce. |
| **PAURA DELLA FOLLA**<br><br>Si è a proprio agio in mezzo alla folla. | Si teme la folla, ci si sente come dissolti quando si è tra gli altri. | Non ci si sente più a disagio in mezzo agli altri. |

| Senso di Sé naturale | Senso di Sé assente compensato da un Senso di Sé sostitutivo | Senso di Sé ristabilito |
|---|---|---|
| **PERCEZIONE DEL TEMPO**<br><br>Si è in grado di lasciarsi andare e al contempo stabilire limiti ragionevoli. Si pensa: "Domani è un altro giorno. Se non finisco oggi posso anche rimandare". | Si pensa che il tempo non sia mai abbastanza. L'unica e costante preoccupazione è quella di conseguire risultati eccellenti. Si pensa: "Devo assolutamente finire oggi, a tutti i costi". | I risultati e gli eventi non colpiscono a livello esistenziale. Il Senso di Sé non è turbato dal rimandare i propri compiti. |
| **PROPENSIONE AGLI INCIDENTI**<br><br>Gli incidenti capitano, ma sono percepiti come fatti della vita, il recupero è relativamente rapido. | Si è più propensi agli incidenti a causa di un comportamento imprevedibile e scoordinato. Gli incidenti sono vissuti come irreparabili e devastanti per il Senso di Sé sostitutivo e non come un normale imprevisto. | Con maggiore consapevolezza di Sé e miglior controllo del proprio comportamento, si è meno inclini a incidenti. Anche quando avvengono, non stravolgono comunque il Senso di Sé. |
| **RABBIA**<br><br>Si prova rabbia, ma in modo equilibrato, in risposta a eventi ragionevolmente irritanti. Non è mai costante perché si è in grado di smaltirla e voltare pagina. | Si prova eccessiva e ingiustificata rabbia; a volte si arriva alla disperazione o addirittura alla violenza. | La sensazione di disperazione si dissolve; la rabbia è sperimentata e successivamente rilasciata. |

| Senso di Sé naturale | Senso di Sé assente compensato da un Senso di Sé sostitutivo | Senso di Sé ristabilito |
|---|---|---|
| **RAGGIUNGIMENTO DELL'AMORE E DELLA FELICITÀ**<br><br>Si è in grado di sperimentare amore e felicità in maniera sana. | Amore e felicità non sono alla portata: il cuore è schiacciato dallo stress provocato dalla necessità impellente di realizzare le mansioni imposte dagli Ego-riferimenti. | Amore e felicità ritornano a essere a portata di mano. |
| **RAPPORTO CON LA REALTÀ**<br><br>Si vive consapevolmente nel mondo reale e si è in grado di gestire i vari processi in esso contenuti. Si è assolutamente "presenti". | Spesso idealisti e utopisti perché non in contatto con la realtà; si propongono soluzioni irrealistiche ai problemi arrabbiandosi se qualcuno non è d'accordo. Evidentemente "non presenti". | Ora si è consapevoli della propria situazione e si è disposti a lavorarci sopra. Si tende a trovare soluzioni teoriche ai sogni ma si inizia a capire perché ciò non ha importanza nella realtà. Crescente consapevolezza di come è veramente il mondo/la vita. Si è sempre più "presenti". |
| **SALUTE FISICA ED EMOTIVA**<br><br>Si è in salute e le emozioni sono relativamente normali; c'è stabilità interna. | Maggiore frequenza di attacchi di panico, emicranie, ansia, depressione, tendenza al suicidio. | L'eccessiva paura svanisce, ansia e attacchi di panico smettono di manifestarsi; si ha una ritrovata consapevolezza riguardo al valore della propria vita. |
| **SENSIBILITÀ**<br><br>Si è normalmente sensibili nei confronti dei vari aspetti della vita. | Si è esageratamente sensibili nei confronti dei vari aspetti della vita. | La sensibilità si stabilizza e si sperimentano meno Ostacoli. |

| Senso di Sé naturale | Senso di Sé assente compensato da un Senso di Sé sostitutivo | Senso di Sé ristabilito |
|---|---|---|
| **SONNO E INSONNIA** Si dorme, generalmente, bene. Le cause dei disturbi del sonno (quando presenti) sono chiare e basate su circostanze concrete. | I disturbi del sonno sono causati principalmente dall'essere ossessionati dal bisogno di "Sentirsi bene con sé stessi". | La qualità del sonno è migliorata, si ha la consapevolezza che l'adempiere a specifiche condizioni altro non è che una dipendenza. |
| **SOLITUDINE/ APPARTENENZA** Si è, normalmente, a proprio agio sia da soli, sia con gli altri, in base alla propria natura autentica. Forte potenziale a essere leader. | C'è un eccessivo bisogno degli altri per sentire un'appartenenza e un'identità di gruppo così da sentirsi a proprio agio. Questo accade perché bisogna compensare un Mirroring inadeguato. | Si è in contatto con le proprie vere inclinazioni riguardo l'equilibrio tra lo stare da soli e il bisogno della compagnia, diverso da individuo a individuo. |
| **SUCCESSO E FALLIMENTO** Si ha una maggiore probabilità di successo in ogni tipo di impresa. Quando capita un insuccesso, diventa occasione per imparare e ci si risolleva immediatamente. | Si è inclini a cronici fallimenti nei vari aspetti della vita, perché il vero obiettivo è l'approvazione e non il compito in sé. | Il focus è sul vero Obiettivo, e non su quello segreto; l'auto-sabotaggio scompare. Essere "presenti" agli altri crea una maggiore possibilità di successo. |
| **TEMPERAMENTO E UMORE** Si ha un buon carattere e si è in contatto con ciò che dall'esterno influenza il proprio stato d'animo. | Si è imprevedibili perché non in contatto con il proprio umore. Spesso sovraeccitati, spinti da motivazioni sbagliate, eccessivi, esagitati, irascibili. Altre volte miserabili, piatti, depressi. | Si è molto più tranquilli, più in contatto con il proprio temperamento, calmi, raramente volubili. |

| Senso di Sé naturale | Senso di Sé assente compensato da un Senso di Sé sostitutivo | Senso di Sé ristabilito |
|---|---|---|
| **VITA EMOTIVA** | | |
| Si sperimentano i classici alti e bassi emotivi; non si è mai particolarmente giù di morale o sovraeccitati; sempre con i piedi per terra. | Emotivamente ci si sente come su una montagna russa, con il bisogno di rimanere sempre in alto (la gratificazione). Le emozioni sono create dal Senso di Sé sostitutivo non dalla vera essenza della persona. | Le emozioni connesse al Senso di Sé sostitutivo gradualmente scompaiono. L'umore è più stabile. |

Dichiarazione di non responsabilità: le conclusioni presenti in questa tabella rappresentano le mie scoperte personali e sono basate puramente sulla mia esperienza e ricerca.

### Modalità attenzione

Movimenti degli occhi rilassati, capaci di rimanere concentrati a lungo su un obiettivo, indicano uno stato d'animo radicato e una persona con un *Sano Senso di Sé*.

### Modalità scansione

Quando gli occhi di una persona si muovono inquieti alla ricerca del modo migliore per *Accumulare punti*, in modo da poter soddisfare la necessità di approvazione e *"Sentirsi bene con sé stessi"*.

# PARTE II
## Gli effetti della dipendenza da un Senso di Sé sostitutivo

# Capitolo 8
# Comportamento orientato al Senso di Sé sostitutivo

Un sogno riguardante il mio Obiettivo segreto...

*Non sapevo di vivere in un mondo fittizio. Mi crogiolavo nel desiderio dell'unica cosa che avrebbe risolto tutto: l'a-morevole abbraccio di mia madre accompagnato dal rico-noscimento e dal rispetto per la meravigliosa figlia che ero. Se solo lei fosse venuta da me a dirmi: "Sei una persona stupenda, sono così felice che tu sia mia figlia". L'unica mia brama era essere vista e ascoltata veramente, perché que-sto avrebbe significato liberarmi definitivamente dal mio as-sillante senso di inadeguatezza e dal mio infinito tentativo di rendere felice mia madre! Purtroppo però, ciò non era destinato ad accadere...*

*Per quanto sia vero che questo mio bisogno non è mai stato soddisfatto, dato che mia madre non possedeva la capacità di venirmi incontro, una volta ristabilito il mio Senso di Sé mi accorsi che tutto ciò era solo il sogno di una bambina emozionalmente bisognosa e profondamente disturbata.*

Chi vive con un Senso di Sé assente, ragiona con modalità diverse rispetto alle persone che invece hanno un Sano Senso di Sé. I loro obiettivi e desideri, le loro credenze e motivazioni, i loro sentimenti e bisogni sono tutti mirati a ottenere questo Senso di Sé sostitutivo. Siccome tutto ciò opera a livello del subconscio, può essere d'aiuto, per ottenere un quadro mentale più chiaro, confrontare questa "men-talità" con un esercito.

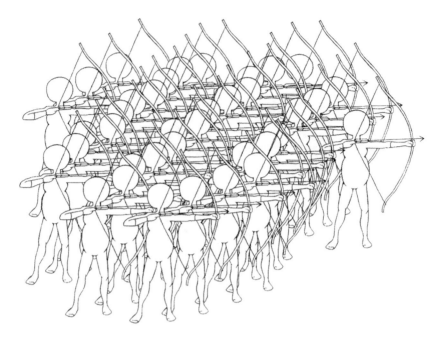

**Figura 8.1:** L'esercito dei tuoi processi interiori che mirano a ottenere un Senso di Sé sostitutivo.

Come si vede nella Figura 8.1, tutti i vari "soldati" sono orientati verso il nemico, in difesa, ognuno pronto a mettere in campo la sua specializzazione e competenza. Questo è ciò che, metaforicamente, capita a chi vive con un Senso di Sé assente, le cui funzionalità e capacità sono tutte orientate a riparare, compensare oppure ritrovare il riconoscimento che è mancato durante l'infanzia. Sono tutte attività inconsce, ma che lasciano tracce nel comportamento che producono, in primo luogo un Senso di Sé sostitutivo.

Rivediamo come si sviluppa la dipendenza da un Senso di Sé sostitutivo:

1. Tutto comincia con il ricevere un Mirroring da uno Specchio distorto (ad esempio da un genitore che riconduce tutto a sé stesso), il quale potrebbe affermare, spesso in maniera inconscia: "Non ti amo incondizionatamente"; ciò ci porta a credere di non meritare alcuna considerazione se ci comportiamo in modo spontaneo e naturale, nel modo in cui davvero siamo.

2. Da questo Mirroring maturiamo l'idea che manchiamo di qualcosa e anche che sia colpa *nostra* se non siamo stati riconosciuti come esseri umani unici con il diritto di essere quel che siamo. Sperimentiamo Annientamento e non siamo in grado di sviluppare la *spina dorsale virtuale* della nostra psiche, vale a dire un Sano Senso di Sé. Sviluppiamo invece la Paura dell'Annientamento e ne diventiamo ossessionati.

3. Per evitare l'Annientamento, osserviamo cosa fa piacere ai genitori e tentiamo di conformarci a tali criteri, sviluppando una Strategia di sopravvivenza della prima infanzia.

4. Persistendo nella convinzione di dover adeguare il nostro comportamento, queste osservazioni vengono pian piano trasformate in Ego-riferimenti.

5. I comportamenti e le azioni di tutti i giorni divengono un Veicolo che funge da copertura per realizzare gli Ego-riferimenti.

6. Nella vita quotidiana ci sforziamo di adempiere i nostri Ego-riferimenti, e ogni volta dobbiamo svolgerli in maniera migliore della precedente. Non si è consapevoli di quell'unico obiettivo che ci motiva (l'approvazione del genitore o soddisfare le esigenze della propria Voce genitoriale interiorizzata)[1].

7. Ogni volta che portiamo a buon fine un Ego-riferimento, realizzando il nostro Ordine del giorno nascosto, ci ritroviamo nello stato di "Sentirsi bene con sé stessi".

8. Poiché lo stato di "Sentirsi bene con sé stessi" è sfuggente per natura, bisogna ripetere questo processo continuamente per assicurarsi di poterlo sperimentare come se fosse permanente. Questo significa che si è perennemente guidati da un pilota automatico senza esserne neppure consapevoli.

9. Come se non bastasse, anche la remota possibilità di sperimentare l'Annientamento innesca ulteriore timore, ossia di essere logorati dalla Paura dell'Annientamento.

---

[1] Da notare che l'approvazione non è l'unico incentivo per realizzare gli Ego-riferimenti. In seguito a esperienze traumatiche, potrebbe sussistere un Obiettivo segreto che non costituirebbe un problema, se solo il trauma non avesse influenzato lo sviluppo di un Sano Senso di Sé.

# LA ZUPPA DELLE FINALITÀ ED EMOZIONI CORRELATE AL SENSO DI SÉ SOSTITUTIVO

L'insieme di emozioni che il Senso di Sé sostitutivo genera in una persona potrebbe essere comparato a una zuppa: dentro c'è di tutto ed è difficile individuare i singoli ingredienti, anche perché una minestra risulta sempre diversa in base a chi la prepara, seppure molti ingredienti siano gli stessi. Tutti questi ingredienti sono connessi tra loro e interagiscono l'uno con l'altro finché, inevitabilmente, non diventano una zuppa, un insieme di ingredienti. Proviamo a elencare quelli principali.

- Eventi ed emozioni richiesti nella vita di tutti i giorni a Livello di qualità della vita (vedi pag. 156) e ciò che ne deriva.

- "Decisioni assolute", come: "Non farò mai questo; mi comporterò sempre a modo mio; sono determinato a fare le cose in modo diverso dai miei genitori; voglio essere diverso da tutti gli altri".

- Da una parte, le Motivazioni dirette e normali (ad esempio evitare la rabbia in famiglia), dall'altra, le Motivazioni indirette, cariche di emozioni, orientate a un Senso di Sé sostitutivo (ad esempio non voler essere arrabbiati per la Paura dell'Annientamento).

- Pluralità di Ego-riferimenti contemporanei ma incompatibili, che portano a un Conflitto interiore.

- Armonia artificiale in famiglia, per cui ognuno tenta di evitare il turbamento degli altri familiari. Nella mia famiglia di origine, era condiviso un Obiettivo segreto: stare bene insieme; dipendevamo tutti da un Senso di Sé sostitutivo. Creare o contribuire a quest'armonia artificiale era sempre stato l'unica ragione per cui i nostri genitori distribuivano approvazione. Era ciò che contava di più, e tutti stavamo oltremodo attenti a preservare questa "armonia", ma la vera Motivazione era egoistica, perché ciascuno mirava a preservare il proprio stato di "Sentirsi bene con sé stessi", evitando così di sperimentare l'Annientamento.

- Paura di riconoscere ragioni per essere arrabbiati e continua pressione, conscia e subconscia, che spinge a evitare la rabbia.

- Paura dei propri sentimenti e del proprio comportamento.

- Paura di "rovinare tutto". Quando vivevo con i miei genitori, avevo un'onnipresente paura di essere quella che avrebbe buttato tutto all'aria, rovinando a tutti questa armonia artificiale. Ogni giorno, soprattutto se ero stata all'altezza di certe condizioni, la paura andava montando via via sempre di più, insieme al bisogno di controllo e all'ansia di esplodere. Come previsto, un'esplosione non tardava ad arrivare. L'unico familiare esente da questo meccanismo era mio padre, che, bisogna dirlo, sembrava sempre alquanto interdetto da quanto succedeva tra di noi.

- L'inevitabile conflitto delle attività e dei comportamenti orientati al Senso di Sé sostitutivo descritti nel paragrafo precedente.

- Il bisogno di controllare il proprio comportamento e quello altrui e la presenza continua di paura, stress e rabbia; lo sforzo eccessivo per fare le cose "nel modo giusto", può essere visto come l'amido che lega gli ingredienti e rende la minestra più densa.

Metti tutto questo sulla fiamma dell'Ordine del giorno nascosto, con la determinazione di portare a buon fine il tuo Ego-riferimento, mescola bene fino a ebollizione e servi ai tuoi cari. Secondo te gradiranno questa zuppa?

## COMPORTAMENTO ORIENTATO AL SENSO DI SÉ SOSTITUTIVO

La Tabella 8.1 è la rappresentazione grafica degli stati d'animo e dei comportamenti dipendenti da un Senso di Sé sostitutivo, con i suoi alti e bassi quotidiani.

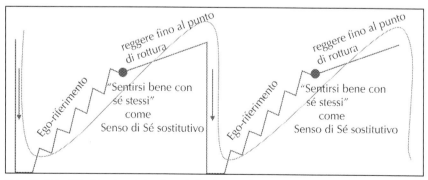

**Tabella 8.1:** Gli alti e bassi degli stati d'animo e dei comportamenti di una persona.

Al fine di comprendere le ragioni che portano a un tale sconvolgimento, dobbiamo prendere in considerazione tutti gli elementi che hanno un ruolo nella creazione di questa situazione.

La Tabella 8.2 rappresenta una visione ravvicinata dei pensieri e dei sentimenti che attraversiamo. Siamo sempre tesi a soddisfare un Ego-riferimento, ma ogni tentativo è ostacolato costantemente, non solo dalle normali difficoltà della vita, ma soprattutto dall'auto-sabotaggio.

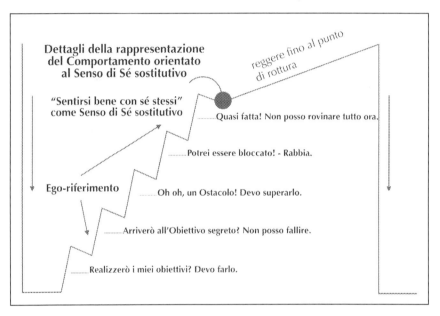

Tabella 8.2: Elementi che influiscono sugli stati d'animo e sui comportamenti di una persona.

La Tabella 8.3 è un confronto tra i caotici sbalzi d'umore e uno stile di vita sano e bilanciato. Certo, anche in quest'ultimo ci sono alti e bassi, ma nel complesso sono presenti fermezza e sensazione di radicamento.

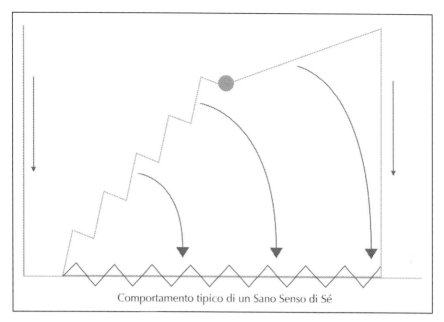

Comportamento tipico di un Sano Senso di Sé

Tabella 8.3: Gli alti e bassi di una persona con umore e comportamenti sani.

Ci sono due stati d'animo predominanti nella persona con un Senso di Sé sostitutivo: lo stato di "Sentirsi bene con sé stessi" e la Paura dell'Annientamento; questi si alternano creando una situazione instabile, fatta di alti e bassi. Come possiamo iniziare a capire la struttura psico-emotiva di una persona orientata al Senso di Sé sostitutivo? Per dare un'idea di una mentalità così confusa e insalubre, darò prima conto di due emozioni fondamentali, ossia la rabbia e la paura, per poi riferirmi alle mie esperienze personali.

# RABBIA

## Rabbia e violenza

Per chi è dipendente da un Senso di Sé sostitutivo, il risentimento e la rabbia traggono origine da pensieri inconsci quali: "Perché le cose non vanno come vorrei?" op-

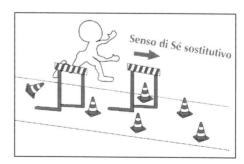

Figura 8.2: Ostacoli sulla strada verso il Senso di Sé sostitutivo.

pure "Perché il mondo non è fatto in un modo per cui possa ottenere buoni risultati dai miei Ego-riferimenti, così da essere rispettato e considerato dal mio educatore?"

Quando gli Ego-riferimenti costituiscono una priorità, allora c'è davvero molto in ballo, e, soprattutto, non si può fallire. Ogni cosa diventa un **Ostacolo** che conduce al risentimento o alla rabbia, che a loro volta aprono la strada alla violenza o alla sua controparte: la depressione.

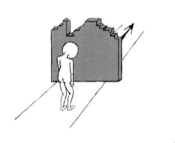

## Ostacolo

Qualsiasi difficoltà che si incontra nel percorso verso il *Senso di Sé sostitutivo*; provoca momenti di rabbia e può portare a episodi di violenza o alla sua controparte: la depressione.

Una persona con un Senso di Sé assente è in uno stato di perenne irritabilità, tanto che anche una minima difficoltà, la famosa "goccia che fa traboccare il vaso", basta per mandarla su tutte le furie. Spesso, ironicamente, un tentativo di dissuasione può provocare un'imprevista e non voluta esplosione di stress e rabbia.

In queste situazioni, le persone perdono il controllo delle proprie parole e azioni. Anche chi è ben intenzionato può essere spinto ad atti di violenza o comportamenti distruttivi, sia verbali che fisici. È così che si generano alcuni casi di violenza sui figli o sul partner o ancora di casi di litigi al volante. Non si insisterà mai abbastanza su questo fatto:

**La violenza è spesso un'espressione dell'enorme impotenza a soddisfare l'impulso compulsivo di ottenere un Senso di Sé sostitutivo.**

**Figura 8.3:** La "goccia che fa traboccare il vaso".

Saper riconoscere e ridurre reazioni ed emozioni negative dentro e attorno a noi sarebbe di beneficio per tutti. La rabbia nella vita di tutti i giorni è molto meno pericolosa e distruttiva di quella che proviene da una profonda Paura dell'Annientamento. Perciò riconoscere la vera fonte della rabbia e della violenza è un ottimo modo per aiutare noi stessi, i nostri cari e addirittura il mondo intero.

Nell'estate del 1971, all'Università di Stanford, il professor Philip Zimbardo condusse un esperimento sui risvolti psicologici della detenzione. Venne selezionato un gruppo di 24 studenti maschi, sani, intelligenti, di classe media e privi di particolari problemi psicologici. I partecipanti vennero suddivisi in maniera casuale in due gruppi: guardie e prigionieri. L'esperimento sarebbe dovuto durare tredici giorni ma dovette essere sospeso dopo soli 6 giorni a causa dei comportamenti atroci, della crudeltà e dei tentativi di controllo estremi da parte dei partecipanti all'esperimento. Ciò era dovuto al fatto che guardie e prigionieri avevano perso il senso della realtà[2]. È qui che mi chiedo se queste persone abbiano mai avuto quel senso di realtà che caratterizza una persona con un Sano Senso di Sé.

## La rabbia si auto-rinforza

Chi utilizza un Senso di Sé sostitutivo anticipa la propria rabbia, tenta di fermarla e sopprimerla. Ironicamente, una ferma decisione a non arrabbiarsi incrementa questa rabbia. Chi ha un Sano Senso di Sé, nel momento in cui intuisce di dover affrontare una situazione stressante, riesce a calmarsi e perciò a evitare la rabbia. Chi vive con un Senso di Sé assente, invece, non può calmarsi così facilmente, perché adempiere a un Ego-riferimento è una questione di vita o di morte. Quando l'Ego-riferimento è: "Non voglio essere arrabbiato", sviluppa un'ira profonda rivolta contro la persona o le circostanze che generano rabbia. Perciò si diventa furiosi, poiché ci capita tutto questo e il livello di irritazione, invece di ridursi, si aggrava.

---

[2] Per saperne di più riguardo a questo esperimento si visiti il link: www.priso nexperiment.org. Bisogna notare che ci furono numerosi problemi di natura etica riguardo all'esperimento, ma questo non va a discapito dei risultati riguardo al fatto che la rabbia dimori nascosta dentro alcuni di noi. La domanda è: in chi e per quale motivo?

# Paura

Esiste una paura quotidiana, ordinaria, giustificata dalla natura dell'esistenza stessa. È infatti normale provare paura o apprensione, per fare qualche esempio, quando si attendono determinati esiti oppure quando si affrontano minacce o pericoli.

Dall'altra parte abbiamo chi utilizza un Senso di Sé sostitutivo, con le sue mille paure, tutte nate dalla Paura dell'Annientamento. Tutte queste paure sono correlate tra loro in modi complessi, poiché ognuna proviene o mette in moto le altre. Spesso è difficile etichettare e discernere la natura di queste paure tanto che esse vengono sperimentate in modo vago e indefinito e sono spesse raggruppate nel termine generale di ansia. Sono, tuttavia, paure molto forti che si manifestano in modo intenso a causa della natura "di vita o di morte" dell'Annientamento che ne sta alla base. È impossibile prevedere l'incidenza del ruolo di ognuna di esse nella vita di una persona con Senso di Sé sostitutivo, ma è sicuro che a lungo andare abbattono la persona a causa del continuo ed elevato livello di stress cui danno origine. Provocano, inoltre, un carico psico-emotivo costante e sono, probabilmente, la causa ultima di molti sintomi fisici, mentali o emozionali che, con l'andar del tempo, possono trasformarsi in veri e propri disturbi.

Vediamo ora, più in dettaglio, i vari tipi di paura orientata al Senso di Sé sostitutivo.

## Paura delle proprie emozioni

Quando e, soprattutto, perché siamo spaventati dalle nostre emozioni? Le emozioni vanno e vengono e, nel caso siano costruttive o anche solo positive, è facile dare loro il benvenuto. Se però tendono a essere distruttive – come sanno essere quelle generate dalla rabbia e dalla paura – non è difficile immaginare perché le si voglia evitare e, per questo motivo, spesso sopprimere.

In molti casi, legato alla soppressione delle emozioni, c'è anche il terrore di sperimentarle. Quando non si è in contatto con il proprio Sé, le emozioni negative fanno ancora più paura, perché non si è in grado di analizzarle e di capirne l'origine, e perché si sperimentano con un'intensità più alta del normale, anticipandole ogniqualvolta si rischia di infrangere un Ego-riferimento o si sta per incontrare un Ostacolo. Chi ha un Senso di Sé assente, infatti, teme anche solo di ricevere un regalo, per paura di poter mostrare un'emozione sgradita, qualora il regalo non gli piacesse. Si evita persino di prendere appuntamenti, per paura di essere in ritardo e di conseguenza provare ansia. Poi c'è la paura che il partner potrebbe comportarsi in maniera spiacevole, con la conseguenza di evocare la rabbia ancor prima che si verifichi alcunché.

## Paura del proprio comportamento

Questo timore è correlato alla paura delle nostre emozioni, perché il comportamento non è altro che una manifestazione delle emozioni. L'insicurezza di fronte alle emozioni è conseguenza del terrore nei riguardi dei nostri comportamenti. Quando ci sentiamo forzati dalle circostanze a dimostrare un atteggiamento che contrasta con uno dei nostri Ego-riferimenti, sperimentiamo paura perché sappiamo che dovremo agire in un modo diverso da quello che vorremmo.

Ecco un esempio; mettiamo che il tuo Ego-riferimento sia "non arrabbiarsi mai" perché il tuo educatore ha radicato in te la convinzione che quando ti arrabbi corri il rischio di essere abbandonato. In questo caso si teme di essere lasciati dal proprio/a compagno/a nel caso questi facesse qualcosa che potrebbe darti fastidio. Fai bene attenzione a quanto segue: non è la paura che il tuo partner ti lasci ad atterrirti, è piuttosto la paura di comportarti in modo opposto all'Ego-riferimento che hai imparato a coltivare. Del resto, se il tuo partner ti lascia perché ti sei adirato, questo potrebbe dispiacere anche ai tuoi genitori.

## Paura di non riuscire a funzionare

Abbiamo ormai compreso come lo stress e la tensione sperimentati da chi non ha un Sano Senso di Sé siano tanti e tali da far piombare l'individuo in uno stato di sovraccarico, che sviluppa la tendenza ad ammalarsi e provoca sintomi fisici (dalle emicranie all'insonnia) che vanno a sabotare il Senso di Sé sostitutivo. La paura di non funzionare, quindi, non è solo nevrotica ma è in parte una paura legittima.

## Paura del cambiamento

Cambiamenti significativi come un trasloco o un nuovo lavoro sono difficili per tutti, ma lo sono ancora di più per chi dipende da un Senso di Sé sostitutivo; per queste persone, infatti, anche i più piccoli cambiamenti costituiscono una sfida immensa. Del resto, non si vorrebbe sprecare tempo in cose diverse dai propri Ego-riferimenti. Quando un cambiamento diventa necessario, si trasforma in una pesante incombenza, in quanto riesce solo a creare nuovi Ostacoli. La conseguenza è che, anziché accogliere con gioia il cambiamento, si tenta di controllare sé stessi e il proprio ambiente per evitarlo.

## Paura del fallimento

Le persone che dipendono da un Senso di Sé sostitutivo hanno un'intensa paura dell'insuccesso, perché il risultato della loro attività è vissuto come questione di vita o di morte, dando origine a un alto livello di stress. Inoltre, sono incapaci di dedicare interamente sé stessi alla loro attività in quanto la maggior parte della loro attenzione è orientata, come detto, al Senso di Sé sostitutivo; in tal modo, viene a mancare la concentrazione. Infine, i fallimenti si accumulano in una lunga lista che rende il tutto ancora più miserabile.

## Paura del palcoscenico

Concentriamoci adesso su un tipo specifico di paura d'insuccesso piuttosto comune: la paura del palcoscenico. Questo timore è, spesso, basato sulla Paura dell'Annientamento. Vorrei descrivere il processo che si verifica nell'inconscio di alcune persone di spettacolo. Tenete a mente, però, che possiamo sostituire alla "presenza sul palcoscenico" qualsiasi situazione che richieda un'esibizione di fronte ad altre persone.

Immaginiamo di avere una performance imminente. Siamo ben preparati ma cinque minuti prima dell'inizio dell'evento, le nostre mani cominciano a sudare, iniziamo a tremare, proviamo nausea e, se cantiamo, la nostra gola inizia a seccare. Quello che segue è un esempio personale.

Durante i miei anni con l'orchestra ho fatto diversi tentativi per sviluppare la mia voce come cantante. Prendevo la cosa molto seriamente perché mi piaceva cantare, ma ogni volta che si verificava l'opportunità di fare una piccola esibizione, perdevo la voce. "Sarà una coincidenza?", mi chiedevo. Non avevo sovraffaticato la mia voce, semplicemente mi veniva il raffreddore. L'universo lavora in modi misteriosi ma, a un certo punto, ho colto il messaggio. Con il senno di poi, ho capito cosa andasse male: la mia Motivazione non era pura. Anche se cantare mi divertiva, la maggior parte dei miei sforzi andavano in un'altra direzione: provare che ero in grado di farlo e allontanarmi da una sorta di maledizione familiare che ci attanagliava da sempre – altri ci riescono, la nostra famiglia semplicemente no! Queste erano state le parole che mi erano state ripetute durante la crescita.

Un attore o un cantante potrebbero preoccuparsi a morte di dimenticare il proprio copione oppure il testo della canzone, un ballerino di cadere o scivolare, un musicista di dimenticare accordi o note. In breve, molti artisti sono spaventati a morte dal fatto di non arrivare ai risultati sperati. Da dove arriva questa difficoltà così all'improvviso? C'è chi addirittura dice: "Oh, è normale. Tutti hanno paura del palcoscenico".

Davvero? Io non ci credo.

La paura ha sempre una causa e, quando ci sono reazioni così forti, la posta in gioco deve essere parecchio alta. Ora, non mi si fraintenda, anche se si è provvisti di un intrinseco senso di auto-consapevolezza e non si dipende dai risultati delle nostre attività o da ciò che gli altri pensano di noi, potremmo comunque provare un minimo di tensione, ma se si è scelto di essere degli artisti, è probabile che ci si senta anche eccitati ed elettrizzati. L'adrenalina deve scorrere per potersi preparare per una performance speciale – di qualsiasi genere essa sia.

Se da molti anni si fa lo stesso lavoro, ci si abitua a certe tensioni. Ma gli artisti che hanno gravi sintomi di paura del palcoscenico sono pregati di prendere in considerazione quanto segue: potrebbe darsi che si abbia un'esigenza di riconoscimento attraverso l'ammirazione e gli applausi e che il Senso di Sé sostitutivo ne dipenda. In altre parole, in quel caso l'attività artistica viene usata piuttosto come un

Veicolo per ottenere la propria dose di "Sentirsi bene con sé stessi". Ciò di cui probabilmente non ci si rende conto è la sensazione che la posta in gioco sia, virtualmente, la spina dorsale psicologica, ed è questo il motivo per cui si è così in ansia.

Alcuni studiano e si preparano per anni, altri sposano determinate persone oppure scelgono specifici lavori non per sincera dedizione e interesse, ma come Veicoli per raggiungere il loro Obiettivo segreto. Allora "quale potrebbe essere il mio Obiettivo segreto?" vorrai sapere. "Cosa può esserci alla base della mia paura di insuccesso?" Scendi nel profondo di te stesso e poniti queste domande: "Cosa desidero più di ogni altra cosa nella vita? Chi sono io veramente?" Accertati di essere totalmente onesto con te stesso! Potresti scoprire che la tua paura del fallimento non ha nulla a che vedere con il risultato della tua performance o delle tue attività ma che è, invece, in relazione con la speranza nascosta di raggiungere l'Obiettivo segreto - il solo e unico obiettivo della tua vita.

La cosa triste è che sebbene la paura non sia direttamente connessa con il contenuto della performance o attività, essa le influenza in modo determinante. La paura contamina la qualità delle attività e offusca la concentrazione. La maggior parte delle intenzioni sono dirette verso il conseguimento dell'Obiettivo segreto anziché essere indirizzate verso la performance in corso.

Cosa rimane quindi, di tutta l'energia accumulata, da dedicare alla performance? Ben poco! Oltretutto, pur non rendendosi conto di tutto questo, il pubblico percepisce in qualche modo che ciò che si sta facendo sul palcoscenico non è finalizzato a offrirgli un'esperienza meravigliosa e finisce per perdere interesse rapidamente. Un'esecuzione basata sulla Motivazione indiretta è una battaglia di forte intensità ma che fornisce solo risultati mediocri.

Così, per liberarti dalla paura di fallire prova a interrogare te stesso chiedendoti: "Cosa c'è in gioco, per me, durante una performance?" Potresti essere sorpreso da quanto poco tu conosca te stesso. Farti questa domanda; trovare le risposte ti permetterà di concentrarti pienamente sulla tua performance. Poiché ormai non ci sarà in gioco altro che la bellezza dell'evento: la tua paura di fallire si sarà dissolta per lasciar posto al fremito del momento.

# Esempi personali di Comportamenti orientati al Senso di Sé sostitutivo

Il seguente elenco sarà utile a chiarire le aree della tua vita su cui dovrai investigare per capire se ci sono contaminazioni da Senso di Sé sostitutivo.

- **Comportamenti ossessivi.** L'ossessione di portare a termine Ego-riferimenti porta ad atteggiamenti ossessivi. E laddove comportamenti come il lavarsi incessantemente le mani sono ovvi e facili da notare, quelli legati al Senso di Sé sostitutivo sono riferiti ad attività quotidiane (secondo i personali Ordini del giorno nascosti) e sono perciò meno evidenti.

- **Sintomi fisici.** Non sono un medico qualificato, non posso quindi entrare troppo nello specifico, mi sembra, però, che molta sofferenza fisica possa essere il diretto risultato di una dipendenza da Senso di Sé sostitutivo. Alcuni problemi potrebbero essere un sistema immunitario meno efficace, con conseguenze facili da immaginare. Per altre suggestioni, si veda la prima pagina web da noi creata (solo in lingua inglese) risalente al 1997: http://www.holispsych.com/theory/ pathology/introduction-to-the-pathology-section.html.

- **Sintomi mentali ed emotivi.** Molti tipi di paura, ansia e fobia, come abbiamo appena visto, sono correlati alla presenza di un Senso di Sé sostitutivo. A tutto ciò sono forse collegati anche umori depressivi, pensieri suicidi, difficoltà a concentrarsi, problemi di memoria negli adulti e di apprendimento nei bambini, nonché apatia nei confronti dei sentimenti.

- **Problemi sociali e interpersonali.** Queste sono forse le problematiche più facili da identificare: ad esempio, un'eccessiva sensibilità alle critiche, un'inarrestabile fretta in tutto ciò che si fa, difficoltà nelle relazioni con gli altri, solitudine.

- **Altre disfunzioni.** Molti altri effetti sono visibili quotidianamente: difficoltà nel seguire le regole, anche le più comuni, problemi di rabbia e di comportamenti violenti, incapacità di gestire le cose di tutti i giorni, o, ancora, far fatica a guidare a causa dell'insonnia e molti altri ancora.

Passiamo ora ad analizzare alcune delle problematiche da me vissute.

## Mancanza di successo nelle piccole cose

La quantità d'intenzione messa in qualsiasi obiettivo (Motivazione diretta) è responsabile della quantità di successo nell'ottenere il risultato desiderato. Se anziché dedicarci al vero scopo del nostro agire pensiamo solo al nostro Ordine del giorno nascosto (Motivazione indiretta), non c'è da stupirsi se poi non otteniamo i risultati sperati.

Ecco un esempio tratto da un'esperienza personale.

Custodivo la casa dei miei genitori mentre loro erano in vacanza per qualche giorno. Decisi di sorprenderli riparando la lavatrice rotta. Ero così ansiosa di rimetterla a posto che non studiai bene come rimontare il filtro nella macchina e finii con il romperla! Da mia madre ottenni un laconico: "Fai sempre e solo danni! Perché non lasci stare le cose se non sai come funzionano?" Ancora una volta mi ero dimostrata incapace di concentrarmi su ciò che avevo davanti – in questo caso, la riparazione della lavatrice. Era come se ci fosse un'interferenza emozionale che offuscava le mie capacità di pensare con chiarezza, e una reazione come quella di mia madre, anche se in qualche modo comprensibile, non fece che rinforzare la mia sensazione di inutilità, anziché darmi la dose di approvazione che cercavo.

Cerchiamo di quantificare la percentuale d'impegno che mettiamo nel realizzare i nostri obiettivi, che, ricordiamo, sono doppi: uno visibile e ovvio, l'altro nascosto e indiretto. Mettiamo che il 60% delle nostre energie vada a profitto dell'Ordine del giorno nascosto, in questo caso la ricerca dell'approvazione da parte di mia madre; quel che resta per il vero intento delle nostre azioni, in questo caso la riparazione, è solo il 40% dell'attenzione che potenzialmente siamo in grado di fornire in ogni data attività. Non vi pare troppo poco, anche per le piccolezze quotidiane?

# Sindrome del pavimento pulito

Quando le mie figlie erano ancora bambine, c'era un momento particolare della giornata che riuscivo a gustarmi: la sera tardi, quando la casa era pulita e ben sistemata; nessun gioco o vestito su un pavimento spazzato e lindo! Ogniqualvolta riuscivo a ottenere una tale serata, dopo aver messo a letto le bambine, mio marito e io ci sedevamo (finalmente!), ognuno intento nella lettura di un buon libro. Che meraviglia! Riesco ancora a ricordare la gradevole e soddisfacente sensazione di guardare il pavimento in parquet del nostro soggiorno ben pulito.

La brutta sorpresa, che divenne presto una costante, fu quando, dopo una di quelle serate, non riuscii a dormire. In qualche modo, e inconsciamente, quella situazione felice era usata per Accumulare punti nel mio sforzo di terminare la giornata con la sensazione di "Sentirsi bene con sé stessi". In altre parole, non era per il mio vero Sé che mi affannavo ad avere la casa pulita, bensì, per ottemperare alle richieste dei miei Ego-riferimenti, era per farmi sentirmi al sicuro. Eppure, non c'era niente che mi gravasse la mente, che mi preoccupasse, che sembrasse un problema da risolvere.

Comprenderlo è stata una sfida, ma alla fine sono riuscita ad arrivare al nocciolo della questione: la Paura dell'Annientamento mi costringeva ad aggrapparmi a quello stato, faticosamente conquistato, del "Sentirsi bene con sé stessi", in altre parole, rimanevo sveglia tutta la notte per non farmi scivolare tra le dita quel Senso di Sé sostitutivo. Questa situazone continuava fin verso le 5 o le 6 del mattino, quando, allo spuntar del giorno, dopo una notte senza fine e insonne, finalmente crollavo, e anche nel mio subconscio ero convinta del fatto che un ulteriore rinforzo del mio Senso di Sé sostitutivo sarebbe stato inutile. La mia capacità di funzionare bene e di prolungare quello stato anche per tutto il giorno successivo sarebbe comunque stata minata dalla mancanza di sonno.

Per venticinque anni, terminare la giornata con il pavimento vuoto e una casa pulita è stato il mio Veicolo, e la paura di non riuscire a funzionare bene il giorno successivo non faceva che far crescere la mia paura dell'insonnia, con il risultato di cadere in una spirale negativa di ansia crescente.

# Il ritardo

Da adulta, durante le visite a mia madre, era mia abitudine sbrigare qualche commissione per lei. Ogni volta che impiegavo un po' di tempo in più del dovuto, pur essendo ancora nei tempi previsti, sulla via di casa ero sottoposta a un grande stress psicologico, a causa della paura di aver rovinato tutto. Prestate attenzione al fatto che mi tormentavo per essere in ritardo ma non perché la giornata di mia madre potesse effettivamente esserne rovinata in qualche modo – è così che funziona una persona orientata al Senso di Sé sostitutivo. Mi preoccupavo a morte di quello che mi poteva aspettare: l'espressione colpevolizzante di mia madre, il suo tono di voce ferito, l'ovvia difficoltà a trattenersi e addirittura a parlarmi. La sensazione che avrei provato anche solo guardandola negli occhi era quella dell'Annientamento.

Essere puntuale era quindi un ovvio Ego-riferimento per me, dal momento che mia madre mi criticava spesso per essere una ritardataria cronica e perciò egoista. Così, quando, una di quelle volte, entrai in casa e la vidi rilassata e priva di accuse nei miei confronti, provai un'immensa sorpresa e un grande sollievo. Immediatamente, però, fui colpita da una terribile emicrania, che sabotò la mia esperienza positiva con mia madre. Ovviamente, la mia Motivazione a essere puntuale era solo un tentativo di portare a termine un Ego-riferimento, di conseguenza non c'era un contatto diretto con la realtà. In pratica, non ero interessata a quel che accadeva realmente (in questo caso, un'esperienza positiva), ma solo al mio stato di "Sentirmi bene con me stessa", che il mio corpo riusciva a rovinare nonostante il successo ottenuto.

"Ce l'avevo quasi fatta!" Ero quasi riuscita a entrare nel *Castello dell'Invischiamento* di mia madre, ma lo stress e la paura di un Ostacolo dell'ultimo momento mi aveva fatto concentrare sulla situazione attraverso una visuale ristretta, causando nel mio cervello il sovraccarico che aveva portato all'emicrania. E questa emicrania saltava fuori in ogni occasione in cui "ce l'avevo quasi fatta", ossia quando avevo quasi portato a termine un Ego-riferimento.

# Sindrome dell'assolo e auto-sabotaggio

Sono stata una fagottista professionista per molti anni. Ogni volta che la mia parte prevedeva un assolo, mi preparavo ossessivamente. Al momento cruciale della mia performance, cominciavo bene, poi però, a metà dell'opera, era come se mi vedessi dall'esterno, e, contro la mia stessa volontà, mi provocavo con pensieri quali: "Sarai in grado di eseguire decentemente il tuo assolo dall'inizio alla fine?" oppure "Riuscirai a contare bene le pause?" Avevo bisogno di un'immensa concentrazione per dare un buon esito al mio assolo e spesso le auto-provocazioni riuscivano nel loro intento di peggiorare la qualità della mia performance.

Perché questo auto-sabotaggio? Questa la spiegazione che mi sono data: uno dei miei Ego-riferimenti era essere una musicista eccellente, quando eseguivo un assolo veramente bene, il mio Senso di Sé sostitutivo si impossessava della performance e a metà dell'assolo tentava di trasformarla nella possibilità di Accumulare punti, rimanendo risucchiato nel Buco nero con una forza potentissima. Tutto questo causava stress e paura, andando a inficiare la qualità del mio assolo. Era come se la *terra* crollasse sotto i miei piedi e allo stesso tempo perdessi ogni gioia e il divertimento che avrei altrimenti trovato nella musica.

Per *terra* intendo metaforicamente le fondamenta del mio essere; del resto non riuscivo a capire quali fossero le differenze tra chi ero e come mi comportavo. Queste provocazioni erano la manifestazione della paura di fallire nel raggiungere il risultato desiderato: "Sentirmi bene con me stessa" anziché creare musica di qualità! Il Senso di Sé non era presente, quindi facevo musica come sospesa su un oceano, con le mie radici espanse sull'acqua e non nella terra. Non c'era la fermezza di chi è consapevole di esistere o di avere l'abilità di svolgere bene il proprio lavoro. Riuscivo a percepire solo che avevo il diritto a esistere a patto che fossi una buona musicista.

Se i pensieri provocanti e l'auto-sabotaggio sono il metodo che la natura ha per renderci chiaro quanto si è lontani dalla retta via, bisogna fare attenzione a saperli riconoscere. Questo capitolo ha cercato di illuminare la strada che dall'auto-sabotaggio va verso la consapevolezza, che non ci atteniamo agli Ego-riferimenti per la pura necessità di realizzare qualche scopo ma per sentirci a posto e normali, qualunque sia la definizione di normale – e specialmente a prescindere da chi ha creato questa definizione.

## Il linguaggio del corpo

Per quanto i processi descritti in questo libro avvengano perlopiù a livello inconscio, *esistono* segnali che chi ci circonda può notare. Il nostro corpo manifesta le motivazioni della mente, e, in meno di un attimo, gli altri reagiscono alle vibrazioni che avvertono, spesso ancor prima di averci fatto parlare. Del resto, interpretare il linguaggio del corpo è parte del sistema di sopravvivenza umano.

Si avverte che le persone sono franche nei loro obiettivi e nelle loro intenzioni quando ci guardano negli occhi mentre parlano, comunicandoci un senso di stabilità. Quando invece le persone agiscono a partire da Motivazioni indirette, tendono a distogliere lo sguardo oppure hanno espressioni che tradiscono una vibrazione che potremo dire insicura o disonesta. Sembrano evasivi e nervosi. Mentre parlano, il loro messaggio non sembra onesto, né comunica in modo chiaro. Sembra che non abbiano molto da dire o, nel caso opposto, risultano troppo verbosi nel loro tentativo di essere convincenti.

## Cura la tua Motivazione

Ci sono voluti anni di pratica con le migliori orchestre prima che mi venisse questa illuminazione: "Suono come sono, agisco nel modo in cui sono".

Se si mantiene la convinzione che è necessario allenarsi costantemente perché solo con la pratica si arriva alla perfezione, si potrebbe rimanere delusi. La verità è che neanche anni e anni passati a esercitarsi permetteranno di superare la Motivazione contorta, visto che questa manda all'aria almeno metà degli sforzi fatti: è PERCHÉ facciamo quello che facciamo a determinare in gran parte i nostri livelli di abilità e il nostro successo. Ciò che siamo nel nostro lavoro, o nelle nostre passioni, dipende unicamente dalla persona che siamo, e da quanto la nostra Motivazione è salubre e diretta.

Hai raggiunto un certo livello di competenza che non riesci in alcun modo a superare? Sei alle prese con un sempre più sfuggente successo in qualche attività? Indaga la tua Motivazione! Cosa c'è veramente in gioco senza che tu lo sappia o che tu voglia ammetterlo? Nessuno sforzo ti aiuterà a superare l'handicap di avere un Obiettivo segreto di cui non sei a conoscenza. Fai quello che fai con una Motivazione diretta o indiretta? La risposta a questa domanda ha una grande influenza su quanto sarà alto il tuo livello di successo.

## RICHIESTA DI COMPASSIONE E COMPRENSIONE

A volte potremmo essere del tutto in torto nel giudicare una persona egocentrica. Molto spesso il comportamento egocentrico non è che un tentativo di compensare un bisogno essenziale e la paura estrema di non arrivare a soddisfarlo. La consapevolezza di questa apparente contraddizione può portare a una maggiore compassione sia nei propri confronti che in quelli degli altri.

A quali utili risultati potrebbe portare educare insegnanti e istituzioni professionali a riconoscere e distinguere gli studenti con un Sano Senso di Sé dai ragazzi con un Senso di Sé assente? Potrebbero nascere tentativi di aiutare gli studenti a ristabilire il proprio Senso di Sé, indirizzandoli, così, verso carriere che non alimentino i loro Ego-riferimenti.

Considerando tutti gli effetti dannosi della Motivazione indiretta, viene spontaneo domandarsi se ci sia una relazione tra la natura della Motivazione e coloro che ottengono successo nel mondo. Può avere a che fare con la selezione naturale? Forse possiamo aumentare il numero di coloro che "riescono" nel mondo anche solo depurando la nostra Motivazione. Ormai sappiamo che così facendo siamo finalmente pronti a fornire ai nostri figli le basi per un Sano Senso di Sé.

Studiare la Teoria e il Metodo del Sano Senso di Sé e applicare questi concetti alla tua vita, potrà fare esattamente lo stesso anche per te!

# PARTE III
Recupero

# Capitolo 9
# Il Senso di Sé ristabilito

Creare un Senso di Sé laddove non ne è mai esistito uno è sicuramente una sfida ardua. Il Metodo del Senso di Sé incoraggia a mettere continuamente sotto osservazione i propri pensieri e comportamenti per poi analizzare con onestà i risultati delle scoperte. Questo coraggioso processo di indagine sulle proprie motivazioni potrebbe rivelare che, nel profondo, si sta perseguendo un Obiettivo segreto, tentando ogni giorno di adempiere un Ordine del giorno nascosto. Una volta compresa l'assurdità degli obiettivi segreti, non c'è dubbio che anche tu, lettore, vorrai sostituire il tuo Senso di Sé sostitutivo con un'autoconsapevolezza più salutare: un Senso di Sé ristabilito.

## Cos'è un Senso di Sé ristabilito?

Un Senso di Sé sostitutivo non può essere semplicemente rimpiazzato da un Senso di Sé naturale; se quest'ultimo non è stato sviluppato con le tempistiche appropriate, l'opportunità è perduta per sempre. Tuttavia, ci sono buone notizie. È possibile evolvere un Sano Senso di Sé nella forma di un Senso di Sé ristabilito tramite prese di coscienza, tanto esercizio e allenamento. Imparare a tenere in pugno la propria vita riempirà il vuoto al centro dell'esistenza.

**Senso di Sé ristabilito**

È il risultato del lavoro compiuto con il *Metodo del Senso di Sé*, ossia la guarigione dalla dipendenza da un *Senso di Sé sostitutivo*. Consiste nell'arrivare ad avere una ferma consapevolezza di essere una persona vera, libera di vivere in base alla propria essenza, alle proprie preferenze, abilità e limiti. L'intima coscienza di essere indipendenti dai nostri genitori o educatori; liberi da ogni dipendenza da risultati o approvazione. Si ha la solida percezione di essere incondizionatamente vivi e reali.

Forse "ristabilire" non è il termine più adatto, se non si ha mai avuto un Sano Senso di Sé; ciononostante credo che almeno il seme della consapevolezza di sé sia presente in ognuno di noi. Il mio punto di partenza è il presupposto che il processo si sia avviato in modo naturale, ma sia stato interrotto durante la fase iniziale da un errato comportamento da parte dell'educatore. Attraverso consapevolezza e allenamento potrai costruire e implementare al tuo interno confini appropriati con il mondo esterno nonché coltivare una salutare sensazione di pace interiore; ecco, questo processo è il ricondizionamento.

## SENSO DI SÉ RISTABILITO E SENSO DI SÉ NATURALE

A lungo andare, un Senso di Sé ristabilito funzionerà proprio come se si fosse sviluppato, con le giuste tempistiche, un Senso di Sé naturale. Eppure, questi due concetti non sono del tutto identici. Vediamo insieme le differenze.

Il Senso di Sé naturale si sviluppa durante l'infanzia in modo automatico, mentre quello ristabilito viene sviluppato intenzionalmente più in là con gli anni, come fosse costruito. Essendo quest'ultimo un'abitudine relativamente nuova, potrebbe essere più vulnerabile alle circostanze della vita di quanto non lo sia invece un Senso di Sé naturale. Allo stesso tempo però, il Senso di Sé ristabilito si fortifica fino a riuscire a superare quello naturale proprio grazie all'analisi cosciente e approfondita di sé stessi. Con il tempo, poi, questo senso si adatta, si integra e diventa "naturale" ovvero un Sano Senso di Sé.

## I benefici di un Senso di Sé ristabilito

Se in questo momento stai affrontando ogni sorta di problemi perché un Senso di Sé sostitutivo sta guidando la tua vita, allora è cruciale che diventi consapevole delle tue azioni – o meglio, di come affronti le varie situazioni – imparando così a essere il capitano della nave che è la tua vita.

Diventando il "capitano" di te stesso, migliorerai notevolmente il Livello di qualità della tua vita; rimpiazzando il tuo Senso di Sé sostitutivo con la coscienza delle tue qualità e del tuo diritto a esistere otterrai gli strumenti necessari per raggiungere con più facilità ogni obiettivo che ti sarai preposto. Ti sentirai, di conseguenza, più calmo ed equilibrato. Sarà nettamente più semplice capire quello che vuoi davvero e come arrivarci perché proverai cosa significa avere una Relazione diretta con Te stesso e con quello che ti circonda. Le tue motivazioni saranno dirette e trasparenti e il bisogno di raggiungere lo stato di "Sentirsi bene con sè stessi" scomparirà. Con un Senso di Sé ristabilito, insomma, proverai finalmente la libertà che è il diritto di nascita di ogni essere umano.

Un altro enorme beneficio derivante dal ristabilire il Senso di Sé è che gli Ego-riferimenti diventano semplici questioni al Livello di qualità della vita, eliminando così una grande quantità di stress. Quando si possiede un Sano Senso di Sé si è guidati dalle proprie oneste e sincere motivazioni e non da un Ordine del giorno nascosto. Si è naturalmente portati a sposarsi per amore, metter su famiglia solo perché lo si desidera davvero, perseguire una carriera nel campo che si preferisce ecc.

Con un Senso di Sé ristabilito si apre quindi una strada di miglioramenti e crescita personale senza fine.

# Le sensazioni di un Senso di Sé ristabilito

Ristabilire il Senso di Sé ti farà sentire molto più equilibrato perché vedrai le cose attraverso la *tua* prospettiva e arriverai a conclusioni basate sui *tuoi* valori. Il buon senso si mette in moto! Ti sentirai a tuo agio nel tuo corpo, e c'è di più: migliorerai ogni giorno!

Nella vita tutto procederà senza intoppi: dormirai meglio, non ti arrabbierai più così spesso e l'ansia scomparirà; raggiungerai un equilibrio emozionale e non avrai più paura del tuo stesso comportamento. Riuscirai a concentrarti senza sforzi e avrai maggior energia; gli attacchi di panico e i pensieri suicidi, se presenti, svaniranno. Non ci sarà bisogno di abusare di sostanze o di sensazioni, come quelle derivanti dalla ricerca ostinata dell'approvazione esterna. La consapevolezza interiore ti renderà più facilmente avvicinabile, così da poter costruire vere e durature amicizie senza il bisogno disperato di essere accettato a ogni costo. Anche le relazioni affettive saranno senza dubbio molto più sane e meno problematiche.

È importante sapere che riconoscere il proprio Senso di Sé ristabilito non è facile, soprattutto all'inizio. Oggigiorno i nostri sensi sono continuamente esposti a stimoli intensi: televisione, computer, smartphones, radio e "suoni" urbani di ogni genere ci rendono meno sensibili ai segnali sottili provenienti dal nostro corpo. Senza contare i nostri impegni quotidiani: dal traffico al lavoro alle necessità della casa – tutte esperienze differenti da quelle interne, che perciò vengono facilmente trascurate.

Per questo, se vuoi sapere come ci si *sente* ad avere un Senso di Sé ristabilito, dovrai trovare o creare degli spazi di calma nella tua vita.

## SPERIMENTARE LA QUALITÀ DELLA VITA

### Livello di qualità della vita

Una reazione emotiva in sintonia con la reale intensità degli eventi della propria vita. Questa è un'indicazione di un *Sano Senso di Sé*.

Allo stress causato da un Senso di Sé sostitutivo si aggiunge anche lo stress *ordinario*, quello della vita di tutti i giorni. Ogni situazione che richieda particolare attenzione e abilità oppure circostanze inaspettate, può causare uno stato di tensione e insicurezza che porta a pensare: "sarò in grado di farlo?" Questo è ciò che chiamo stress del Livello di qualità della vita: è il tipo di stress che ognuno di noi ha sperimentato o che prima o poi sperimenterà.

## Misurare i livelli di stress come indicatori di attività orientate all'approvazione

Se passi in rassegna la quantità di stress che sperimenti e scopri che il grado di tensione non è davvero giustificato dalla natura o dagli obiettivi delle tue attività, allora probabilmente c'è in gioco un Senso di Sé sostitutivo. In altre parole, misurare il proprio stress può aiutare a capire se le Motivazioni sono dirette o indirette.

Una persona con un Sano Senso di Sé può sperimentare regolarmente momenti di apprensione o paura: arrivare tardi al lavoro, essere in disaccordo con qualcuno o lavorare a ridosso di rigide scadenze provocano comunque stress, ma in modo "normale", quotidiano e, soprattutto, temporaneo. Chi invece ha un Senso di Sé sostitutivo subisce un tipo di paura psicologica ed esistenziale estremamente radicata.

Tutti gli Ego-riferimenti hanno sia un aspetto di Livello di qualità della vita sia un aspetto orientato al Senso di Sé sostitutivo (vedi Figura 9.1): la parte chiara della foglia rappresenta la porzione normale e salutare di un comportamento (ad esempio, arrivare in orario; è molto comune, infatti, temere di arrivare in ritardo); poi c'è la parte di azione o comportamento che funge da Veicolo, ed è la parte scura della foglia che rappresenta l'aspetto della Motivazione indiretta orientata al Senso di Sé sostitutivo, causa della paura intensa e irrazionale.

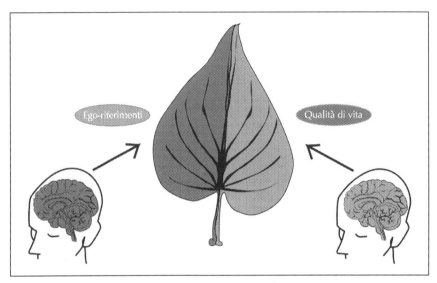

Figura 9.1: Il duplice aspetto dello stress negli Ego-riferimenti.

Questo complesso e duplice aspetto rende assai difficile l'identificazione del comportamento patologico coinvolto negli Ego-riferimenti. Coloro che sperimentano questa paura, hanno sempre una spiegazione plausibile. Spesso lo stress in eccesso è giustificato pensando che "alcune persone sono semplicemente più ansiose rispetto ad altre".

Con un Senso di Sé ristabilito la parte scura della foglia svanirà, lasciando solamente un sano verde chiaro. Abbi fiducia e immagina quanto sollievo ti porterà questo cambiamento.

## LE SFIDE NEL RISTABILIRE IL TUO SENSO DI SÉ

Ristabilire un Senso di Sé richiede un impegno intenso; non esiste una rapida soluzione, e compiere il lavoro necessario richiede notevole persistenza e resistenza contro una continua tendenza a ricadere nei vecchi comportamenti. D'altra parte, l'unica alternativa è continuare a soffrire a causa di un Senso di Sé assente.

# Rifiuto

A volte, nel corso del processo di recupero, Accumulare punti sembrerà molto più importante di qualsiasi altra cosa, addirittura più del proprio benessere. In questi momenti ti convincerai inconsciamente che lavorare intensamente per prenderti cura dei tuoi Ego-riferimenti è il compito più urgente. Devi prevedere queste situazioni di sconforto e ansia durante la guarigione, prima di ottenere benefici.

Immagina di avere un macchinario che funziona in modo instabile ma prevedibile. Affinché possa tornare a lavorare in maniera efficace e produttiva è necessario inserire nella macchina un pezzo che finora mancava. Attenzione però, questa non è l'unica sfida, in quanto quella specifica parte non è in vendita ma la devi costruire da te.

In modo simile, tu sei il macchinario: funzioni, ma potresti funzionare meglio e lo sai. Ovviamente manca qualcosa, scopri che cosa e cerca di inserirlo nella tua vita quotidiana, forse ciò che manca è un Sano Senso di Sé. Osserva il comportamento altrui e impara da questo. A poco a poco il tuo macchinario lavorerà in modo più fluido, richiederà meno energia e sarà più efficiente. Nonostante tutto il lavoro necessario e gli ostacoli affrontati, non sarai felice di aver guarito il tuo Sé dalla dipendenza da un Senso di Sé sostitutivo?

# Il bastone magico

*Un uomo sta camminando lungo una strada polverosa, sta andando dal suo villaggio a quello vicino poggiandosi stancamente a un vecchio bastone rosso. All'improvviso, appoggiato a un albero, vede un bastone verde brillante, con il pomello dorato che riflette gli ultimi raggi di sole della giornata. Si affretta per avvicinarsi al meraviglioso oggetto afferrandolo con la mano sinistra. Vorrebbe scambiarlo con il suo vecchio bastone rosso, ma camminando non è in grado di sostituirlo – e deve continuare a camminare perché non ha tempo da perdere. Fare anche un solo passo senza bastone non gli è possibile: sa per certo che cadrebbe a terra. A un certo punto intuisce la soluzione e, senza mancare un solo passo, porta il nuovo bastone verde accanto a quello rosso, tenendoli nella stessa mano e continuando a camminare con un bel sorriso sul volto. Continua a camminare e lascia scivolare a terra il suo vecchio bastone aggrappandosi a quello nuovo e bellissimo. Questo bastone verde ha un segreto, e l'uomo lo conosce istintivamente: con il tempo il colore sbiadirà, si consumerà, e, quando sarà svanito completamente, lui sarà di nuovo in grado di camminare da solo.*

Il Senso di Sé sostitutivo può essere considerato come la stampella a cui ti sei appoggiato per tutta la vita; sii cauto nel gettare il tuo vecchio bastone: prima verifica di possedere un Senso di Sé ristabilito.

# Il risucchio del Buco nero

Durante il processo di cura e cambiamento, una gigantesca forza interiore spingerà per tornare verso un Senso di Sé sostitutivo, portandoti nuovamente alle vecchie motivazioni: Accumulare punti per ottenere approvazione. Questo insalubre sistema di sopravvivenza remerà contro il tuo desiderio di cambiare, con il potere e l'intensità di una forza della natura, risucchiando tutti i risultati positivi per riempire il Buco nero.

È compito della tua Strategia di sopravvivenza della prima infanzia farti credere inconsciamente che non è possibile lasciar andare le vecchie abitudini. Questa strategia si arroga il compito di proteggerti e tenerti al sicuro, e lotterà con persistenza sbalorditiva contro la tua recente decisione di cambiare.

L'unico modo per riempire quel vuoto e fermare la sua tremenda forza gravitazionale è *sostituire immediatamente* le piccole, malsane strategie che usavi precedentemente con esperienze di vita provenienti dal tuo Sé autentico; attraverso una gentile perseveranza, esercizi frequenti, pratiche mentali, consapevolezza continua e onestà completa.

## ABITUDINI E RICADUTE

Osserviamo da vicino gli ostacoli che devi essere preparato a superare. Noi esseri umani siamo creature abitudinarie, e si può dire con sicurezza che a volte ricadrai almeno parzialmente in comportamenti orientati al Senso di Sé sostitutivo. Non giudicarti severamente per questo, è un dato di fatto. Anzi, sii gentile con te stesso, colpevolizzarti per qualche sbaglio ti causerà solo sofferenza, rallentando il tuo progresso.

Per prevenire le ricadute, la miglior tecnica è quella di fare continuamente introspezione, controllando e fortificando il Senso di Sé. Chiediti: "Sto vivendo secondo il mio cuore? In questa situazione, sto pensando con la mia testa? Sono in contatto con i miei sentimenti o sono ricaduto nella vecchia abitudine di comportarmi come se la vita fosse sempre un'esibizione in cui non posso assolutamente fallire?"

La Figura 9.2 è la rappresentazione dello stress che il tuo cervello sopporta durante una recidiva. In modo del tutto simile all'illustrazione dei fattori stressanti in azione negli Ego-riferimenti, sono qui rappresentate le sfide che si presentano quando si guarisce da una dipendenza da Senso di Sé sostitutivo. Durante una ricaduta, qualcosa innesca il passaggio dal sentiero della Motivazione diretta a quello della Motivazione indiretta, e si è risucchiati nuovamente nel circolo vizioso del Comportamento orientato al Senso di Sé sostitutivo.

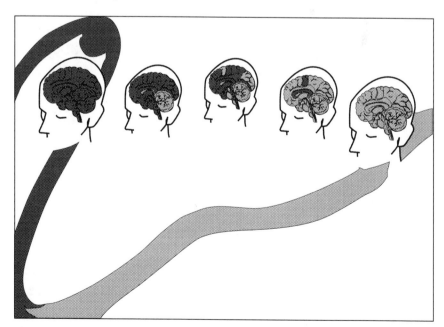

**Figura 9.2:** Lo stress nel nostro cervello.

## Una dipendenza

Dal momento che richiede di essere attuato a tutti i costi, il Senso di Sé sostitutivo è da considerarsi come una dipendenza, di conseguenza, lo si può trattare come una qualsiasi altra dipendenza, paragonabile a quella di chi abusa di droga oppure di alcol, né più né meno. Proprio come un tossicodipendente, cadi continuamente vittima dei numerosi inneschi presenti dentro di te e nell'ambiente in cui vivi.

Ripensa ai disegni dei rami degli alberi del Capitolo 2, e guarda la Figura 9.3. Immagina che i rami rappresentino le dipendenze dai vari elementi del tuo comportamento orientato al Senso di Sé sostitutivo. Se per disfarsi dei rami in eccesso basta tagliarli con una cesoia, lo stesso non è applicabile ai circuiti del cervello. D'altra parte, anche se invisibili, queste vie neurali esistono, e, fortunatamente, esiste anche una strategia per eliminare quelle sbagliate.

**Figura 9.3:** I rami dell'albero che rappresentano il tuo cablaggio cerebrale.

Ciò che serve è un *ricondizionamento*: bisogna allontanarsi mentalmente ed emozionalmente dai circuiti familiari e crearne di nuovi, da zero, coscientemente e attivamente. Proprio come un sentiero tagliato di fresco attraverso la giungla: appena si smette di tagliarli, le piante e i cespugli crescono e ricrescono in men che non si dica. Prima ancora che uno se l'aspetti, il nuovo sentiero verso un Senso di Sé ristabilito, creato solo poche ore prima, è di nuovo soffocato dalla vegetazione.

Ma c'è speranza. C'è speranza anche per una guarigione completa, così come c'è speranza per alcolisti e tossicodipendenti. È forse un caso che chi dipende da un Senso di Sé sostitutivo sia anche più propenso all'uso di alcol e droghe? Tecnicamente si potrebbe affrontare sia la dipendenza da Senso di Sé sostitutivo sia l'abuso di sostanze in simultanea, anche se è preferibile che le dipendenze fisiche siano già risolte, soprattutto perché annebbiano la mente. Infatti, essere in grado di pensare chiaramente e lavorare in maniera costante è essenziale per il successo di questo metodo.

## IL MIO PERSONALE PROCESSO DI GUARIGIONE

Il mio percorso non è certo un esempio da seguire a tutti i costi, ma potrà essere utile da leggere quale ispirazione per costruire il proprio. Io, ad esempio, ho iniziato imparando a memoria i miei Ego-riferimenti.

C'è chi dice che sarebbe meglio partire da ciò che c'è di positivo, ma, personalmente, avevo bisogno di conoscere prima i difetti per poterli poi trasformare in qualità.

Per esempio, uno dei miei Ego-riferimenti era essere puntuale. Ovviamente, ero sempre in ritardo, e dovevo diventare cosciente del fatto che era fondamentale evitare di limitarmi a ripetere: "Voglio essere puntuale". Quindi ho cominciato a spiegare a me stessa, ogni volta che era necessario (e lo era spesso), che non dovevo preoccuparmi di essere puntuale perché in fondo non lo facevo per il bene di quella particolare attività, bensì solo per ottenere l'approvazione della mia Voce genitoriale interiorizzata. "Che sciocco preoccuparsi ancora per questo", mi dicevo, "Ma non mi devo colpevolizzare: non sono io a essere sciocca. Mi sono solo programmata in questo modo durante l'infanzia perché era l'unico modo per ottenere l'approvazione di mia madre e per essere ascoltata e vista da lei come una persona reale. Adesso so che essere puntuale non servirà allo scopo. Quindi tanto vale non preoccuparsene".

## PAURA E SENSO DI COLPA

Durante il processo di recupero, non è raro provare rabbia e rancore o perfino senso di colpa. Molti, per esempio, si accusano di aver "sprecato" anni della propria vita. D'altra parte, bisogna ricordare che il Senso di Sé sostitutivo si sviluppa a causa della mancanza di riconoscimento da parte del genitore durante l'infanzia. Non si tratta di inezie, ma di profondo terrore esistenziale. È necessario perciò imparare a non provare senso di colpa per una tale situazione.

Ci sono delle tecniche di perdono che potresti trovare utili. Per quanto riguarda gli educatori, dipende da te scoprire se vale la pena accettare quello che è successo e passare oltre. Il mio consiglio è di mettere in pratica ogni azione in grado di disinnescare il meccanismo della colpa, visto che senza tale meccanismo si vive molto meglio il proprio presente, e il perdono è sicuramente una di queste azioni[1].

## SFIDE PARTICOLARI NEL RECUPERO DALL'OSSESSIONE A ESEGUIRE EGO-RIFERIMENTI

Nel cercare di adempiere ai propri Ego-riferimenti, non si è molto diversi da Don Chisciotte nella sua lotta contro i mulini a vento. Ci si orienta verso un obiettivo fittizio e irraggiungibile, senza essere in grado di capire quello che si sta facendo. Quanto a fondo si può rimanere intrappolati in questo schema? Considera che durante il mio percorso di guarigione, mi è capitato di soffrire di attacchi d'ansia e momenti di terrore, che emergevano nonostante avessi deciso io stessa consapevolmente di contrastare le mie compulsioni!

Mentre mi ritagliavo un percorso verso la libertà, provavo a trattenermi dall'adempiere ai miei Ego-riferimenti, come suonare osses-

---

[1] Il libro *Il Perdono Assoluto* di Colin TIPPING (Macro, Cesena 2010) sarebbe sicuramente d'aiuto in questo processo.

sivamente il piano o il violino, lavorare al mio sito internet o pulire la casa. Decidevo deliberatamente di evitare queste attività dedicandomi ad altro o, addirittura, non facendo niente. In realtà era quasi impossibile resistere al risucchio del Buco nero e non tentare di riempire quel vuoto interiore, questo mi ha portato ad avere attacchi d'ansia e indefinibili sensazioni di frenesia. I miei comportamenti abituali cercavano di tornare in azione e mi tentavano perché continuassi ad Accumulare punti e andare verso il mio Obiettivo segreto. Le forti emozioni del passato, sia positive che negative, diventano un'abitudine e spesso una dipendenza, visto che formano il nucleo della nostra personalità. Eppure – credimi – anche questa nuova vita, libera di tali innaturali alti e bassi, si colorerà intensamente in men che non si dica.

## Scopri i tuoi fattori di stress

Per liberarti dallo stress, è necessario che tu riconosca ciò che lo innesca. Bisogna che tu diventi consapevole di quel che notavi da bambino nei comportamenti del *tuo* educatore, quali modifiche apportavi al *tuo* comportamento in conseguenza di queste osservazioni e cosa speravi di raggiungere con questi adattamenti. Non è facile, tutto ciò accade prevalentemente a livello inconscio. Dovrai tuttavia lavorare con ciò che riesci a ricordare e, unendo i puntini, creare una mappa di come i tuoi fattori di stress si manifestano nella vita di tutti i giorni. Potrai quindi comprendere le loro cause primarie, ripercorrere gli elementi di questa catena e familiarizzare con essi, fino a che avrai imparato a trarre conclusioni nuove in grado di sostituirsi a quelle passate.

Ogni volta che noti di essere stressato, *fermati*, trai forza dalle profondità del tuo Sé autentico e chiediti: "Cosa penso veramente in questa situazione?" Domandandoti quale sia il tuo vero obiettivo e insistendo nel pensare con la tua testa, potresti scoprire che in realtà stai solo cercando di ottenere approvazione da un educatore o dalla tua Voce genitoriale interiorizzata oppure che tenti di dimostrare il tuo valore.

## Servono tempo e strumenti adatti

Per essere in grado di ristabilire il tuo Senso di Sé avrai bisogno di svariati strumenti: immagini e visualizzazioni; lavoro sul corpo; espressione creativa attraverso l'artigianato, le arti, la musica ecc. Potrai trovare altre risorse e strumenti utili anche, oltre che negli altri capitoli del libro, sul nostro sito internet www.healthysenseofself.com. È anche vero che un simile processo di guarigione non è qualcosa da sottovalutare: se vuoi avere successo, devi dedicarvi attenzione e devozione.

È bene essere consapevoli che un tentativo di guarigione poco convinto potrebbe causare ancora più danni. Come già detto, paura e senso di colpa emergono prepotentemente durante la guarigione e se non si è dediti ad affrontare le proprie vecchie abitudini e dipendenze queste riemergeranno continuamente. Dopotutto, però, la determinazione ad avere successo e procedere nel cammino di ristabilire il proprio Senso di Sé è quella che serve per entrare in un nuovo mondo, un mondo dove la tua vita riguarda *te*, quello vero.

## LA NATURA AGGRESSIVA DELLE MOTIVAZIONI INDIRETTE

Durante i 25 anni di introspezione alla ricerca di me stessa, ho capito che la mia mente era piena di secondi fini e motivazioni rimaste nascoste per anni, a me come agli altri. C'era sempre una spiegazione plausibile che serviva a giustificare in modo conscio le mie azioni e a nascondere gli scopi reali. Questo garantiva che io perpetuassi il mio Ordine del giorno nascosto. C'era proprio una dipendenza in gioco, lo si può ben dire!

Ecco un esempio tratto dalla mia vita. A quel tempo, anche se avevo un buon lavoro come fagottista ed ero da anni impegnata con diverse orchestre sinfoniche, ero insoddisfatta di ciò che avevo conseguito. Non riuscivo a raggiungere il livello di eccellenza che mi ero prefissata e per cui avevo lavorato per buona parte della mia vita. Allora pensai che avrei suonato decisamente meglio il violino piuttosto che il fagotto, così quando le mie figlie, ancora piccole, cominciarono a frequentare la Suzuki Music Education[2], approfittai dell'occasione per iniziare le mie lezioni di violino.

Per circa tre anni, mi allenai in maniera forsennata, ed ecco qui l'impulso orientato al Senso di Sé sostitutivo! anche nei giorni in cui era impossibile trovare tempo per esercitarsi (e ce n'erano parecchi nella mia vita di madre con figlie piccole) mi sentivo incontrollabilmente spinta a farlo. Esplodevo di rabbia e non sopportavo il mio ruolo di madre, oppure davo la colpa ai miei familiari e facevo scenate di cui oggi mi rammarico molto. Qual era la vera ragione? Certo, in parte, le mie azioni erano dovute al mio desiderio di saper suonare la musica che tanto amavo. Ma ancor di più la Motivazione era quella di voler finalmente diventare la "grande" musicista che desideravo essere così disperatamente e convincere mia madre che meritavo l'adorazione che lei aveva deciso di conferire ad altri.

Un dettaglio interessante: la musica che prediligevo era quella Rom ungherese. Era per la musica in sé stessa? Forse, ma probabilmente anche perché questa musica appassionata rappresentava per me la frontiera della libertà che io non sentivo di possedere.

Quando mi sono trasferita con la mia famiglia in un'altra città e in un'altra atmosfera, il pensiero di suonare il violino smise di tormentarmi, è anzi da allora che ho cominciato a lavorare su questo metodo, cosa che prima mi ha assorbito e poi fatto accettare che non c'era più bisogno di acquisire lo stato di "Sentirsi bene con sè stessi", perché io ESISTO già.

[2] Shinichi Suzuki è l'ideatore del *Metodo Suzuki*, basato sugli stessi principi secondo i quali i bambini imparano la propria madrelingua.

# Capitolo 10
# Recupero dalla dipendenza da un Senso di Sé sostitutivo

In questo capitolo introdurremo uno strumento molto utile per combattere l'ossessione a ottenere un Senso di Sé sostitutivo. La **Verifica della Motivazione** ti aiuterà a ispezionare le tue azioni e identificare se i tuoi comportamenti sono basati su una Motivazione diretta oppure indiretta. Inoltre, discuteremo gli *Stadi del Cambiamento* basati sul lavoro dell'autrice e dell'assistente sociale Virginia Satir, applicando questo concetto alla nostra situazione.

## Verifica della Motivazione: uno strumento per rilevare la Motivazione indiretta

Abbiamo visto in precedenza che esistono due tipi di Motivazione: quella diretta e quella indiretta che corrispondono, rispettivamente, a un Senso di Sé naturale e a un Senso di Sé sostitutivo. Con l'aiuto del Grafico di confronto, alla fine della Parte I, hai potuto valutare quale categoria attualmente rappresenta il tuo Senso di Sé. Il passo successivo è imparare a diventare consapevoli della propria Motivazione.

## Aspetti personalizzati della Motivazione indiretta

Non è facile comprendere quale sia la propria Motivazione; gli aspetti in cui si manifesta la Motivazione indiretta sono del tutto personali e risulta quindi difficoltoso identificare un comun denominatore. Anche l'Ordine del giorno nascosto, cioè la tattica utilizzata per ottenere approvazione esterna, si manifesta nella vita di ciascuno in maniera differente, indossando diverse maschere. Inoltre, ci sono molti

Veicoli che lo velano. Fino a oggi, probabilmente, non sei riuscito a riconoscere la doppia funzione di questi Veicoli, ma la morale della favola è che l'Ordine del giorno nascosto ha sempre lo stesso obiettivo: spingerti a fare di tutto pur di essere visto, ascoltato e riconosciuto.

La necessità di approvazione è, a sua volta, diversa da persona a persona. Molto dipende da ciò che si è vissuto durante l'infanzia. Cosa ti faceva sentire riconosciuto? Erano forse i complimenti, le attenzioni, i sorrisi, gli abbracci, le richieste di consiglio oppure era essere preso sul serio, risolvere i problemi familiari, fare da paciere tra gli altri? Era forse un certo sguardo negli occhi di qualcuno, o un determinato tono di voce? Ancora, era per caso *non essere guardato con disapprovazione* da una persona che spesso ti rifiutava? O forse era partecipare ad attività familiari da cui di solito eri escluso?

Scopo della Verifica della Motivazione è quello di renderti conscio di:

1. quali attività, azioni o comportamenti fungono, per te, da Ego-riferimenti;

2. quali attività, azioni o comportamenti hai inconsciamente scelto come Veicolo per soddisfare i tuoi Ego-riferimenti e il tuo Ordine del giorno nascosto;

3. quali altre attività, azioni o comportamenti potrebbero essere contaminate dalla tua Motivazione indiretta, tramutandosi in Veicoli.

---

### Verifica della Motivazione

Si tratta di uno strumento cruciale, che serve a riconoscere la propria *Motivazione* (*indiretta*) e registrare i propri *Ego-riferimenti* e *Ordini del giorno nascosti*, per arrivare a capire qual è l'*Obiettivo segreto*.

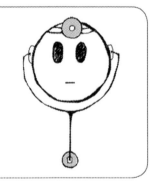

---

La Tabella 10.1 descrive tutti i concetti che stanno dietro alla Motivazione indiretta, distinguendo i contenuti che ciascuno ricopre e mostrando la relazione tra i fattori elencati di seguito.

- **Emozione.** Diventa cosciente dei sentimenti predominanti, prima o durante l'esecuzione di un Ego-riferimento.

- **Ego-riferimento.** Descrivi in dettaglio quello che speri di ottenere dall'esecuzione di un Ego-riferimento. Mi riferisco ovviamente non alla parte direttamente motivata, ma a quella indiretta (ad esempio: "Voglio dimostrare di non essere egoista").

- **Ordine del giorno nascosto.** Illustra come vorresti eseguire le tue attività e per ottenere quale risultato. Ad esempio, potresti pensare: "Voglio dimostrare che so pensare agli altri e non solo a me stesso, come mi hanno accusato in passato. Sarei al settimo cielo se il mio genitore (o chi per lui) vedesse le mie azioni e concludesse che sono meglio di quanto pensasse"[1].

- **Veicolo.** Identifica l'azione o il comportamento che ritieni contaminato dalla Motivazione indiretta (per esempio: "Porto sempre un dono quando vado a far visita a qualcuno").

- **Obiettivo segreto ("Sentirsi bene con sé stessi" come Senso di Sé sostitutivo).** Delinea quali sono gli obiettivi finali che stai perseguendo, e come ti sentiresti se li avessi conseguiti. In base al Metodo del Senso di Sé: che funzione avrebbe questo sentimento nella tua vita? Ad esempio: "Essere finalmente accettato da quella persona mi renderebbe così felice. Solo se lei è orgogliosa di me potrò esserlo anche io".

---

[1] I lettori più attenti si saranno resi conto di quello che accade dietro a tali pensieri: "Sono stato accusato di egoismo e ora, voglio dimostrare che so pensare agli altri, in modo che il mio educatore mi valuti una persona migliore di quello che mi sento. Ma l'unica cosa che conta per me è provare *che ero in grado di non essere egoista, non essere altruista in sé e per sé. Ciò che volevo raggiungere era solo la confutazione dell'immagine negativa che ha il mio educatore di me*". Questo è un esempio lampante di Motivazione indiretta.

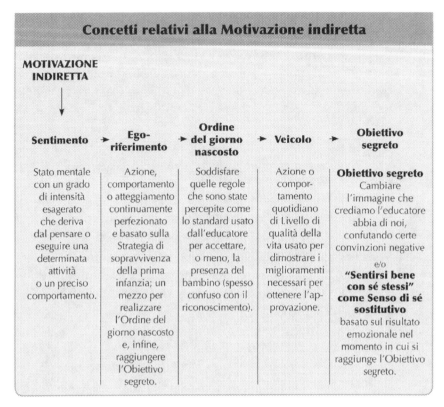

## Concetti relativi alla Motivazione indiretta

**MOTIVAZIONE INDIRETTA**

| Sentimento | → | Ego-riferimento | → | Ordine del giorno nascosto | → | Veicolo | → | Obiettivo segreto |
|---|---|---|---|---|---|---|---|---|
| Stato mentale con un grado di intensità esagerato che deriva dal pensare o eseguire una determinata attività o un preciso comportamento. | | Azione, comportamento o atteggiamento continuamente perfezionato e basato sulla Strategia di sopravvivenza della prima infanzia; un mezzo per realizzare l'Ordine del giorno nascosto e, infine, raggiungere l'Obiettivo segreto. | | Soddisfare quelle regole che sono state percepite come lo standard usato dall'educatore per accettare, o meno, la presenza del bambino (spesso confuso con il riconoscimento). | | Azione o comportamento quotidiano di Livello di qualità della vita usato per dimostrare i miglioramenti necessari per ottenere l'approvazione. | | **Obiettivo segreto** Cambiare l'immagine che crediamo l'educatore abbia di noi, confutando certe convinzioni negative e/o **"Sentirsi bene con sé stessi"** come Senso di sé sostitutivo basato sul risultato emozionale nel momento in cui si raggiunge l'Obiettivo segreto. |

**Tabella 10.1:** Concetti relativi alla Motivazione indiretta.

Alla fine, la Verifica della Motivazione consiste nel chiedersi (e rispondere): "La mia emozione è proporzionata alla realtà della mia situazione?"

In altre parole:

*Sto usando questa mia attività o comportamento come Veicolo,*

*per soddisfare il mio Ego-riferimento*

*e portare a compimento il mio Ordine del giorno nascosto,*

*per raggiungere il mio Obiettivo segreto,*

*così da ottenere, finalmente, l'approvazione dell'educatore (o chi per lui),*

*e sentirmi accettato,*

*o almeno provare la sensazione di "Sentirsi bene con sé stessi",*

*ossia quello stato che funziona da Senso di Sé sostitutivo?*

La Tabella 10.2 contiene esempi reali dei concetti elencati nella Tabella 10.1. Prenditi un momento per pensare alle attività e comportamenti usati come scusa per eseguire Ego-riferimenti.

## Esempi di concetti relativi alla Motivazione indiretta

MOTIVAZIONE
INDIRETTA

| Sentimento | Ego-riferimento | Ordine del giorno nascosto | Veicolo | Obiettivo segreto |
|---|---|---|---|---|
| Tensione Trepidazione | Star bene | Svolgere i propri compiti alla perfezione | Faccende di casa o di lavoro | Obiettivo segreto |
| Fervore | Essere in forma | | Far visita a qualcuno | Essere presi sul serio |
| Sovreccitazione | Avere un buon aspetto | | Inviare lettere a qualcuno | Essere riconosciuti |
| Farfalle nello stomaco | Dormire bene | | Aiutare qualcuno | Essere rispettati |
| Terrore | Non creare problemi | | Diventare o essere un dottore | Avere un senso di appartenenza |
| Frenesia | Essere "speciale" | | | Essere accettati |
| Fretta | Essere "intelligente" | | Diventare o essere un musicista | Sentirsi visti e ascoltati |
| Tendenza al controllo | Essere puntuali | | Educare i propri figli | "Sentirsi bene con sé stessi" come Senso di sé sostitutivo |
| Fobia | Essere un buon padrone di casa | | Andare ai concerti | Sentirsi bene mentalmente ed emotivamente |
| | Essere un buon genitore | | Lavare l'automobile | Sentirsi liberati dall'Annientamento, avere il diritto di esistere |
| | | | | Sentirsi bene dopo un traguardo o una performance |
| | | | | Sentirsi fuori dai guai, ma solo temporaneamente |
| | | | | Pensare: "Non c'è motivo perché si lamentino di me adesso" |
| | | | | Sentirsi al sicuro |

Tabella 10.2: Esempi di concetti relativi alla Motivazione indiretta.

La Tabella 10.3 mostra le differenze tra i due tipi di Motivazione. Quando la Motivazione è diretta, il comportamento o l'azione hanno il solo scopo di portare a termine un compito. È tutto esattamente come lo si vede e le emozioni coinvolte sono sane emozioni di Livello di qualità della vita.

Quando la Motivazione è indiretta, invece, il fulcro dell'attività si sposta dall'obiettivo alla sua funzionalità quale Veicolo atto a mettere in mostra una specifica qualità o caratteristica. Queste attività o comportamenti, che chiamiamo Ego-riferimenti, hanno l'Ordine del giorno nascosto di mostrare che si è in grado di compiere un determinato compito meglio di quanto possano credere i propri genitori. L'Obiettivo segreto estremo è essere apprezzati e riconosciuti dall'educatore o da altre figure di autorità, per noi significative.

Riassumendo, l'Ego-riferimento, e il suo Ordine del giorno nascosto, sono i mezzi per raggiungere l'Obiettivo segreto, che funge da Senso di Sé sostitutivo; ossia un modo insalubre di fare esperienza del proprio Sé.

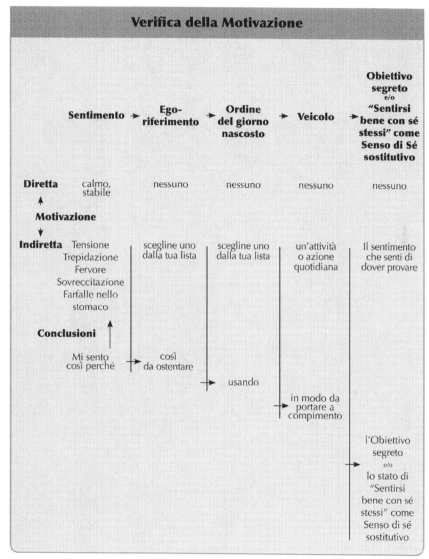

## Verifica della Motivazione

| Sentimento → | Ego-riferimento → | Ordine del giorno nascosto → | Veicolo → | Obiettivo segreto e/o "Sentirsi bene con sé stessi" come Senso di Sé sostitutivo |
|---|---|---|---|---|
| **Diretta** calmo, stabile | nessuno | nessuno | nessuno | nessuno |
| ↑ **Motivazione** ↓ | | | | |
| **Indiretta** Tensione Trepidazione Fervore Sovreccitazione Farfalle nello stomaco | scegline uno dalla tua lista | scegline uno dalla tua lista | un'attività o azione quotidiana | Il sentimento che senti di dover provare |
| **Conclusioni** ↑ | | | | |
| Mi sento così perché ┤→ | così da ostentare | | | |
| | →| usando | | |
| | | | →┤ in modo da portare a compimento | |
| | | | | →┤ l'Obiettivo segreto e/o lo stato di "Sentirsi bene con sé stessi" come Senso di sé sostitutivo |

**Tabella 10.3:** Domande della Verifica della Motivazione.

La Tabella 10.4 ti servirà a registrare le tue emozioni, i tuoi Ego-riferimenti, l'Ordine del giorno nascosto, i Veicoli e l'Obiettivo segreto finale. Scoprirai così la verità su te stesso. Ti invito caldamente a ripetere l'esercizio ogni mese, perché si rivelerà estremamente utile nell'aiutarti a imparare come identificare gli schemi della tua Motivazione. Questo è necessario per capire qual è il tuo impulso fondamentale e il suo significato nella tua vita. Ti consiglio di cominciare questo lavoro in forma scritta, almeno finché la Verifica della Motivazione non diventerà familiare; in seguito potrai anche continuare mentalmente. Usa questa scheda ogni volta che ti serve fare chiarezza sulla tua Motivazione. Fai una fotocopia della Tabella 10.4 per cominciare a esercitarti.

| Schemi identificati della mia Motivazione indiretta | | | | |
|---|---|---|---|---|
| Sentimento | Ego-riferimento | Ordine del giorno nascosto | Veicolo | Obiettivo segreto e/o "Sentirsi bene con sé stessi" come Senso di Sé sostitutivo |
| | | | | |

Tabella 10.4: Schemi identificati della mia Motivazione indiretta.

## Un consiglio utile

Dopo essermi autodiagnosticata un Senso di Sé sostitutivo e aver capito che ero completamente dipendente da esso, ho dovuto cercare, inventare e testare diversi strumenti per raggiungere la mia guarigione. La Verifica della Motivazione mi ha aiutato molto in questo processo, e spero possa aiutare anche te e con te molte altre persone.

Come del resto è normale per tanti, all'inizio ero riluttante a sottrarre tempo prezioso alla mia fitta agenda. Tra l'altro, questa agenda era piena di attività e piani che servivano solo a nutrire il mio Senso di Sé sostitutivo; allora, però, non ne ero cosciente a sufficienza per concentrarmi davvero sulla mia guarigione e sul mio benessere! Preparati, quindi, a sperimentare una resistenza al cambiamento. Modificare le abitudini che, sbagliando, hai ritenuto necessarie al tuo benessere richiede un approccio gentile ma determinato.

## GLI STADI PER IL RIPRISTINO DEL SENSO DI SÉ

Come detto nei paragrafi precedenti, avere un Senso di Sé sostitutivo equivale ad avere una dipendenza, anche se potrebbe sembrare diverso, perché gli effetti dannosi non sono ovvi e si perpetuano per tutta la vita. Ho trovato davvero utile comparare la mia guarigione con il processo di recupero dall'abuso di sostanze. Rimpiazzare un comportamento malsano con uno salutare richiede il passaggio attraverso vari stadi.

## Gli Stadi del Cambiamento

Mentre studiavo per diventare una professionista nel campo del counselling per chi usa o abusa di sostanze stupefacenti e alcol, mi sono imbattuta nel modello degli *Stadi del Cambiamento*[2]. È uno strumento usato dai consulenti delle dipendenze per mostrare ai loro clienti come si sviluppa il processo del cambiamento. Può aiutare a mitigare le preoccupazioni di chi sta uscendo da una dipendenza facendo comprendere che il processo in cui si è immersi ha un inizio e

---

[2] James Prochaska e Carlo Di Clemente, *Changing for Good* (Università di Rhode Island; Modello Trans-Teorico 1977-1983).

avrà una fine, oltre a spiegare cosa prevedono i vari stadi. Puoi usare questo modello come bussola per sapere dove ti trovi. Ti dimostrerà che c'è una riva dall'altro lato dell'oceano della vita che stai cercando di attraversare con la tua piccola nave, anche se ancora non riesci a individuarla perché sei nel bel mezzo della tempesta!

Il modello distingue cinque *Stadi del cambiamento*:

- **Stadio 1:** Precontemplazione
- **Stadio 2:** Contemplazione
- **Stadio 3:** Preparazione
- **Stadio 4:** Azione
- **Stadio 5:** Mantenimento

## Stadio 1: Precontemplazione

Lo stadio della precontemplazione è quel periodo di tempo in cui si considera se si è veramente dipendenti da un Senso di Sé sostitutivo. Se si possiedono i sintomi, è auspicabile che presto si arrivi a un "punto di svolta" nella propria consapevolezza. In questo momento critico, finalmente esplode il concetto che, sì, sarebbe proprio il momento giusto per esaminare le cause della propria infelicità, del proprio stress e della dipendenza dall'approvazione. È un momento cruciale, anche se può apparire inizialmente secondario. Dopo questa presa di coscienza, bisogna attendere che la Motivazione a guarire cresca per poi intraprendere il viaggio di recupero.

## Stadio 2: Contemplazione

Una volta scoperto di essere davvero dipendenti da un Senso di Sé sostitutivo, è probabile che ci si chiederà: "Che significato ha tutto questo? Quali benefici mi porterà la guarigione? Che cosa bisogna fare per raggiungerla?"

A questo punto avrai capito che dovrai scavare a fondo prima di ottenere sollievo. Comincia ponendoti le domande più ovvie: "Di che cosa mi preoccupo? Quale è la Motivazione in quello che faccio? Qual è il mio obiettivo finale? Come giustifico le mie azioni, attività, comportamenti?" C'è un metodo molto efficace per porsi domande, che ho imparato da uno dei miei mentori, Wendy Lipton-Dibner[3]. Vi faccio un esempio:

*"Voglio diventare un medico"*

*"Perché? A cosa mi porterebbe?"*

*"Aiuterei le persone"*

*"Perché? A cosa mi porterebbe?"*

*"Potrei stabilirmi in una cittadina e far parte di una comunità"*

*"Perché? A cosa mi porterebbe?"*

*"Sarei circondato dalla mia famiglia e dagli amici di una vita"*

*"Perché? A cosa mi porterebbe?"*

*"Mi sentirei al sicuro"*

Questa sequenza di domande e risposte ha fortunatamente un esito positivo. Sentirsi al sicuro sembra essere una Motivazione legittima per avere un preciso atteggiamento nei confronti del prossimo. D'altra parte, questa sequenza sarebbe potuta andare anche in altre, insalubri, direzioni:

*"Voglio diventare un medico"*

*"Perché? A cosa mi porterebbe?"*

*"Fin da piccolo volevo aiutare le persone"*

*"Perché? A cosa mi porterebbe?"*

*"Sarebbe un modo per fare ciò in cui sono bravo e guadagnare allo stesso tempo"*

*"Perché? A cosa mi porterebbe?"*

*"Sarei rispettato da mio padre, e farei qualcosa che lui ammira molto"*

*"Perché? A cosa mi porterebbe?"*

*"Saprei finalmente che posso accontentarlo!"*

---

[3] Adattato, con autorizzazione, dal best-seller *Shatter Your Speed Limits: Fast-Track Your Success and Get What You Truly Want in Business and in Life*, di Wendy LIP-TON-DIBNER (Professional Impact Inc., Wilton 2010), www.shatteryourspeedlimits.com.

Adatta pure queste domande in base alla tua situazione. Conoscere le risposte definitive a queste questioni è la chiave per fare il punto sulle tue motivazioni interiori, in altre parole, comprendere qual è la vera essenza di te stesso.

## Stadio 3: Preparazione

A questo punto è ora di cominciare a seguire una lista di cose da fare per poter uscire da una dipendenza dal Senso di Sé.

1. Comprendere la terminologia e capire a fondo la Teoria del Senso di Sé.
2. Determinare se si ha o meno un Sano Senso di Sé.
3. Nel caso la risposta sia no, mettere per iscritto i propri Ego-riferimenti, Ordini del giorno nascosti e l'Obiettivo segreto.
4. Mettere in pratica le Dodici affermazioni per ricondizionare il Senso di Sé descritte nel capitolo seguente.
5. Essere consapevoli che le ricadute sono sempre in agguato e che per uscire da queste trappole bisogna padroneggiare vari metodi.

Questo è anche lo stadio in cui si prendono importanti decisioni rispetto ai passi da intraprendere per riuscire a trasformare in realtà il desiderio di cambiamento. Mi riferisco a decisioni cruciali come, ad esempio, allontanarsi da persone che hanno una cattiva influenza su di te.

## Stadio 4: Azione

Durante questa fase è essenziale l'onestà più totale e bisogna essere pronti ad ammettere quando si è indirettamente motivati. In questo stadio lavorerai attivamente con gli esercizi e con le affermazioni proposti nei prossimi due capitoli; verificherai frequentemente la tua Motivazione e metterai spesso in discussione le motivazioni alla base dei tuoi comportamenti.

Ti accorgerai che non c'è motivo di temere l'Annientamento, perché in verità ESISTI già.

Coltiverai personalmente la necessaria e piacevole sensazione di poter essere anziché di dover fare.

Imparerai a essere in sintonia con il tuo corpo, parte importante del tuo essere.

In questo stadio agirai con l'unico scopo di reindirizzare la tua energia, attenzione e concentrazione lontano dagli Ego-riferimenti.

Al contrario, noterai, registrerai e ricorderai consciamente che ogni parte del tuo corpo ti appartiene ed è parte del tuo Sé, di conseguenza, non c'è alcun motivo di affaticarsi per "guadagnarsi alcunché". Questo sarà il momento di consapevolezza in cui comincerai a sentire che davvero ESISTI già!

Questo periodo sarà per te salvifico. Sappi però che, soprattutto all'inizio, di tanto in tanto la nuova consapevolezza potrebbe "scivolare via" e dovrai, di conseguenza, lavorare duro per ottenere nuovamente quella sensazione di benessere. Con il tempo, tuttavia, diventerà tutto più semplice.

Gli esercizi e la meditazione saranno i tuoi compagni quotidiani. Le autoriflessioni proposte nel prossimo capitolo ti serviranno ad esplorare e mappare il territorio del Sé, trovando punti di riferimento e segnali che ti guideranno lungo il tuo sentiero verso un Sano Senso di Sé. È importante mantenere una mente aperta e non aspettarsi che il mondo della meditazione sia uguale a quello esterno; è un'altra realtà. Devi quindi essere pronto a esplorare.

### Stadio 5: Mantenimento

Questo è, forse, lo stadio più importante per mantenere il successo nel tuo percorso di recupero verso un Senso di Sé ristabilito. Dovrai imparare a mantenere attiva e costante la coscienza del tuo Senso di Sé, così che si possa radicare e rimanere sempre con te, qualunque cosa accada.

C'è però un'amara ironia: ora che il tuo Livello di qualità della vita sta migliorando e che tutto funziona per il meglio è molto più facile avere delle ricadute. Quando avvengono, l'unica opzione è tenere duro. Non arrenderti! Non hai niente da perdere! Riprendi gli strumenti e gli esercizi proposti in questo libro e usa quelli che hai praticato di più. Semplicemente. Perché le ricadute sono inevitabili e, anzi, parte integrante di questo processo.

La Tabella 10.5 rappresenta il processo di cambiamento[4]. Immagina che la linea sia il percorso su cui cammini, a partire dal basso verso l'alto. Questa mette in risalto il secondo stadio, quello in cui hai preso la decisione conscia di cominciare il cambiamento. La porzione irregolare della linea rappresenta il momento in cui cominci a mettere in pratica attivamente i tuoi nuovi comportamenti, con la lista di ciò che devi fare in mano, cominci a farti carico sempre di più di ciò che hai deciso farà bene al tuo Sé.

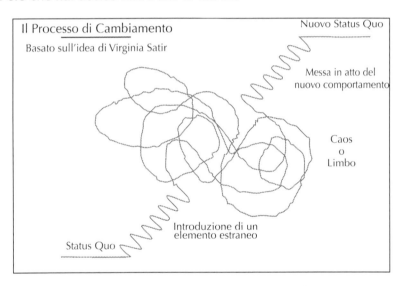

Tabella 10.5: Schemi identificati della mia Motivazione indiretta.

Con il tempo, perderai le tue vecchie abitudini, senza tuttavia avere ancora del tutto imparato a gestire quelle nuove: questo creerà caos e disorientamento. La tua mente e il tuo corpo reagiranno e soffriranno a causa dello stress dovuto alla mancanza dei vecchi input, che prima ti sembravano l'unico modo per sopravvivere. Inoltre, le persone vicine a te si comporteranno in modo diverso come conseguenza del tuo cambiamento: alcuni ti sosterranno, rinforzando il cambiamento, altri ne saranno infastiditi e potrebbero arrivare

[4] L'illustrazione è basata su un lavoro originale di Virginia Satir (1916-1988), psicoterapeuta familiare americana.

addirittura a sabotarti, perché quello che per te è un cambiamento in positivo per questi è una minaccia al loro status quo.

Potrai analizzare la Tabella 10.5 ogni volta che lo riterrai necessario, e sarai consolato dalla consapevolezza che il caos e il disorientamento sono naturali e diminuiscono con il tempo. Una volta attraversata la giungla, avrai battuto il percorso e con il tempo questo sarà sempre più facile da seguire, i tuoi sforzi saranno ricompensati, e avrai, in pratica, creato le fondamenta per un Senso di Sé ristabilito.

## UN AVVERTIMENTO

Nel processo di recupero, l'ordine con cui affronti i problemi è fondamentale. Per eliminare il comportamento insalubre della dipendenza da un Senso di Sé sostitutivo, devi aver già sviluppato un sostituto salutare. Sono sicura che non vedi l'ora di cominciare a rimpiazzare le tue cattive abitudini con buone abitudini, quindi ti lascio un ultimo, breve, avvertimento:

> *"È impossibile vivere nel vuoto". In altre parole, anche se adesso tutto ciò che vuoi è vivere seguendo la tua essenza innata, finora hai riempito quel vuoto – in cui dovrebbe risiedere il tuo autentico Senso di Sé – con condizioni e risultati su cui pensavi di avere controllo. Tali condizioni e risultati richiedono molta attenzione da parte tua, e dare loro questa attenzione è diventata un'abitudine dominante, un'ossessione. Fermarla non può bastare, sia perché a questa si sostituirebbe una sorta di vuoto, sia perché la tua esperienza personale dipende da essa. Ricorda che il Senso di Sé sostitutivo fungeva da spina dorsale della tua psiche e rimuoverlo all'improvviso senza averne prima creato uno nuovo sarebbe estremamente ansiogeno, di conseguenza sarebbe un rischio fatale.*

È vero però che lavorando sistematicamente attraverso i passi e gli esercizi descritti nel prossimo capitolo sarai in grado di costruire da zero una sana esperienza personale. In tal modo, potrai lasciar andare il tuo vecchio e usurato Senso di Sé sostitutivo e avviarti sulla strada della serenità.

# Capitolo 11
# Impara a percepire il tuo Sé

*Sopra ogni cosa poi sii sincero con te stesso,
e ne seguirà, come la notte il giorno,
che non potrai essere mendace cogli altri.*
**Shakespeare, Amleto, (Atto 1, scena 3)**[1]

A questo punto della lettura, avrai probabilmente capito che nella tua vita c'è sempre stato un Obiettivo segreto di cui, prima, non eri cosciente. Oggi, forse, l'idea di abbandonarlo, per perseguire i tuoi veri intenti, sta diventando sempre più attraente. In effetti, potrebbe sembrare un sogno meraviglioso, ma ti stai anche rendendo conto che non è affatto facile trasformare vecchie abitudini e schemi mentali per far spazio a quelli nuovi.

In questo capitolo tratteremo, appunto, delle abitudini e dei comportamenti orientati al Senso di Sé sostitutivo, che, forse, hai identificato grazie alla Verifica della Motivazione. Non basta decidere di cambiare; i cambiamenti avvengono a un livello profondo dell'essere e bisogna, anzi, essere persistenti e ripetere continuamente gli esercizi; più di tutto, è necessaria la tua presenza attiva. I cambiamenti da mettere in atto, del resto, sono tutti tesi a renderti più presente al tuo Sé. Essere sempre te stesso in tutto e per tutto: è questo che vuoi raggiungere ed è questo che devi costantemente monitorare. Reimpostare un livello così profondo del tuo essere significa *ricondizionarsi*.

---

[1] William Shakespeare, *Amleto*, Società Editrice Sonzogno, Milano, 1901. Traduzione a cura di Carlo Rusconi.

Ecco due accezioni del termine *ricondizionamento*:

* Secondo il *Merriam-Webster Dictionary*[2], ricondizionare significa: "riportare in buone condizioni riparando, pulendo o sostituendo parti".
* In *The Penguin Dictionary of Psychology*[3], Arthur S. Reber afferma: "L'uso del prefisso 'ri-' può rendere la comprensione del termine 'ricondizionamento' un po' più complicata. Esistono, quindi, due significati:

  1. il nuovo condizionamento di una risposta vecchia ma indebolita;

  2. il condizionamento di una nuova risposta che rimpiazzi quella vecchia".

Se la prima accezione dà un'idea generale del termine, è alla seconda che ci riferiamo quando, qui, usiamo "ricondizionare".

Conosciamo il proverbio "la strada per l'inferno è lastricata di buone intenzioni". Bé, questo modo di dire si applica alla nostra situazione in modo esemplare. Infatti, per ricondizionarti non bastano delle semplici buone intenzioni. È necessaria una vera e propria disciplina, che possa deviare efficacemente la tua concentrazione e la tua energia dalla vecchia realtà a quella nuova. Dapprima dovrai persuaderti di non aver bisogno di un Senso di Sé sostitutivo perché *ESISTI già*. È importante allenarsi e diventare esperti nello sperimentare ciò che ne costituisce la prova: la consapevolezza del proprio corpo nella sua interezza.

In seguito, dovrai convincere il tuo inconscio ad abbandonare i vecchi schemi di comportamento e a fidarsi dei segnali provenienti dal tuo Sé autentico. Spesso questi segnali non si originano nella mente bensì in altre parti del corpo. Li chiamiamo presentimenti, o istinto. Occorre tempo prima di essere in grado di distinguere i sentimenti nati dal proprio Sé da quelli generati dalla dipendenza da un

---

[2] Il *Webster's Dictionary* è un dizionario edito all'inizio del XIX secolo, è di dominio pubblico ed è diventato, negli Stati Uniti, il principale punto di riferimento per i dizionari in lingua inglese.

[3] Arthur S. REBER, *Dizionario Di Psicologia*, Lucarini, Roma 1990. Edizione italiana a cura di Paolo Bertoletti.

Senso di Sé sostitutivo. Questi ultimi sono molto più intensi, poiché toccano da vicino la Paura dell'Annientamento.

> *Ricondizionarti significa lasciarti alle spalle i metodi orientati al Senso di Sé sostitutivo e cominciare a vedere te stesso e la tua vita in un modo del tutto nuovo.*
>
> *Secondo questo nuovo modo, sei al centro della tua esistenza, dove il tuo obiettivo è il benessere basato sui tuoi criteri.*

Come per ogni cambiamento, c'è una curva di apprendimento, e, come già detto, le ricadute sono sempre in agguato. Immagina due energie opposte, quella vecchia e quella nuova. La prima è fortissima, si è rinforzata con il passare del tempo; puoi immaginare che sia diventata una caratteristica fisica del tuo cervello e per questo molto difficile da sradicare.

La nuova energia è, invece, piena di buone intenzioni e può essere, talvolta, anche basata sulla disperazione, provocata dalla difficoltà di andare avanti nella vecchia maniera. A volte, il bisogno costante di ottenere un Senso di Sé sostitutivo ti può far immedesimare in *Sisifo*, il personaggio della mitologia greca costretto a spingere in eterno un enorme masso su per un ripido pendio, solo per vederlo di nuovo rotolare giù a pochi passi dalla cima.

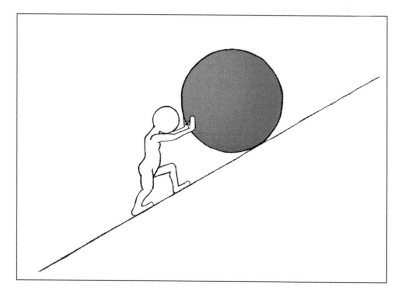

**Figura 11.1:** A volte, ti potresti sentire come Sisifo...

## Preparazione alle Dodici affermazioni per ricondizionare il Senso di Sé

Nella restante parte di questo capitolo saranno introdotte dodici frasi-chiave del Metodo del Senso di Sé che costituiscono il trampolino di lancio per riprogrammare la tua mente. Dovranno stimolarti a convincerti del fatto che *tu esisti* e sei il capo di te stesso. Nel capitolo successivo approfondiremo, quindi, ognuna di queste affermazioni in modo da allenare la tua consapevolezza.

Questo programma utilizza a tuo vantaggio ciò che hai imparato finora della Teoria del Senso di Sé, la terminologia e tutti i concetti. Questi dodici stimoli verbali sono un punto di partenza essenziale per imparare a percepire il tuo Sé. È importante che tu segua il flusso di pensiero qui delineato per capire bene come queste affermazioni ti possano aiutare a guarire dalla dipendenza da un Senso di Sé sostitutivo.

Potrebbe esserti utile riportare su un diario le tue esperienze e opinioni riguardo questo processo di ricondizionamento: tieni traccia dei progressi e documenta le tue esperienze, abitudini, i tuoi pensieri e i tuoi sentimenti per il futuro. Puoi segnare i giorni buoni e quelli cattivi, congratulandoti o pensando a cosa avresti potuto fare di diverso a seconda del caso. Considera anche di darti un voto in "stelle" – ad esempio: "Oggi è stato un giorno da cinque stelle. Infatti, sono riuscito a…". Oppure: "Oggi è stato un giorno da tre stelle. So che non è andata bene come ieri, ma va bene lo stesso. Almeno sono in grado di riconoscere che ci sono ricaduto. So che domani farò meglio".

## Le Dodici affermazioni di autovalutazione del Senso di Sé

Per prima cosa, cominciamo a conoscerci meglio per capire di preciso cosa vogliamo cambiare di noi. Che impatto ha su di te essere dipendente da un Senso di Sé sostitutivo? In che modo questa dipendenza influisce sul modo in cui vivi e su come gestisci le situazioni e le persone?

Per rispondere a questa domanda, troverai qui una lista di affermazioni negative: le *Dodici affermazioni di autovalutazione del Senso di Sé*. Queste dodici affermazioni hanno altrettante controparti positive (vedi oltre, *Le Dodici affermazioni per ricondizionare il Senso di Sé*) che approfondiremo nel prossimo capitolo.

1. Non sei cosciente di essere prima di tutto un corpo fatto di carne e ossa.

2. Sei più connesso a *ciò che fai* rispetto a *ciò che sei*.

3. Funzioni solamente con il pilota automatico.

4. Sei sempre intento a riparare i danni del passato e quindi non vivi il presente.

5. Non usi i tuoi sensi per vivere la vita o sentirti al sicuro, ma solamente per Accumulare punti.

6. Vivi nella dipendenza, di conseguenza i tuoi sentimenti autentici sono nascosti da quelli, molto più forti, orientati a un Senso di Sé sostitutivo.

7. Sei incapace di vedere il tuo Sé e gli altri per quello che sono veramente.

8. Non ascolti davvero quello che ti dicono perché la comunicazione è indirizzata prevalentemente al raggiungimento di uno stato di "Sentirsi bene con sé stessi".

9. Non sei completamente in contatto con il contenuto del tuo lavoro, poiché il tuo obiettivo principale è ottenere un risultato che ti faccia "Sentire bene con te stesso".

10. Ti vuoi convincere che tutto va bene, anche a costo di ignorare la lampante verità.

11. Passi la maggior parte del tempo sognando a occhi aperti, persuadendoti che un giorno sarai davvero in grado di vivere la vita nel modo che più desideri.

12. Ti senti solo e percepisci di aver perduto porzioni consistenti della tua vita.

# Le Dodici affermazioni per ricondizionare il Senso di Sé

Le Dodici affermazioni per ricondizionare il Senso di Sé presentate qui di seguito possono sembrare ovvie e semplici verità, ma è molto probabile che tu le abbia ignorate continuamente nella vita di tutti i giorni. Queste dodici frasi sono esercizi positivi di pensiero e di emozione. Potenziano il Sé e mettono in gioco il tuo corpo e i tuoi sensi; nascono dal capovolgere la realtà negativa della dipendenza da un Senso di Sé sostitutivo (come descritto qui sopra) nel suo opposto positivo. Ora, prenditi il tempo necessario per considerare le seguenti controparti positive a ciascuna delle affermazioni precedentemente proposte.

I    La mia vita e il mio corpo mi appartengono.

II    Sperimento me stesso in modo diretto.

III    Sono presente nel Qui e Ora.

IV    Penso con la mia testa.

V    Sono consapevole dei miei sensi.

VI    Sono cosciente dei miei sentimenti, delle mie preferenze e delle mie opinioni.

VII    Vedo le altre persone per quello che sono.

VIII    Parlo per trasmettere informazioni o socializzare.

IX    Il mio lavoro non ha secondi fini.

X    So che le ricadute sono sempre in agguato.

XI    Sono pronto a condividere la mia vita con gli altri.

XII    Sono pronto per fare parte di una comunità sana.

Ecco fatto!

Quando, ripetendo queste affermazioni, il loro contenuto arriverà finalmente al tuo inconscio, allora si "accenderà una lampadina nella tua testa". Avrai imparato a sfondare il muro del rifiuto costruito attorno ai tuoi problemi. Impara a memoria queste frasi, così da poterle assimilare. Convinciti che sia già così… e così sarà!

**Riprendersi dalla dipendenza da un Senso di Sé sostitutivo significa imparare a percepire il proprio Sé e cambiare il proprio Obiettivo (segreto)!**

# Capitolo 12
# Le Dodici affermazioni per ricondizionare il Senso di Sé

La tua tendenza a perseguire un Senso di Sé sostitutivo ti ha portato a sviluppare una relazione malsana con numerose parti della tua vita. Forse hai sempre pensato che gli altri avessero meno difficoltà, rispetto a te, nel sentire un'autentica empatia verso le altre persone oppure che fossero meno inclini alla gelosia. Magari ti sei chiesto perché alcuni individui sembrino sapere sempre cosa vogliono.

Questi e altri aspetti del tuo approccio mentale ed emotivo (già elencati al Cap. 11, pag. 185), che non ti sono stati d'aiuto nella ricerca della felicità, della produttività e del benessere, saranno ora ribaltati in affermazioni positive. Attraverso il ricondizionamento imparerai a coltivare atteggiamenti sani. Gli elementi di cui necessiti sono: tempo, consapevolezza, allenamento, convinzione, intenzione e fiducia. Fai in modo che questa fiducia si basi sui progressi che hai già fatto grazie a questa lettura.

Il trucco è ripetere le varie affermazioni più e più volte, così da prendere coscienza del loro contenuto. Ti renderai finalmente conto del muro di rifiuto che avevi costruito intorno al tuo problema. Ripetendo le affermazioni, farai in modo che queste inizino a risuonare in sintonia con la verità all'interno del tuo Sé.

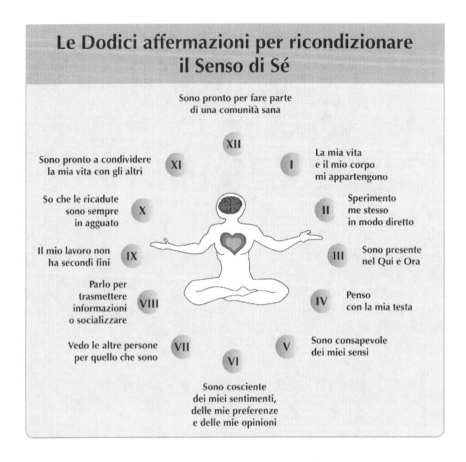

Figura 12.1: Le Dodici affermazioni per ricondizionare il Senso di Sé.

## I. LA MIA VITA E IL MIO CORPO MI APPARTENGONO

I seguenti esercizi ti aiuteranno a ripristinare il tuo Senso di Sé acquisendo la consapevolezza della tua presenza corporea. Per accedere al tuo Sé autentico e credere veramente che il tuo corpo, e quindi la tua vita, ti appartengono, devi essere cosciente che è proprio la tua fisicità il veicolo della vita. È curioso rendersi conto del fatto che non solo *possiedi* il tuo corpo, ma che *sei* il tuo corpo. Inizialmente gli esercizi, attraverso le sensazioni che susciteranno, ti porteranno a una conoscenza intellettuale; a lungo andare, però, questa consapevolezza si trasformerà in una sicurezza più profonda e radicata, quasi fisica.

## Le tre M: Maestro, Manager, Manutentore

Viene naturale dare per scontato il proprio corpo, d'altronde ci hai sempre vissuto e dunque è automatico non pensarci più di tanto. Eppure, è ciò che ti permette di essere fisicamente presente nel mondo. Sono così tante le persone che pur di prendersi cura degli altri tralasciano i propri bisogni. Si è spesso tentati di sottovalutare la responsabilità che si ha nei confronti del proprio corpo, soprattutto se non si hanno mai avuto problemi di natura fisica, ma se non ti assumi *tu stesso* la responsabilità, chi lo farà al posto tuo?

Dopotutto, sei tu il *Maestro* del tuo corpo e della vita che ti è stata concessa. Non solo, sei anche il *Manager* che gestisce le energie da spendere nell'arco della vita. Infine, sei anche il *Manutentore* che fa sì che ogni ingranaggio (fisico, emotivo e mentale) appartenente al *tuo* essere si mantenga ben oliato. Hai l'obbligo, nei confronti del tuo Sé, di mantenere il corpo in buona salute.

Ricorda: se finora hai creduto che il tuo diritto a esistere dipendesse dall'approvazione, virtuale o reale, di una figura di riferimento, devi ora renderti conto che tale percezione è del tutto fittizia.

Il seguente esercizio ha lo scopo di aiutarti a riconoscere, contrastare e smantellare la Paura dell'Annientamento.

## Attività – Ascolta il tuo corpo

Trova un posto tranquillo, senza distrazioni. Per cominciare, guarda il tuo corpo come se non lo avessi mai visto prima. Esattamente come un bimbo curioso, esplorane le varie parti non con un'intenzione sessuale bensì indagatrice. Alzati in piedi e senti come questi poggiano a terra e come le gambe supportano il corpo intero – supportano *te*.

Ora tocca con le mani le punte dei piedi e descrivi *ad alta voce* quello che stai facendo. È importante, mentre parli, *focalizzare la coscienza* su ciascuna delle parti del corpo che stai toccando o sfiorando, facendo in modo che la mente le percepisca con attenzione. In breve, sperimenta il tuo Sé come una totalità intimamente unita.

Puoi seguire questo esercizio alla lettera o personalizzarlo in modo da renderlo per te il più naturale possibile. Ricorda che lo scopo è connettere tutte le parti del corpo le une con le altre, fisicamente e mentalmente, dall'interno e dall'esterno.

- Con le mani, mi sto toccando i piedi. Sento le unghie, e, sul pavimento, le piante dei piedi – tocco il collo dei piedi, le caviglie, le tibie, i polpacci, le ginocchia, davanti e dietro. Le mie mani rimangono per un po' sulle ginocchia dando una piacevole sensazione di calore. Ora sento le cosce, i fianchi, la pancia, il petto e le spalle. Sento le braccia, i polsi, le mani e le mie dita. Sento che le gambe sono collegate ai piedi e le braccia al busto. Sento il collo, la testa e i capelli.
- Appoggio dolcemente le dita sulle palpebre. Mi tocco il naso, le orecchie, la bocca e la pelle.
- È di questo che sono fatto, mi appartiene. È la parte fisica del mio Sé; è il mio *Io fisico*.
- Sento il mio cuore che batte, sta pompando sangue nelle vene. Sento i polmoni che si espandono e si contraggono mentre inspiro ed espiro. Immagino il fegato, i reni, la milza e la cistifellea. Immagino ogni mio organo interno. *Io sono tutto questo.*
- Io sono e visualizzo il mio sistema nervoso: parte dal cervello e si estende fino alle estremità del corpo.
- Io sono e visualizzo il mio sistema ormonale, il produttore dei messaggi chimici rilasciati dal corpo.
- Io sono e visualizzo il mio sistema riproduttore.
- Io sono e visualizzo il mio sistema linfatico, parte del sistema immunitario, l'esercito di difesa del corpo.
- Io sono e visualizzo il mio sistema digerente, che metabolizza le sostanze nutritive indispensabili ad alimentare l'energia fisica e mentale.
- Tutto questo è mio. È completamente *me*. Posso utilizzare questa meravigliosa macchina chiamata corpo, il mio corpo, il mio Sé.

## Prima variante

In alternativa puoi provare a rivolgere la tua *attenzione* alle varie parti del corpo semplicemente con il pensiero: seguendo lo stesso ordine proposto nell'esercizio precedente, dalle dita dei piedi alle caviglie in su, "scalando" il corpo dal basso verso l'alto, fino alla testa.

## Seconda variante

Anziché procedere dal basso verso l'alto o viceversa, puoi provare a focalizzare la tua attenzione su una parte qualsiasi del corpo, come ad esempio le ginocchia. Con le mani, tocca la pelle delle ginocchia, concentrandoti e ripetendo ad alta voce: "Sento le mie ginocchia". In questo modo orienti il tuo pensiero sia verso la parte esterna delle ginocchia, attraverso le mani, sia verso l'interno grazie alla concentrazione. Lascia che il tuo pensiero si focalizzi sulle ginocchia e poi passa a un'altra area, scelta a caso, nominandola ad alta voce e portandovi sia le mani sia la concentrazione.

## Terza variante

Questa variante è leggermente più avanzata, ed è utile per memorizzare la consapevolezza creata in precedenza. Puoi spostare le tue mani e la tua concentrazione, in modo casuale, da un punto all'altro del corpo mantenendo l'attenzione su ogni parte che hai preso in considerazione. La tua consapevolezza, progredendo, coinvolgerà tutto il corpo.

Questa tecnica di esplorazione ti farà notare come la tua attenzione salti da un punto all'altro, e ti verrà da chiederti *cosa* (o *chi*) stia compiendo questi salti. Quel qualcosa o qualcuno che registra ciò che accade e decide quel che deve accadere... quello sei *tu*!

## Quarta variante

Un'altra maniera è quella non di saltare da un punto all'altro del corpo, ma di viaggiarci attraverso. Supponiamo che la tua attenzione sia sulle ginocchia: il calore delle tue mani vi penetra e anche la tua attenzione rimane lì, concentrata. Ora decidi di passare al gomito destro, e costruisci un percorso, proprio come se la tua attenzione avesse piedi e gambe, e camminasse lentamente da un luogo all'altro all'interno del corpo. Immagina il corpo come una cartina stradale e la tua consapevolezza come una piccola luce bianca che viaggia lungo le strade, illuminando a intermittenza le aree attraverso cui passi per mostrarti dove sei. Anche le tue mani viaggiano insieme a questa luce.

Diventare cosciente e, anche per poco, *essere presente* nel tuo corpo è un ottimo metodo per aiutarti a ripristinare il tuo Senso di Sé. Padroneggiare questa attività ti permetterà di sentire che sei fisicamente reale; esisti all'interno e grazie al tuo corpo – non hai bisogno di un Senso di Sé sostitutivo!

## II. Sperimento me stesso in modo diretto

Quando si ha una **Relazione indiretta con Sé Stessi**, non si può essere completamente coscienti del proprio Sé; si vive solo per il benessere che si prova quando si fa *bene* qualcosa, sensazione che porta allo stato di "Sentirsi bene con sé stessi" e che ci dà il "permesso" di esistere. In questi fugaci momenti si sente qualcosa di simile a un Sé, ma ci si rende anche conto che questo sentimento è solo un sostituto della vera esperienza del Sé. Non significa che "non esisti" quando non la provi ma, semplicemente, che non ne sei consapevole.

**Relazione indiretta con sé stessi**

È quando si crede di riuscire a percepirsi solo in virtù di responsi esterni, ottenendo così un benessere transitorio anziché un permanente *Senso di Sé*.

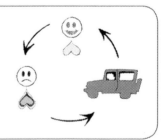

Se dunque hai una Relazione indiretta con te stesso è probabile che tu abbia una Relazione diretta con qualcos'altro, prima di tutto con il tuo Obiettivo segreto, e poi con il Veicolo che pensi ti permetterà di raggiungere l'obiettivo. La relazione che hai con il tuo Veicolo, che può essere il progetto su cui stai lavorando oppure una faccenda da compiere, il lavoro che deve essere portato a termine ecc., domina su tutto il resto, impedendoti ancora di più di percepire il tuo Sé.

Quando manca una Relazione diretta con sé stessi, non si è in sintonia con il proprio corpo né con il proprio pensiero indipendente. Si è ossessionati da quello che si fa perché si cerca di compensare quanto accaduto in passato e dimenticare il senso di Annientamento che si è provato nell'infanzia. Non si vive nel presente bensì in una realtà fittizia che tenta di rimediare a quei danni.

In questi momenti, si è dei *cervelli galleggianti* – un puro processo mentale che si assicura che si stia facendo il necessario per raggiungere e prolungare il Senso di Sé sostitutivo. Si è una testa senza corpo, o meglio una persona che vive solo nella testa, inconsapevole della presenza del corpo.

Ripristinare il tuo Senso di Sé vuol dire sbarazzarsi di questo modo di vivere dannoso, così da sperimentare tutti gli aspetti che formano il tuo Sé in maniera immediata e diretta. Non c'è bisogno di un ponte tra ciò che sei e ciò che percepisci attraverso i sensi. In altre parole, non devi ottenere un senso del tuo Sé attraverso i risultati, l'approvazione o la sensazione di "Sentirsi bene con sé stessi".

## Attività – Relazione diretta con le attività personali

Ecco cosa si può fare per rinforzare la Relazione diretta con sé stessi.

* Esegui continue Verifiche della Motivazione.
* Dedicati ad attività fisiche così da allenare la consapevolezza del tuo corpo.
* Tocca e senti gli oggetti coscientemente, così da diventare sempre più consapevole di avere un corpo fisico.
* Esercitati a dire "Io" ad alta voce, assaporando questa parola e collegando tra loro gli aspetti fisici, emozionali e mentali del tuo Sé in una unità.
* Esplora tutte le tue emozioni: positive, negative e neutre. Presta attenzione all'intensità con cui le percepisci, a cosa le innesca e in quale parte del tuo corpo le senti.
* Considera le differenze tra situazioni ed emozioni piacevoli e dolorose. Ciò che riscontri è influenzato da esperienze passate?

- Sii cosciente del fatto che tutto questo è ciò che ci rende unicamente *noi stessi*!

- Ripeti spesso: "Io ESISTO già. Il mio diritto a esistere non dipende da alcuna condizione esterna".

## III. Sono presente nel Qui e Ora

Se si ha un Senso di Sé sostitutivo, probabilmente non si è completamente connessi con il presente; i comportamenti hanno origini radicate nel passato perché tutta l'attenzione è concentrata nel riparare i danni avvenuti durante l'infanzia. Di conseguenza si considera sia la propria posizione attuale nel mondo sia la propria età come dettagli di poca importanza. Il rischio è di essere condannati a trainare un carro pieno di Ego-riferimenti e Ordini del giorno nascosti per tutta la vita, rendendo la propria esistenza pesante, lenta e quindi insostenibile. Si deve essere in grado di lasciar andare questo carico, liberarsi di questo peso morto, diventare finalmente più leggeri.

Figura 12.2: Il peso dell'Obiettivo orientato al Senso di Sé sostitutivo.

# Attività – Consapevolezza della realtà

Lo scopo di quest'attività è diventare consapevoli di ciò che nella tua testa *non esiste* nel Qui e Ora, in modo da poter entrare in contatto con il presente. Ogni cosa che passi in rassegna e che non appartiene al luogo e al tempo attuali deve essere accuratamente esaminata e riconosciuta come estranea al presente. Con il tempo, questo esercizio ti aiuterà a vedere con chiarezza le discrepanze tra i due mondi e farà in modo che tu dia a te stesso, agli altri e alle attività che compi il tempo e lo spazio che meritano.

Comincia con il camminare prestando attenzione alle gambe, come negli esercizi di consapevolezza del corpo; ti aiuterà a percepire con maggiore attenzione la tua presenza fisica. Pronuncia ogni affermazione ad alta voce, osservando come risuona in te.

- "Io mi trovo [*nome del luogo in cui sei*]".
- "In questo momento è [*mattina, pomeriggio, sera o notte*]".
- "Io mi chiamo [...]"
- "Io sono [*un uomo, una donna*]".
- "Io sono [*single, sposato/a, con un/a compagno/a...*]".
- "Ho [*un partner, una sorella, un fratello, un padre, un figlio...*] di nome [...]"
- "Di conseguenza io sono [*partner, fratello, figlio, madre...*] di [...]"
- "Mi trovo spesso a obbedire alle istruzioni e ai comandi di [*nome della prima persona che ti viene in mente*]".
- "La vita è mia e riguarda la *mia* esperienza, quindi adesso cancellerò dalla mia mente le istruzioni e i comandi delle persone *che non sono me*".
- "Adesso [*data e giorno*] sono solo con la mia mente e mi assumo responsabilità solo nei confronti di me stesso".
- "Vivo la vita seguendo i miei bisogni e le mie volontà attuali".
- "Tocco i muri del/della [*stanza in cui ti trovi*]. Sono reali. Posso toccare e sentire gli oggetti attorno a me. Tra questi ci sono [*oggetti che puoi toccare*]. Sono reali, proprio come me".

## IV. Penso con la mia testa

C'è chi riesce davvero a pensare in maniera indipendente e chi invece utilizza ancora i criteri dei propri educatori, avendoli fatti propri. Se fai parte di questa seconda categoria, come accaduto a me, è perché, probabilmente, non hai un Sano Senso di Sé. Se non hai un Sé da usare, o da consultare, come punto di riferimento è quasi impossibile prendere una decisione su qualsivoglia argomento.

Finora, rispettare i tuoi Ego-riferimenti ha ostacolato lo sviluppo dei tuoi criteri personali. Non eri neanche cosciente del fatto che i criteri usati fino a ora non fossero i tuoi, ma quelli di un educatore, perché eri troppo impegnato ad adempiere alle condizioni del tuo Senso di Sé sostitutivo. Solamente abbandonando questi incarichi gravosi, sarai in grado di ragionare secondo i tuoi valori e i tuoi bisogni così da vivere secondo una Motivazione diretta.

## Attività – Pensa con la tua testa

Questa attività rinforzerà quel che hai imparato fino a ora: non hai più bisogno di essere all'altezza di condizioni basate sui valori del tuo educatore. Adesso devi *allenare la coscienza*: comincia a riconsiderare i tuoi antichi princìpi, a formare i tuoi giudizi, a sviluppare i tuoi ideali. Fallo mettendo continuamente in dubbio i valori che usi nel giudicare te stesso e gli altri. Chiediti: "Credo davvero in questo? Da dove arriva questo pensiero – di chi sono i criteri su cui si basa?

**Cosa penso, effettivamente, io stesso a riguardo?**

1. Visualizza corpo e mente: il tuo sistema.
2. Ipotizza adesso due forze opposte, ad esempio delle nuvole in continuo movimento nel cielo: alcune rappresentano il tuo Sé autentico (immaginiamole verdi), altre il Sistema orientato al Senso di Sé sostitutivo (immaginiamole rosse). Queste nuvole si spostano, si scontrano dolcemente, talvolta violentemente, si aggrovigliano e infine si separano. Un po' come in una giornata uggiosa che tende al sereno.
3. Ora immagina di avere una bacchetta magica e, con questa, di toccare lievemente quelle nuvole rosse e verdi che sono aggrovigliate; *voilà*, eccole districate al tuo comando.

4.  A questo punto le nuvole si sono divise formando nettamente due gruppi: l'uno (verde) rappresenta il tuo Sé naturalmente sano e gioiosamente produttivo, ricolmo di pensieri, sentimenti, opinioni ecc., l'altro (rosso) contiene invece tutti gli elementi legati al tuo Senso di Sé sostitutivo.

5.  Con calma e dolcezza (non dimenticare che una volta anche le nuvole rosse erano parte di te), comincia a far crescere e rafforzare le nuvole verdi finché non ci sarà più posto per quelle rosse, che rimpiccioliranno fino a scomparire.

## V. Sono consapevole dei miei sensi

Forse hai notato che la tua vista è peggiorata, e ti chiedi se sia dovuto all'età. Forse non senti più bene come una volta. È forse cambiata la sensibilità delle tue papille gustative? I tuoi piatti preferiti non sono più così gustosi? Quando lisci le lenzuola del letto con le mani, ti capita mai di non sentirne la morbidezza, come se fossi privo di tatto? Quando ti fai la doccia, hai notato parti del tuo corpo insensibili alla temperatura dell'acqua?

Se i tuoi sensi si sono attenuati, il problema potrebbe essere che hai vissuto solo nella testa, concentrato sugli Ego-riferimenti, invece di usare le percezioni sensoriali per fare esperienza della vita con il corpo. Dopo anni caratterizzati da questa dannosa abitudine, i sensi rischiano di atrofizzarsi. Sì, è una condizione preoccupante perché è correlata ad alti livelli di stress e di esaurimento.

È tempo di diventare conscio dei tuoi sensi. Devi usarli e apprezzarli. Non sono solo i mezzi per arrivare al tuo Senso di Sé sostitutivo, ma piccoli miracoli che ti permettono di interagire e comprendere il mondo intorno a te. Che meraviglia poter vedere distintamente il viso dei tuoi figli, uno splendido paesaggio, lo spartito sopra il piano o un profumato e variopinto bouquet di fiori!

## Attività – Sensi primari

Concentrati su questi esercizi per diventare cosciente dei tuoi sensi primari; alcuni li potrai eseguire al chiuso (e anche con il pensiero), per altri dovrai invece uscire.

1. Ripeti queste affermazioni riferite a ognuno dei tuoi sensi primari e renditi consapevole di ciascuna di esse.

   • Guardo e vedo. Sono presente al processo e alla sensazione di guardare ciò che mi circonda e sono presente a ciò che vedo.

   • Ascolto e sento. Sono presente al processo e alla sensazione di ascoltare e sono presente a ciò che sento.

   • Uso il mio naso per annusare e registro gli odori così come il mio naso li rileva. Sono presente alla sensazione olfattiva e agli odori che sento.

   • Gusto e registro i vari sapori. Sono presente alla sensazione gustativa e ai sapori che sento.

   • Tocco. Sono presente alla sensazione tattile e a quello che sto provando.

   • Sento il mio Sé. Sono presente alla sensazione del mio Sé.

2. Fai una passeggiata pomeridiana in un parco, esegui lavori di giardinaggio oppure goditi una pausa di cinque minuti su una panchina all'aria aperta; mettiti sotto la luce del sole o di una brillante luna piena.

3. Immagina scenari piacevoli, cose che ti piacciono e ti emozionano. Mentre crei questa immagine mentale, usa i tuoi sensi uno a uno. A titolo di esempio, ecco quello che mi piace immaginare:

   *"Sono di fronte a un enorme castello e tocco le piastrelle di marmo con le mani. Guardo su verso il cielo terso e azzurro, mentre sento l'erba fresca sotto i miei piedi. Ascolto il canto degli uccelli. Il giardino è pieno di fiori colorati che diffondono un profumo paradisiaco. Assaporo il nettare che un colibrì mi fa cadere sulle labbra".*

## VI. Sono cosciente dei miei sentimenti, delle mie preferenze e delle mie opinioni

Prima di tutto, devi essere in grado di ammettere che non stai davvero ascoltando i segnali provenienti dal tuo corpo e che non riesci ad ascoltare i tuoi bisogni e desideri. Magari sospetti anche di non avere emozioni, salvo forse la rabbia e il rancore. Quello che scambi per i tuoi gusti, le tue opinioni, le tue emozioni in realtà è solo una scelta opportunistica radicata nel bisogno di Accumulare punti.

*"Qual è la cosa migliore da fare per ottenere una buona reazione dal prossimo?"*

*"Cosa mi conviene fare per raggiungere la sensazione di 'Sentirsi bene con sé stessi'?"*

*"Consentitemi di rimanere vago riguardo le mie opinioni, in modo da evitare il confronto o, Dio ce ne scampi, essere completamente respinto".*

E per quanto riguarda te? Cosa ti piace *davvero* che non sia mirato ad Accumulare punti? Cosa ti dà davvero piacere? Cosa ti fa realmente divertire? Cosa ti interessa fare solo per il piacere di averne esperienza? Cosa sogna il tuo cuore? Attento, però, escludi il tuo antico bisogno di riconoscimento che è orientato al Senso di Sé sostitutivo.

Non c'è connessione tra ciò che fai e le tue vere inclinazioni, in questo stato sei incapace di provare veri sentimenti di gioia e persino di tristezza, semmai, rimani intrappolato in sentimenti fatti di continui alti e bassi, come sulle montagne russe. Queste emozioni, per quanto intense, non hanno niente a che fare con una sana esperienza di vita a Livello di qualità della vita.

## Attività – Scopri il vero te

Cosa devi fare per sviluppare un livello emozionale sano?
Come puoi capire i tuoi veri gusti, le tue opinioni e i tuoi sentimenti?

- Rimuovi l'Obiettivo orientato al Senso di Sé sostitutivo dal suo trono e prendi il suo posto.
- Esplora ciò che ti fa sentire leggero e ciò che ti rende felice dopo aver rimosso il tuo Obiettivo segreto.
- Intraprendi nuove attività che non siano indirizzate ad Accumulare punti.
- Prenditi del tempo per fare cose apparentemente inutili ma che riescono a rilassarti.

- Fai un elenco di argomenti che ti interessano o che sono rilevanti per la tua vita, la tua situazione o il tuo ambiente; cose su cui dovresti avere un'opinione personale. Informati, fatti un'idea e abituati a parlarne ad alta voce.

- Fatti un'idea di quali stili e mode ti piacciono, quali cibi preferisci, quali generi musicali ti fanno sentire meglio. Analizza cosa ti piace e cosa no; in breve, comincia a vivere la tua vita *per te stesso*.

## VII. Vedo le altre persone per quello che sono

Grazie alla mia guarigione dalla dipendenza da un Senso di Sé sostitutivo, il ruolo delle altre persone nella mia vita è cambiato radicalmente. Quando vivevo nell'Invischiamento con mia madre, compivo quasi ogni mia azione affinché lei potesse "Sentirsi bene con sé stessa". Non lo facevo per altruismo; dipendeva tutto dalla mia necessità egoistica di ottenere la sua approvazione e di entrare nel suo *Castello dell'Invischiamento*.

Stiamo parlando di narcisismo, anzi, il narcisismo è il fulcro della questione: un narcisista pensa di essere al centro dell'universo e che tutto il resto del mondo gli giri attorno. Ogni persona e ogni cosa esiste solo per cooperare e facilitare i suoi bisogni e desideri. Il narcisismo, quindi, è un classico caso di Senso di Sé assente. Per capire davvero la logica di un narcisista, bisogna guardarla attraverso la Teoria del Senso di Sé, solo così potrai comprendere che il narcisista non è un egoista all'ennesima potenza, bensì una persona che si contorce e si macera non perché ne trae un profitto, ma solo per la necessità di sopravvivere.

## Ognuno vive nella propria bolla

Ridimensioniamo quello che è comunemente condannato come egoismo: possiamo infatti affermare con certezza che ognuno di noi ha tutti i diritti di vivere il proprio Sé. Tu sei il re o la regina della tua vita, solo tu puoi decidere cosa fare o no di essa. Devi anche considerare che lo stesso vale per chiunque altro: tutti hanno il diritto di dirigere la propria vita.

Se questo concetto ti suona nuovo, allora potrebbe esserti utile immaginare che ogni persona sulla Terra vive in grandi bolle individuali. Ognuno è al centro della propria bolla. A volte la tua bolla tocca quelle degli altri e rimbalza via; a volte ti è concesso occupare un piccolo spazio nella bolla degli altri (il tuo compagno, il tuo migliore amico, un genitore), ma il concetto principale è che non è naturale né normale invadere la bolla di un altro per troppo tempo, tantomeno vivere nella stessa bolla con qualcun altro (sarebbe Invischiamento).

Figura 12.3: Ognuno di noi vive nella propria bolla.

## Essere egocentrici va bene

È naturale che le persone si preoccupino per sé stesse non avendo tempo illimitato per sé e per il prossimo; allo stesso tempo, però, gli altri non sono le nostre pedine personali, né esistono solo per fare da Mirror al nostro bisogno di "Sentirsi bene con sé stessi". Prendere coscienza di questo concetto può cambiare la tua prospettiva riguardo a che cosa significa veramente vivere. Se accetti che gli altri si concentrino su sé stessi, potresti riuscire anche tu, all'interno della tua bolla, a lavorare su di te. L'erronea convinzione di essere una persona migliore quando non si è egocentrici ti fa inevitabilmente credere che tu debba sempre trovare spazio per gli altri e che tu debba dare la priorità ai loro bisogni e desideri, concedendo loro infinite quantità di tempo ed energia.

## La Motivazione diretta rende il mondo un posto migliore

Dobbiamo fare un'importante distinzione tra dare per ricevere (Motivazione indiretta) e dare per il piacere di dare (Motivazione diretta). Solo quando il donare deriva da una Motivazione diretta è sincero e salutare. Quando invece sei bisognoso di attenzioni e temi il rifiuto, cerchi in tutti i modi di fare cose per gli altri solo per ottenere approvazione e consenso, allora il tuo comportamento non può essere classificato come "dare", anche se dall'esterno potrebbe sembrare così. Prima di poter dare e aiutare gli altri, devi concentrarti sui tuoi problemi e renderti autonomo dall'opinione altrui.

È importante essere consapevoli del fatto che la tua vita, alla fine, è solo una tua esperienza personale. Usare il tuo tempo e le tue energie per cercare ciò che ti manca, guarire ciò che è ferito e chiudere le falle (Buco nero) è la cosa migliore che puoi fare sia per te stesso che per il mondo.

Quindi, la prossima volta che guardi il tuo coniuge, sii cosciente del fatto che persino lui/lei non è lì solo per te. È nel tuo mondo, ma, sostanzialmente, vive per soddisfare i suoi sogni e le sue ambizioni. Tu e il tuo partner siete persone diverse. Non aspettiamoci più di avere le stesse idee e intenzioni. Lo stesso vale per i figli e per gli amici: guardali negli occhi e scandaglia la profondità del loro essere. È vero, vedi solo il loro corpo, tangibile, ma dietro a quegli occhi, dentro a quel corpo, c'è un mondo intero: un passato, un presente un futuro di cui tu sei solo una parte.

## Attività – Bolla personale

Intraprendere attivamente lo sforzo per sviluppare questo nuovo modo di pensare a te stesso e agli altri, mentre sei con qualcuno, ti darà la giusta prospettiva sulla tua posizione nella loro vita e sulla loro nella tua; ti insegnerà, mano a mano che sperimenterai te stesso, che chi ti circonda è assolutamente reale. Almeno è così che ha funzionato per me.

1. Osserva bene le altre persone e analizza come sono fatte.

2. Immagina che vivano all'interno della propria bolla, così come tu dentro la tua.

3. Immagina di aprire la tua bolla, bussare alla loro e chiedere di entrare per passare un po' di tempo insieme.

4. Dopo un po', esci dalla bolla e torna nella tua, poi, chiudi la porta.

5. Ora immagina il contrario: qualcuno bussa alla tua bolla. Sei tu che decidi se farlo entrare o meno.

6. Quando hai qualcuno nella tua bolla, pensa a essere davvero presente per tutto il tempo in cui sta con te.

7. A un certo punto, quando sarà naturale, immagina che vi separiate.

# VIII. Parlo per trasmettere informazioni o socializzare

Lo scopo delle conversazioni è trasferire informazioni o connettersi agli altri, non, come pensano le persone con un Senso di Sé sostitutivo, per "Sentirsi bene con sé stessi". Se pensi che tutto e tutti debbano essere a tua disposizione per soddisfare i tuoi bisogni o desideri, rischi di commettere l'errore di aspettarti che siano gli altri a portarti al tuo tanto agognato stato di "Sentirsi bene con sé stessi". Se anche tu ragioni come ragionavo io, ti stupirà sapere che anche gli altri hanno degli obiettivi.

Sai distinguere quando sei veramente interessato agli argomenti di dialogo che gli altri propongono e quando no? Riesci a vedere come le altre persone, durante una conversazione, sono pienamente interessate a un determinato argomento senza la compulsione di estenderlo fino a "Sentirsi bene con sé stessi"?

Ricordi conversazioni che ti hanno lasciato del tutto frustrato perché, alla fine, ti sei sentito come sperduto, lasciato a metà, con un senso di malessere anziché di vicinanza emotiva. Questo accade perché non hai fatto tua l'idea che la conversazione serve per trasferire informazioni, condividere idee, legarsi agli altri o semplicemente per divertirsi, non per farti "Sentire bene con te stesso".

Ecco un esempio: sei a una festa in cui non conosci quasi nessuno, devi quindi fare uno sforzo per parlare con persone nuove. Hai la sensazione che nessuno sia interessato a parlare con te, anche se sei educato e fai di tutto per far sentire gli altri a proprio agio. Scavando in te stesso, capirai che tutto ciò che vuoi è una chiacchierata piacevole, in modo da lasciare il party "Sentendoti bene con te stesso". In un caso del genere è questo il tuo unico obiettivo, anche se inconscio; è chiaro il motivo per cui non partecipi in modo diretto alla conversazione e non sei aperto agli altri: cerchi solo di apparire gradevole dicendo la cosa giusta al momento giusto e non lo fai per reale empatia!

Ti potrà sorprendere, ma le persone con un Sano Senso di Sé percepiscono che c'è qualcosa che non va. Capiscono che non sei sincero, così ti voltano le spalle, con disinteresse. Chi possiede un Sano Senso di Sé è attratto dal concreto e reale – dalle conversazioni e interazioni autentiche. Non perde tempo con bugie e lusinghe. È più probabile che sia attratto da te chi, come te, ha bisogno di giocare al tuo stesso gioco.

Ricordati di tutto questo durante la prossima conversazione: potrebbe tornarti utile per cambiare prospettiva e atteggiamento.

## Io ESISTO già

Per rendere efficace questo cambiamento di percezione, devi convincerti del fatto che ESISTI già. Hai già quello che ti serve per essere te stesso, non hai bisogno di un Senso di Sé sostitutivo che dipende da altri; semmai, devi capire che sei un circuito chiuso con la possibilità di interagire con altri circuiti chiusi, influenzandovi a vicenda ma non al livello a cui eri abituato, senza cioè dipendere dagli altri per raggiungere questo finto stato di sentirti vivo tramite l'approvazione.

Puoi raggiungere questa nuova mentalità e questo nuovo atteggiamento nella tua vita quotidiana; ti basterà essere conscio dei tuoi desideri mentre conversi con qualcuno. Dovrai imparare a ricordare che la tua esistenza non è a rischio, né dipende da come termina la conversazione. Non importa che essa finisca in modo piacevole, neutrale o addirittura con un disaccordo che non ti farebbe raggiungere lo stato di "Sentirsi bene con sé stessi". Tutto ciò che conta è che il messaggio sia passato, la connessione tentata o che tu, semplicemente, sia stato bene e ti sia divertito.

Questo meccanismo si può verificare anche al telefono: se vuoi prolungare la conversazione a non finire, forse è perché sei ossessionato dalla necessità di raggiungere lo stato di cui tanto hai bisogno. Dipende tutto dal livello d'intensità delle emozioni coinvolte. Se sono normali, la situazione è salutare, ma se le sensazioni sono ansia, paura e disperazione, potrebbe essere un indizio che la situazione è tutt'altro che salutare.

Quando avrai *superato* l'ossessione di terminare a tutti i costi una conversazione in un determinato modo, per poterti "Sentire bene con te stesso", allora sarai in grado di vedere gli altri e interagire con loro.

## Attività – Consapevolezza nelle conversazioni

Quello che segue è uno schema della consapevolezza che devi coltivare durante le conversazioni con le altre persone durante il processo di ristabilimento del tuo Senso di Sé:

- Chiediti: "Quali sono le mie aspettative e qual è il mio Ordine del giorno nascosto?"
- Tieni sempre a mente: "Io ESISTO già. Ho già tutto quello che mi serve per essere me stesso."
- Un'altra frase fondamentale da tenere sempre presente è: "Sono al sicuro e non devo "Sentirmi bene con me stesso" a

tutti i costi; non ho bisogno di un *Senso di Sé sostitutivo*; ho già il mio *Senso di Sé ristabilito*."

- Fai pratica mentre conversi con un amico o con il partner, lasciando che la conversazione faccia il suo corso naturale. Proprio come se fosse un talento da imparare!

- Fai in modo di organizzare una conversazione con una persona che non è a conoscenza dei tuoi esercizi. Pur sembrando un Ordine del giorno nascosto, se la tua intenzione è quella di migliorare la tua condizione, non preoccuparti, andrà tutto bene.

## IX. IL MIO LAVORO NON HA SECONDI FINI

Il lavoro serve a portarti da un punto A fino a un punto B oppure Z; è così che il mondo procede. Ricorda, però, che lo scopo per cui lavori deve essere sempre diretto e non deve fornirti un Senso di Sé sostitutivo.

Devi separare il tuo lavoro da te stesso in quanto persona. Quando ti fai coinvolgere dal tuo lavoro così tanto da *diventare* il tuo stesso lavoro, quando ti identifichi con quello che *fai* anziché con quello che *sei*, è probabile che tu voglia a tutti i costi "Sentirti bene con te stesso". Non solo perdi un sano senso dei limiti, ma non presti nemmeno attenzione al tuo corpo e al tuo benessere generale. Credo che la causa fondamentale di quel che rende le persone maniache del lavoro sia proprio la dipendenza da un Senso di Sé sostitutivo.

Questo è ciò che significa avere una malsana relazione con il proprio lavoro: non riesci mai a prenderti delle pause, e anche quando devi per forza staccare per necessità impellenti come mangiare, sei a malapena conscio di questo fatto, perché la tua mente è già occupata con la successiva fase del lavoro. Dover andare in bagno è una seccatura che porta inevitabilmente irritazione.

Il timore di non portare a termine un Ego-riferimento è la ragione per cui vivi sotto continuo stress, frenesia e ansia. Analizzi costantemente te stesso e gli altri in modo da controllare la situazione e, di conseguenza, massimizzare le possibilità di ottenere un risultato positivo.

La tua dipendenza da un Senso di Sé sostitutivo, necessario per sperimentare il tuo Sé, si traduce nell'incapacità di lasciare il posto di lavoro e andare a casa finché non hai raggiunto lo stato desiderato. Dopotutto, l'assenza di questo stato coincide con l'Annientamento.

## Attività – Lavoro senza secondi fini

Ecco alcuni suggerimenti per stimolare un nuovo modo di vivere l'ambiente lavorativo:

- Impara a memoria e ripeti più volte: "Lo scopo del lavoro non è 'Sentirsi bene con sé stessi' bensì andare da un punto A fino a un punto B o Z.

- Fai una sincera Verifica della Motivazione: osserva quello che stai facendo al lavoro e scopri se, in effetti, funge da Veicolo per un Ordine del giorno nascosto.

- Scegli due giorni alla settimana in cui mettere da parte un po' di tempo per esaminare cosa ti ha dato soddisfazione al lavoro e perché. C'entrava la sensazione di "Sentirsi bene con sé stessi"?

- Poi, ribaltando la questione, esamina cosa hai davvero odiato e perché. Non ti serviva per migliorare l'efficienza orientata al Senso di Sé sostitutivo?

- Scegli un'attività che non ti farà Accumulare punti ma che da sempre avresti voluto provare. Scopri cosa ti piace *davvero* e mettilo in pratica.

- Aiuta qualcuno senza che questi lo sappia, quindi senza la possibilità per te di Accumulare punti. Fai in modo che questa azione rimanga anonima.

## X. SO CHE LE RICADUTE SONO SEMPRE IN AGGUATO

Quando il tuo Senso di Sé ristabilito si sarà in qualche modo sistemato, dovrai più che mai ricordare a te stesso che il Buco nero è sempre in agguato. Dopo aver fatto, per un po' di tempo, esercizi di ricondizionamento sarai equipaggiato in modo adeguato per intraprendere attività che, nel passato, erano motivate indirettamente ma che ora sono diventate salutari. Sai che non devi preoccuparti di essere all'altezza di determinate condizioni, perché non hai bisogno di un Senso di Sé sostitutivo. Nonostante tutto ciò, c'è sempre un pericolo nascosto.

Poiché l'azione, un tempo Ego-riferimento, è adesso intrapresa a Livello di qualità della vita hai sicuramente migliori possibilità di riuscita. Eppure, c'è il rischio che ciò che hai cominciato con la giusta, diretta, Motivazione, sia nuovamente risucchiato nel Buco nero, conseguenza del fatto che, da tempi immemorabili, la tua mente ha funzionato solo su motivazioni indirette e perciò sbagliate. È questo che s'intende con *ricadute* durante la guarigione da un Senso di Sé sostitutivo: il Buco nero, che è stato condizionato a risucchiare ogni Ego-riferimento portato avanti con successo, viene riattivato da situazioni che erano storicamente usate per Accumulare punti, e questo ti fa ricadere nel tunnel dei vecchi comportamenti.

Quando usi queste Dodici affermazioni per ricondizionare il Senso di Sé, assicurati che il Buco nero sia stato rattoppato attraverso una precisa consapevolezza del corpo, come descritto nell'*Affermazione I*; altrimenti, quando le cose cominceranno ad andare bene, proprio il successo potrebbe innescare il ritorno del Sistema orientato al Senso di Sé sostitutivo. Dopotutto, mettere in pratica alla perfezione certe azioni e comportamenti in modo da essere ripagato con lo stato di "Sentirsi bene con sé stessi" o con l'approvazione di qualche autorità era lo scopo della tua vita. Ora che le tue azioni ti fanno sentire autenticamente bene, la tentazione è troppo grande perché la Strategia di sopravvivenza della prima infanzia non usi i tuoi successi direttamente motivati per Accumulare punti, facendoti tornare a essere motivato indirettamente.

Devi sviluppare consapevolezza continua per evitare di ricadere nel vecchio sistema, e questo può essere molto difficile perché Il desiderio di abbassare la soglia dell'attenzione e tornare indietro è molto forte. Ciononostante, avere coscienza di cosa innesca il tuo desiderio di Accumulare punti e del fatto che ciò può avvenire in ogni momento, sarà di grande aiuto per mantenere il tuo Senso di Sé ristabilito. Appena senti tremiti, frenesia, sudore o un aumento del battito cardiaco, devi stare all'erta e interpretare questi sintomi come segnali d'allarme, così come in caso di frustrazione eccessiva, mancanza di sonno o qualunque altro segno di depressione.

Se pensi di essere ricaduto in un Sistema orientato al Senso di Sé sostitutivo, devi FERMARE quello che stai facendo e ripetere consapevolmente le Dodici affermazioni per ricondizionare il Senso di Sé, in modo da ritornare al tuo Sé autentico.

## Attività – Schivare il Buco nero

Ecco alcuni esempi di come sono riuscita a superare il pericolo, sempre in agguato, del Buco nero. Ti invito però a usare la tua immaginazione e creatività, così da trovare modi nuovi e adatti a te.

- Ho visualizzato il Buco nero come una vera buca che arrivava fino all'altro capo del mondo. Mi sono impegnata per evitarla.

  a) A un certo punto, per rendere la situazione meno pericolosa, ho creato un fondo per quella buca, immaginando un pezzo di legno che le facesse da pavimento.

  b) Più tardi mi è venuta l'idea di coprire il legno con del terriccio così da seminarvi sementi da prato. Mentre l'erba cresceva, ho posizionato una piccola recinzione attorno alla buca in modo da non caderci dentro inavvertitamente.

- Altre volte visualizzavo e quasi sentivo il Buco nero a livello del mio fianco sinistro. Per qualche giorno consecutivo ho immaginato una sorta di cicatrice che si sviluppava sopra di esso, chiudendolo e guarendolo.

- Ho disegnato il Buco nero per rendermi più consapevole della sua esistenza.

- Ho ripassato la **Formula magica** (vedi Cap. 13, *Sul confine… affermazioni, esercizi di consapevolezza e consigli*) per percepirne completamente il significato.

## XI. SONO PRONTO PER CONDIVIDERE LA MIA VITA CON GLI ALTRI

Una volta che avrai raggiunto un Senso di Sé ristabilito che ti permetta di considerarti padrone della tua vita; quando saprai di non vivere più con un pilota automatico che guida al posto tuo, allora sarà arrivato il momento di celebrare la tua vita e condividere questa gioia anche con gli altri! Questa volta, però, non sarai una persona appiccicosa e bisognosa, né dipenderai dall'esito dei tuoi successi o da quello che gli altri pensano di te. Sarai sempre più abile nel sopprimere la tua Voce genitoriale interiorizzata.

È necessario avere una consapevolezza totale prima di poter raggiungere un risultato positivo con la socializzazione. Se ti presenti agli altri con il tuo vecchio stato di bisogno, sicuramente incontrerai chi, attratto dall'energia di tale situazione, emetterà solo negatività, rifiuto e dipendenza. Se invece aspetterai di aver ottenuto un Sé autentico, allora metterai valore nelle tue relazioni con le persone, porterai un senso di indipendenza e attrarrai altri con le stesse caratteristiche. Le persone con un Sano Senso di Sé possono captare molto facilmente la *tua* indipendenza, così da poter lavorare insieme, divertirsi e comunque non essere mai un peso l'uno per l'altro.

## Un avvertimento

È molto più facile tenere i piedi per terra quando si è da soli. Scoprirai che appena starai insieme ad altre persone, anche quelle più care, il rischio di ricaduta aumenterà. Le relazioni con gli altri, in particolare quelle più intime, tendono a riportarti verso l'antico desiderio di entrare nel *Castello dell'Invischiamento* (vedi pag. 112). Ti sentirai come se dovessi condividere la tua bolla a tutti i costi con l'altro e sarà difficile ricordarsi che siete persone diverse e separate. Questo può diventare un problema anche dopo essere stato fisicamente in intimità con qualcuno, perché è nella natura dell'amore essere insieme a un'altra persona in una sola bolla. Sii però consapevole del pericolo di voler rimanere lì, immagina di prolungare il momento e di sentirti magari successivamente frainteso. Con la consapevolezza, passerà anche questo.

La ragione per cui spesso le relazioni collidono è che una delle parti (o entrambe) è dipendente da un Senso di Sé sostitutivo. Evitare l'Annientamento è un forte incentivo, per esempio, a non voler cedere durante un argomento. Se però il Senso di Sé è sufficientemente saldo, si può funzionare come sani e interdipendenti compagni di squadra, membri di comunità, concittadini, a prescindere dalle differenze religiose, culturali o etniche.

Infine, è necessario ricordare quanto siano importanti queste lezioni nell'educazione dei figli: bisogna incoraggiarli a essere sé stessi e a seguire la loro vita in base al loro potenziale. Bisogna fare in modo che *capiscano* veramente, per permettere loro di passare questa conoscenza anche ai loro figli. Un Sano Senso di Sé è il prerequisito fondamentale per essere sé stessi e se ci aiutiamo a vicenda per raggiungerlo potremmo creare un enorme cambiamento e migliorare il mondo.

## Attività – Centrare

Suppongo che con l'*Affermazione XI* tu abbia memorizzato e compreso le affermazioni precedenti. Quel che stiamo per intraprendere, infatti, è l'ultimo tratto del programma di ricondizionamento, ed è percorribile, naturalmente, solo se hai lavorato intensamente e ti sono chiare le precedenti affermazioni. Se non è così, rileggi e approfondisci questi suggerimenti finché non diverranno familiari.

Ecco cosa puoi fare ogni giorno, o quando necessario, per centrare te stesso.

- Pensa al ruolo che hai in un determinato gruppo di persone; questo aiuta a diventare consapevole del momento in cui scivoli di nuovo nell'abitudine distruttiva di vivere per il tuo Senso di Sé sostitutivo.
- Immaginati in una circostanza gradevole che magari vorresti sperimentare davvero. Per esempio, io mi figuravo una festa a cui invitavo i miei amici e parenti. Vedevo grandi tavoli pieni di buon cibo e vino, persone di ogni età che ballavano e cantavano felici, mentre io, totalmente equilibrata, mi godevo la loro compagnia.
- Fai in modo di trovare gruppi di persone con cui ti senti a tuo agio. Organizza una serata fuori oppure vai a prendere un caffè con un amico, a prescindere dagli impegni che ti occupano.
- Prendi l'iniziativa di festeggiare qualcuno che stimi, oppure di passare un po' di tempo con qualcuno e ascolta con attenzione quello che hanno da dirti.
- Dedica qualche ora del tuo tempo al volontariato in un ambiente che ti è consono.

# XII. Sono pronto per fare parte di una comunità sana

Ora che sei sulla via dello sviluppo del tuo Senso di Sé ristabilito, i criteri con cui valuti le cose e te stesso stanno cambiando enormemente. Congratulazioni! Ora *tu* sei diventato la persona più importante della *tua* vita. Non sei più confinato nella ricerca continua di "Sentirti bene con te stesso", ma hai scoperto la libertà di essere te stesso e la gioia di vivere pienamente la tua vita.

L'abbondanza della vita scorrerà verso di te. Se sei in salute sarai automaticamente grato. Se ancora non lo sei, hai ora uno strumento che potrà essere molto utile per migliorare la tua salute e portare guarigione in ogni aspetto della tua vita.

Alla luce della stretta connessione tra mente, corpo ed emozioni, mi aspetto, o, per meglio dire, ho il presentimento che con un Sano Senso di Sé anche molti dei tuoi processi fisici torneranno normali. Non essendo un dottore, non sono nella posizione di poter dare consigli medici o di fare una qualche prognosi, ma credo fermamente in questo: se il tuo sistema funziona in modo naturale, di conseguenza, anche il tuo corpo deve essere in salute.

Quando avrai interiorizzato e attivato questa ultima affermazione di ricondizionamento, l'unico scopo della vita sarà vivere serenamente. Ora conosci il tuo Sé; sei diventato *autentico*. Questo vuol dire che hai un'idea più precisa del tuo potenziale e dei tuoi limiti. Sei consapevole del tuo corpo, e non ti serve altro per fare esperienza del tuo Sé; pensi con la tua testa e sei presente a tutto ciò che fa parte della tua vita quotidiana; vedi davvero le altre persone e sei in grado di ascoltarle; lavori senza secondi fini; hai sviluppato preferenze personali e sei in grado di capirle e usarle quando ne hai bisogno; sei pronto a condividere quello che pensi con gli altri; trovi soddisfazione nel giocare "con le carte" che ti sono state date e sei conscio degli inneschi che riportano al tuo passato bisogno di approvazione esterna.

## Attività – Rigenerazione

Di seguito alcuni consigli su come integrare tutti gli strumenti di ricondizionamento.

- Goditi il fatto di avere un corpo – puoi stimolarlo seguendo la musica, ad esempio.
- Puoi sviluppare abilità che fortificano e mantengono in forma il tuo corpo: vai in palestra, pratica yoga, pratica uno sport.
- Puoi fare l'amore.
- Prova a sentirti meno vittima delle circostanze; ora che hai un Senso di Sé ristabilito, puoi occupare il 100% della tua creatività ed energia per migliorare la tua situazione.
- Puoi decidere di condividere la tua esperienza con il Metodo del Senso di Sé, in modo da rinforzare tutto ciò che hai imparato e intanto aiutare gli altri a migliorare la propria vita.

# Capitolo 13
# Al principio della fine...
# affermazioni, esercizi di
# consapevolezza e consigli

Le affermazioni riportate qui di seguito sono le versioni abbreviate dei vari suggerimenti proposti in precedenza. Il consiglio è quello di impararle a memoria e ripeterle più volte, fino ad arrivare a "possederle", fino a quando rimarranno impresse dentro di te in modo tale da poter agire anche quando avrai finito questo libro. All'inizio potranno sembrare ovvie, ma dopo molte ripetizioni aspettati di afferrarne, improvvisamente, il pieno significato.

## AFFERMAZIONI

- Io ESISTO già.
- Accetto che, così come faccio io, anche gli altri creino e abbiano una vita propria.
- Sto bene con me stesso, qualsiasi cosa succeda!
- Sperimento costantemente la consapevolezza del mio corpo.
- Sono conscio che il rischio di ricadere nel Buco nero è sempre in agguato.
- Non ho più bisogno di assecondare passivamente le richieste altrui, perché non temo più il rifiuto.

Ora approfondiamo ognuna di queste affermazioni salvavita.

## Io ESISTO già

*La mia vita è prima di tutto basata sull'essere.*
*Finché non percepisco veramente che io ESISTO già*
*non potrò cominciare a pensare a ciò che faccio.*

Appena puoi, metti da parte il tuo lavoro, o qualsiasi mansione che ti dia un senso di identità. Per un determinato periodo di tempo, sperimenta il "nulla". Questo consiste nel rimanere fisicamente immobili, così da consentire alla mente di rallentare. Prova a osservare i tuoi pensieri senza rimanerne intrappolato. In altre parole, prova ad *andare oltre la sola mente*. Incorpora tutti gli altri aspetti di te stesso: il tuo corpo così come le tue emozioni e i tuoi pensieri e anche la tua stessa consapevolezza non verbale.

## Accetto che, così come faccio io, anche gli altri creino e abbiano una vita propria

Accetto che anche gli altri SIANO, proprio come io SONO. Ammiro quello che fanno e apprezzo il modo in cui sono fatti. In altre parole, non devo avere quello che hanno loro. Non devo avere le loro stesse abilità. Non devo vivere nelle loro stesse circostanze. Non devo essere come loro. Perché io sono me stesso così come loro sono sé stessi.

## Sto bene con me stesso, qualsiasi cosa succeda!

Quando possibile, scegli di stare bene con te stesso, *qualsiasi cosa succeda!* Non mi sto riferendo al termine *"Sentirsi bene con sé stessi"*, il cui senso è carico della dipendenza dall'approvazione e dal Senso di Sé sostitutivo; quello che ti consiglio di fare è semplicemente sentirti bene con ciò che sei e per ciò che fai a Livello di qualità della vita. Considera per un momento il tuo ruolo nel mondo, osservati attentamente e pensa con decisione: "Io sto bene!" Guarda la realtà della vita, che termina invariabilmente con la morte – è solo questione di tempo, quindi fa' in modo che il tuo tempo conti.

## Sperimento costantemente la consapevolezza del mio corpo

La consapevolezza del corpo ti aiuterà a ridurre l'ansia e a rivendicare l'autorità nei confronti di te stesso, delle tue opinioni, dei tuoi obiettivi e dei tuoi desideri; in breve, fortifica il tuo Senso di Sé. Ripetendo le affermazioni precedenti, manterrai una costante coscienza del tuo corpo (come descritto nell'*Affermazione di ricondizionamento I*, pag. 192). Essere permeato da questa consapevolezza ti aiuterà a uscire dal circolo della dipendenza da un Senso di Sé sostitutivo (vedi Cap. 15, *Mappe per ristabilire il Senso di Sé*).

## Sono conscio che il rischio di ricadere nel Buco nero è sempre in agguato

Prendi consapevolezza del fatto che, durante la guarigione, quando le cose iniziano ad andare meglio, diventa ancor più probabile essere risucchiati nel Buco nero, perché è il tuo vecchio schema, ben stabilito e basato sul bisogno di approvazione. Quando questo accade, c'è una *ricaduta*, e torni nella vita orientata al Senso di Sé sostitutivo; a meno che tu non te ne accorga... *devi* accorgertene!

Ripeti a voce alta quanto segue:

> *"Per qualunque traguardo io possa raggiungere, c'è la possibilità che sia risucchiato nel Buco nero capace di innescare un meccanismo atto a riportarmi al Sistema orientato al Senso di Sé sostitutivo".*

Riesci a vedere l'ironia della situazione? Ti sforzi di fare le cose al meglio, pensi che questa volta ci stai riuscendo davvero perché le stai facendo per te stesso, ma i tuoi sforzi sono rovinati dalle conseguenze della tua ansia, dalla tua insonnia o, addirittura, dalla depressione. Questi sono i segnali che ti indicano che stai ancora mettendo in pratica attività orientate al Senso di Sé sostitutivo: i sintomi parlano chiaro. Il tuo pilota automatico conosce fin troppo bene questi meccanismi. D'altra parte, c'è una cosa importantissima della quale bisogna rendersi conto, ed è questa: l'unico essere su cui i sintomi fisici dello stress e dell'ansia hanno un impatto sei *tu*, e intendo il *vero te*.

Quando vivi basandoti su un Senso di Sé sostitutivo, tutti i tuoi sforzi sono tesi a un obiettivo fittizio che ruba spazio ed energie alla tua vera vita. Sei *tu* l'unico a soffrire il dolore dell'emicrania o a provare la fastidiosa sensazione di non aver dormito bene. Invece di agonizzare sull'occasione fallita di Accumulare punti, renditi conto del fatto che: Sei *tu* l'unico che perde l'occasione di fare amicizie o intraprendere nuove relazioni. Fai in modo di cambiare questa situazione e usare una Motivazione diretta.

A volte, devi avvicinarti a una sana Motivazione con più leggerezza ma contemporaneamente dirti che è finalmente giunto il momento di scoprire l'adulto nascosto dentro di te, perché crescere sul serio e riconoscere il tuo Sé individuale sono azioni alla tua portata; è il momento di smettere di rendere più complicata la tua vita sforzandoti di essere all'altezza di condizioni autoimposte, sempre sottoposte al risucchio del Buco nero. Ora che sai che tutto dipende dal bisogno di approvazione, puoi interrompere questo processo e lasciarti alle spalle la voce interiorizzata del tuo educatore, magari addirittura deceduto, e vivere la TUA vita in base ai TUOI princìpi.

# Non ho più bisogno di assecondare le richieste altrui, perché non temo più il rifiuto

Sai che ESISTI già, che hai un corpo e una mente di cui sei *Maestro*, *Manager* e *Manutentore* (vedi pag. 193). Non hai nulla da perdere! Pertanto, SMETTI di preoccuparti di "rovinare" lo stato di "Sentirsi bene con sé stessi" degli altri. È importante che tu comprenda che questa preoccupazione si basa sulla paura di ricevere feedback negativi perdendo la possibilità di conquistare il tuo Senso di Sé sostitutivo. Assecondare i desideri degli altri, cioè accontentare le persone, non deve essere più il tuo modo per sperimentare una specie di individualità. Tu sei la persona che sei e manifesti il tuo Sé a prescindere dal fatto che agli altri piaccia o meno. Acquisire piena consapevolezza di questa verità FERMERÀ sintomi fisici quali l'emicrania e l'insonnia, perché questi sintomi erano provocati dal dover aderire alla Strategia di sopravvivenza della prima infanzia, che ricercava l'approvazione a tutti i costi, e che ormai non ti serve più.

Ora sai di essere al sicuro con il tuo Sé, dentro di te; e non ti importa più che questi sintomi fisici, quali l'emicrania e l'insonnia, ostacolino il raggiungimento di un Senso di Sé sostitutivo; non ne hai più bisogno. Questo è il momento in cui ti stai avvicinando sempre di più al tuo vero Sé. Questi sintomi fisici SONO IMPORTANTI però, anche se vorresti farli sparire, perché questo desiderio ti porterà a indagare su cosa potrebbe causarli e come evitarli: cioè devi raggiungere il tuo Sé; ma, pensa un po', una volta che avrai acquisito questa consapevolezza, spariranno da soli.

**Un buon modo per cominciare questo nuovo percorso**
**è ripetere quotidianamente affermazioni positive;**
**se fosse possibile ogni ora, sarebbe ottimale.**

Anche se assolutamente incompleta, la seguente lista di affermazioni è un'indicazione di ciò su cui ho lavorato.

* Sono presente in mezzo agli altri! Gli altri mi vedono e mi sentono davvero.
* Ho una voce; ho un volto (guardati allo specchio!)
* Io ESISTO già; gli altri sono pronti a darmi la loro attenzione!
* Io sono la creatura plasmata da me stesso.
* Ho un posto a cui appartengo: il mio Sé è la mia casa.
* Sono emozionalmente al sicuro e libero di esprimere me stesso.
* Sono libero di essere me stesso!

Quando formulerai le tue affermazioni personali, ricordati di non usare negazioni o verbi al futuro; per ottenere delle ottime affermazioni, devi esprimerti in positivo e al presente!

## ESERCIZI DI CONSAPEVOLEZZA

Ci sono molti altri esercizi che possono aiutarti a disattivare il pilota automatico e riprendere il controllo di te stesso. L'unico modo per cambiare qualcosa che, con il tempo, è diventato una parte così intima di te, è praticare il cambiamento il più consciamente possibile, passo dopo passo.

Ogni giorno potrai scoprire un nuovo livello del significato che questa abitudine ricopriva realmente per te. Allora potrai chiederti: "Che effetto ha su di me nel presente?" Solo conoscendo la Motivazione che guida il tuo comportamento potrai smantellare quest'abitudine e attivarne una nuova che ti serva davvero.

## Prova a ricostruire, ad alta voce, il sentiero che ti ha portato al Senso di Sé sostitutivo

Rifletti e analizza a voce alta il tuo processo di acquisizione di un Senso di Sé sostitutivo. Come sei diventato così efficiente nel mantenerlo? Quali sono state le tappe in cui lo hai costruito? Quest'autoanalisi ti consentirà di capire che "Sentirsi bene con sé stessi" nasce dal bisogno di approvazione, che hai scambiato per riconoscimento. Questo riconoscimento mancato è ciò che ti ha portato alla Paura dell'Annientamento. Ricorda però: il riconoscimento ti è stato negato non perché non eri abbastanza bravo, *bensì perché il tuo educatore non riusciva a "vederti" a causa del suo Senso di Sé assente.*

Cercando di essere all'altezza dei tuoi Ego-riferimenti, hai cercato disperatamente di ottenere il riconoscimento che quella persona non era stata in grado di darti quando eri un bambino. Sappi che, di sicuro, non riuscirai ora a ottenere ciò. E sai perché? Perché non è mai stata colpa *tua!* Verrà il momento, però, in cui riuscirai a liberarti da quella che senti come una necessità, ossia il dover vivere e comportarti secondo uno schema nocivo di condizioni autoimposte. Quel giorno ti renderai finalmente conto del fatto che il tuo vero obiettivo nella vita è *essere te stesso!*

## Pratica la *Mindfulness* e prova a vivere nel presente

Prendi il timone del tuo corpo e della tua vita, liberati dal passato e vivi nella realtà del presente; prova a distogliere lo sguardo dal tuo mondo interiore, sposta l'attenzione dalle tue memorie ed emozioni, che ti travolgono, al mondo reale, al presente.

Il cambiamento emotivo che ne risulterà non è da sottovalutare: si passa dallo stato confusionario di tumulto interiore e di sfiducia, a una sensazione di calma e pace. Quando saprai vivere completamente nel Qui e Ora, capirai che sei sempre al sicuro e che il passato è solo una lotta contro i mulini a vento.

Ricordati che se i sintomi dovessero persistere, oppure ricomparire, significa che *non* sei pulito: sarai ancora, o sarai tornato, inconsapevolmente vittima del Sistema orientato al Senso di Sé sostitutivo.

Questo esercizio di consapevolezza, così come gli altri, deve essere ripetuto il più spesso possibile. A un certo punto, arriveranno momenti in cui comprenderai che "provare terrore per qualcosa che non è neanche reale è troppo sciocco per essere vero".

## Metodi di automiglioramento e *problem-solving*

Dal mio processo di guarigione ho capito che se ciò che quotidianamente *percepisco del mondo* è: "Io non vengo visto né sentito; non ho una voce o un volto", allora continuerò a *creare* esattamente quella realtà!

C'è un'ampia gamma di tecniche e approcci di *problem-solving* relativamente recenti come la *Neuro-linguistic programming* (NLP; *Programmazione Neuro Linguistica*); le tecniche di visualizzazione; l'*Emotional Freedom Technique* (EFT; *Tecniche di Rilascio Emotivo*), conosciuta anche come *Tapping*; vari modi per applicare la *Legge di Attrazione* (*Law of Attraction*). Potrebbe essere una buona idea conoscere i vari strumenti per la risoluzione dei problemi emotivi. Su di me hanno funzionato bene. Per trovare quello giusto per te però occorrono tempo, pazienza ed energia.

All'interno di questo libro tali argomenti non vengono approfonditi, ma li volevo almeno menzionare come un potenziale ulteriore passo sulla scala dell'autoguarigione. Sono stati pubblicati molti libri su questi temi, e molti sono decisamente interessanti. Soffermati su questi metodi di automiglioramento; è di certo un'azione intelligente migliorare il tuo sistema di valori e autovalidazione in positivo ed esprimerlo a te stesso ad alta voce perché ti aiuti a creare una realtà più vicina ai tuoi bisogni e desideri.

## CONSIGLI AL PRINCIPIO DELLA FINE...

Ti stai avvicinando alla fine di questo libro, stai per lasciartelo alle spalle per continuare da solo il viaggio di recupero del tuo Senso di Sé. Per come è andato il mio processo di guarigione, mi preme incoraggiarti a mantenerti attivo nel tuo percorso di ricondizionamento. Ciò che ti ha pilotato per uno, cinque, dieci o anche cinquanta anni ha creato una traccia profonda nel tuo cervello. Adesso, invece, vuoi farti guidare dalle tue nuove visioni e conclusioni, che hanno appena cominciato ad aprirsi la strada nel percorso di cablaggio della tua mente. Sii per il tuo Sé quello che un buon giardiniere è per il suo amato giardino, fai attenzione alle erbacce! Qui di seguito trovi un paio di consigli per aiutarti in questa fase.

## Preserva il tuo nuovo Senso di Sé ristabilito attraverso l'arte

Se possibile, crea uno schema per misurare la tua attività orientata al ripristino del tuo Senso di Sé attraverso un punteggio giornaliero, per facilitare la comprensione della sua entità. Questo ti darà anche una idea più chiara riguardo i progressi fatti; ogni giorno sarai in grado di vedere quale era la tua realtà e come è cambiata durante la guarigione. Tutto questo, però, non è facile da monitorare e sarà necessaria una grande disciplina mentale per riuscire a ripristinare e mantenere il proprio Senso di Sé. La Figura 13.1 mostra un paio di tecniche per aiutarti a tenere traccia di questi progressi.

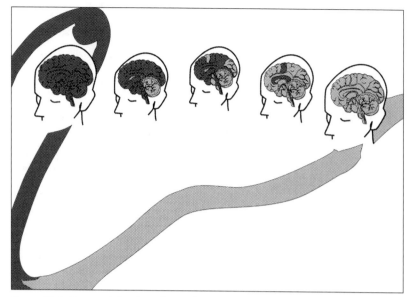

**Figura 13.1:** Passare dalla dipendenza da un Senso di Sé sostitutivo a un Sano Senso di Sé.

Hai già visto l'immagine della Figura 13.1 in un precedente capitolo. Immagina che il percorso chiaro sia quello salutare che devi percorrere al posto di quello scuro, insalubre. Prova a disegnare questi percorsi. È così che ho fatto, e ciò mi ha aiutato a visualizzarli più distintamente.

Ovviamente è altrettanto utile creare disegni o dipinti in base alla tua immaginazione e ai tuoi talenti. Esprimi le tue emozioni oppure un obiettivo che hai in mente. Tutto questo aiuterà a fare chiarezza in mezzo al caos.

## Impara i tuoi Ego-riferimenti attraverso la lista della Verifica della Motivazione

Impara a memoria la lista che hai compilato nella Tabella 10.4 (a pag. 176); imprimila nella tua mente al punto da poterla recitare anche se qualcuno, nel pieno della notte, ti svegliasse e te la domandasse!

## Acquisisci dimestichezza con i termini del Glossario

Il Glossario che trovi a pagina 265 del presente volume, fornisce un elenco di tutti i termini usati dal Metodo del Senso di Sé con cui hai preso pian piano familiarità durante la lettura di questo libro. Conoscere i termini ti aiuterà ad affrontare i problemi che essi rappresentano.

## Fai una breve panoramica della tua antica Motivazione indiretta

Scrivi su un foglio, a grandi lettere, cosa ti monopolizzava nel passato: ovvero quale era il tuo Obiettivo segreto; quale era la ragione che ti rendeva schiavo di questo obiettivo?

- Ha ancora significato per te?
- Questa ragione è attualmente attiva nel tuo quotidiano?
- In quali modi si manifesta ancora l'assenza di riconoscimento da parte del tuo educatore?

## Fai attenzione, le ricadute sono sempre in agguato

Le ricadute possono verificarsi quando meno te lo aspetti. Stai molto attento specialmente dopo aver viaggiato (il *jet lag* può ridurre la resistenza), mentre ti riprendi da una malattia, dopo aver fatto l'amore o quando ci sono altri grandi cambiamenti nella tua vita quotidiana. È necessario sperimentare le ricadute diverse volte prima di poter imparare a prevenirle. È solo questione di essere consapevoli di sé stessi.

## Essere felici senza motivo!

Ecco un semplice esercizio che si può eseguire ovunque. È un ottimo modo per riprendere fiato dal duro lavoro e dedicare un momento al proprio Sé. Più si è rilassati, nella mente e nel corpo, più questo esercizio avrà un effetto profondo e durevole.

Prima di tutto svuota la mente, poi immagina che il tuo petto abbia un'ampia area attorno ai polmoni e al cuore. Fai un respiro profondo e lento, espandendo prima l'addome e poi risalendo fino alla gabbia toracica. Inspira lentamente aria nei tuoi polmoni fino quasi a voler scoppiare. Quindi espira, sempre lentamente. Mentre respiri così, il tuo cuore pompa sangue fresco a tutto il tuo corpo. È una bella sensazione! Ripeti l'esercizio un altro paio di volte, senti quanto è piacevole. Questa emozione è pura soddisfazione personale: una felicità dovuta a nessun'altra ragione se non al fatto di esistere e respirare.

## Visualizzazione

Un ulteriore aiuto è quello di creare, nella tua mente, immagini positive. La massima efficacia si ottiene facendolo per venti o trenta minuti di seguito. Ogni visualizzazione di guarigione deve avvenire con la schiena in posizione eretta, per non rischiare di addormentarsi. Una volta che sei ben rilassato, prova a immaginarti su un palco, in una circostanza in cui non c'è bisogno di essere all'altezza dei tuoi Ego-riferimenti. Sei libero! Le immagini funzionano meglio delle parole se vuoi convincere il tuo pilota automatico emozionale a imparare a vedere le cose diversamente.

Nella tua immaginazione, quindi, metti in scena una situazione alternativa e positiva: come potrebbe essere andata la tua vita dal momento della nascita fino a ora. In pratica, diventa uno spettatore della tua stessa storia. Lo puoi fare quante volte vuoi. È divertente, non costa niente e ti aiuta a crescere, perché fa sì che le tue memorie dell'infanzia possano essere sostituite da immagini migliori, positive.

## LA FORMULA MAGICA

Ed ecco qui la Formula magica! Questo termine porta in sé tutta la complessità del metodo e ti aiuterà a ricordare l'essenza del Metodo del Senso di Sé. Ricordi che abbiamo cominciato dal concetto di "Sentirsi bene con sé stessi" e che questo è l'impulso più importante in chi vive con un Senso di Sé sostitutivo?

## Formula magica

È lo schema per comprendere l'essenza del *Metodo del Senso di Sé*. Ci si allontana dal volere a tutti i costi *"Sentirsi bene con sé stessi"* e si cerca la maniera corretta per percepirsi e avere, così, la piena consapevolezza del proprio corpo, delle proprie emozioni e della propria mente.

Allontanati dalla dipendenza dal "Sentirsi bene con sé stessi". Prova a cancellare la parola "bene" dalla frase cosa leggi? Adesso cancella anche la preposizione "con" ciò che rimane è "Sentirsi sé stessi", ossia avere un Sano Senso di Sé!

Questo è tutto quello che devi fare!

# PARTE IV
## La Teoria in dettaglio. Conclusioni

# Capitolo 14
# Sé e Senso di Sé

Nel corso di questo volume, abbiamo visto che il processo di sviluppo naturale di un Senso di Sé può essere inibito o bloccato quando diventa una dipendenza da un Senso di Sé sostitutivo. Ciononostante, se sei disposto a lavorare sodo, puoi recuperare il tuo Senso di Sé (e dovresti avere già imparato come fare).

In questo capitolo vorrei dare una definizione più precisa del significato di *Senso*, nella sua accezione di percezione del Sé, e approfondire il significato di *Sé* all'interno del termine *Senso di Sé*.

Quest'ultima sezione si occuperà di dare definizioni specifiche che affrontano il tema del Senso di Sé da un punto di vista squisitamente teorico; considera questo capitolo come un corso di aggiornamento e un'opportunità per ottenere una visione e una comprensione più profonde.

## Cos'è il Sé?

Il *Sé* è un concetto non facile da comprendere. Per semplificare l'ho immaginato come un'unità sensoriale composta di sei strati. Ogni strato deve svilupparsi in maniera sana e adeguata, in modo da svolgere la sua parte specifica all'interno di quest'unità di strati interattivi. La capacità di percepire il proprio Sé dipende dall'aver avuto, o meno, l'opportunità di sviluppare questi sei strati in modo sano, riuscendo così a esprimerne il potenziale.

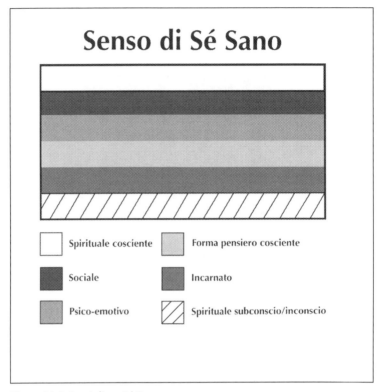

**Figura 14.1:** Strati di un Sé Sano.

Immagina di esaminare il Sé al microscopio fingendo che sia un oggetto, così da poterlo ingrandire per studiarne meglio la struttura. Quello che vedrai sono i suoi sei strati, separati e corrispondenti ognuno a una delle funzioni del Sé. Nella lista seguente i loro nomi.

- Il primo strato, il più profondo, è il Sé *Spirituale subconscio/inconscio*[1].
- Il secondo strato è il Sé *Incarnato*.
- Il terzo strato è il Sé vissuto come *Forma pensiero cosciente*.
- Il quarto strato comprende le funzioni *Psico-emotive*.
- Il quinto strato è il Sé *Sociale*.
- Il sesto strato, il più superficiale, è il Sé *Spirituale cosciente*.

[1] Questo strato è duplice in quanto si differenzia nel bambino e nell'adulto. Il bambino non ne ha coscienza, perciò anche il suo strato più profondo è *Inconscio*. Nell'adulto, invece, questo strato è *Subconscio* perché si è a conoscenza della sua presenza, seppur nascosta.

Dare un nome agli *Strati del Sé* ci aiuta a comprendere che cosa succede quando qualcosa va storto e trovare, quindi, l'anomalia. In questo modo sarà più facile individuare quale piano del Sé del tuo educatore ha influenzato una o più parti specifiche del tuo Sé.

Come già detto, gli strati non sono isolati, bensì interagiscono tra loro seguendo continui cicli di feedback. La natura di queste interazioni dipende da vari fattori che influenzano lo sviluppo, salutare o meno, degli strati stessi. La Figura 14.2 dà un'idea di come ogni strato influenzi tutti gli altri.

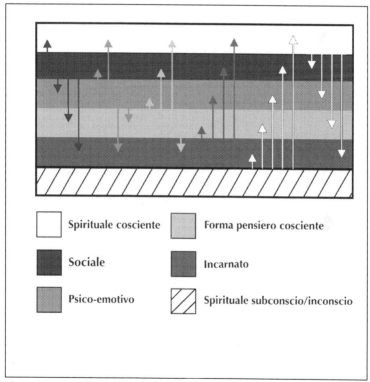

Legenda:
- □ Spirituale cosciente
- ■ Sociale
- ■ Psico-emotivo
- ▨ Forma pensiero cosciente
- ■ Incarnato
- ▨ Spirituale subconscio/inconscio

**Figura 14.2:** L'influenza e la dipendenza che gli strati del Sé hanno gli uni sugli altri.

## Mancanza di *percezione*, non mancanza di Sé

Vorrei chiarire che non è una deficienza del Sé quella che considero la causa principale di molti disturbi e disfunzioni, bensì l'incapacità di *percepirlo*. La causa ultima di un Senso di Sé assente è, quindi, l'ostruzione della capacità di percepire e sviluppare il Sé durante i momenti formativi cruciali della vita di un bambino.

# Gli Strati del Sé

### Primo strato: Sé Spirituale subconscio/inconscio

Tutti gli Strati del Sé vengono sostenuti e radicati dal primo strato, che funge da fondamenta. È raro percepire in modo cosciente questo strato, perché il Sé esiste al suo interno come qualcosa di indefinito – è la sua identità primordiale, l'essenza più profonda, ed è pura consapevolezza dell'essere. È la base dell'"Io" in "Io ESISTO già". La maggior parte delle religioni e delle filosofie spirituali riconoscono questo Sé.

*"Io sono"*

### Secondo strato: Sé Incarnato

Più tangibile e vicina alla consapevolezza cosciente è quella parte del Sé che comprende l'esistenza fisica come creatura vivente e incarnata all'interno di un corpo; questo tipo di Sé e l'abilità di percepirlo sono presenti anche negli animali.

Fin da bambini ci si confronta con le richieste e le sensazioni provenienti dal proprio corpo in modo che ognuno riconosca la propria esistenza fisica. Queste sensazioni causano forti reazioni, e, se vi è una risposta adeguata durante i primi anni formativi, aiutano lo sviluppo di una sana percezione di sé. Tutti gli esseri umani necessitano di un certo numero di anni per imparare a gestire i propri bisogni e desideri fisici, e ricevere amore e cura in questa fase della vita è profondamente necessario. Lo sviluppo di un senso di benessere fisico rinforza il processo di sentirsi al sicuro dentro il proprio corpo, oltre ad aiutare a riconoscersi e accettarsi come "sé stessi".

*"Io sono vivo in questo corpo"*

### Terzo strato: Sé vissuto come Forma pensiero cosciente

In questo strato del Sé si sperimenta sé stessi non solo come creatura vivente, ma anche come un organismo umano complesso e funzionale, con potenzialità e limiti. Questo Sé si trova a un livello di coscienza superiore rispetto a quello situato nel secondo strato – una forma pensiero della psiche – anche se le sensazioni che si provano sperimentandolo sono difficili da esprimere a parole: "Sono un essere umano, un membro della specie umana". Da questo strato nasce la consapevolezza di essere un essere distinto e separato da chi ci ha generato; il taglio del cordone ombelicale riverbera in questo strato e risveglia la sensazione di essere unici. Lo sviluppo del terzo strato coincide con la fase dell'infanzia in cui si scoprono i concetti di "mio" e "non mio".

*"Io sono vivo in quanto essere umano (autonomo)"*

## Quarto strato: funzioni Psico-emotive

Grazie a questo strato si è in grado di sperimentare la vita, gli altri e il Sé a livello emotivo. L'esclusiva essenza del Sé – la sua peculiare psicologia, le sue emozioni, disposizioni, inclinazioni, talenti, debolezze, forze e difficoltà – diventano parte della coscienza quotidiana. Attraverso il quarto strato si osservano e si utilizzano i vari elementi del Sé, relazionandosi a essi come "sé stessi", in modo diretto.

Il concetto di "Io" acquisisce qualità e caratteristiche, sviluppando ulteriormente la psiche nonché il corpo emotivo. Un crescente senso di "essere me" aiuta a distinguersi dagli altri: "Io sento...", "Io voglio...", "Io credo...".

*"Io sono me stesso"*

## Quinto strato: Sé Sociale

Il Sé *Sociale* è formato dalle caratteristiche sociali del proprio essere. Ci consente di funzionare nella società, è basato sulle relazioni con amici, familiari o colleghi e determina il proprio ruolo nella società.

Il Sé *Sociale*, se ben consolidato e percepito, aiuta a dare un contributo al mondo; un Sé *Sociale* in grado di funzionare indipendentemente offre la sicurezza che questa percezione non scomparirà quando qualcosa andrà storto o quando i risultati non saranno ciò che ci si aspettava.

*"Io sono me in relazione a te"*

## Sesto strato: Sé Spirituale cosciente

Non per tutti il sesto strato è una necessità; molte persone, infatti, considerano la vita sulla Terra sia l'inizio che la fine dell'esistenza e non hanno bisogno di includere un aspetto spirituale nelle loro vite in quanto non è per loro realistico o importante. È la funzione *Spirituale cosciente* del Sé e, quando attiva, è l'adempimento del compito di risvegliare il Sé *Spirituale inconscio* e renderlo conscio. In altre parole questo strato emerge nella consapevolezza cosciente di coloro che scoprono che il Sé non è semplicemente ciò che è incapsulato nel corpo fisico; questo Sé, più ampio come identità, include gli strati precedenti, che a loro volta sono sperimentati come parte del "supremo", del "divino".

*"Io sono parte di qualcosa (di divino) più grande di me"*

# Gli Strati del Senso di Sé sostitutivo

Quando gli Strati del Sé funzionano correttamente e sono riconosciuti (secondo la propria consapevolezza) da una persona, il Sé funziona come casa e luogo di riposo per lo spirito, o essenza, dell'io *Incarnato*. Da questo luogo di pace, la persona costruisce motivazioni e valori che daranno forma alla sua vita.

Torniamo, quindi, a descrivere i vari strati individualmente, per approfondire l'effetto che il trauma ha su di essi[2].

Nella Figura 14.3, puoi notare come gli Strati del Sé vissuti come *Forma pensiero cosciente*, funzioni *Psico-emotive* e Sé *Sociale* (non è rappresentato il sesto strato) siano sottosviluppati, distorti e/o deformati quando il Senso di Sé non ha la possibilità di crescere in modo normale.

Osserva come lo strato del Sé *Spirituale subconscio/inconscio*, quello più profondo, rimanga inalterato. È difficile prevedere cosa provochi un Senso di Sé sostitutivo nello strato del Sé *Incarnato*, ma,

---

[2] Informazioni più dettagliate sono disponibili in inglese a questo link www.healthysenseofself.com. Un video e alcuni grafici mostrano la relazione insalubre tra gli strati del proprio Sé con quelli dell'educatore e come i vari strati si influenzino tra loro.

con un pizzico di immaginazione, potrai intuire quali sono i cambiamenti invisibili provocati nella costituzione mentale ed emotiva così come in quella fisica. Questi cambiamenti potranno portare a sofferenze di ogni genere nel corso della vita.

**Senso di Sé non Sano**

- ■ Sociale
- □ Forma pensiero cosciente
- ▨ Psico-emotivo
- ■ Incarnato
- ▨ Spirituale subconscio/inconscio

Figura 14.3: Il danno causato agli Strati del Sé di una persona con Senso di Sé sostitutivo.

Di seguito saranno descritte le differenze tra le forme sane (Sano Senso di Sé) e distorte (Senso di Sé assente) degli Strati del Sé.

**Primo strato:** *Sé Spirituale subconscio/inconscio*

Questo strato è alla base della vita di una persona e, in quanto tale, rimane invariato sia in chi ha un Senso di Sé sia in chi ne è privo.

## Secondo strato: Sé Incarnato

La maggior parte delle culture moderne insiste sul fatto che una persona consiste principalmente nella sua mente e nelle sue realizzazioni mentali, trascurando completamente tutta la sfera fisica. Non è un caso che spesso ci relazioniamo al nostro corpo con la stessa attenzione con cui i nosrti genitori ci hanno trattato da bambini: ovvero come strumenti utili al raggiungimento di uno scopo e non in quanto esseri distinti e degni di onore, attenzione e cura. Così da adulti rischiamo di trattare il nostro corpo come il mezzo per raggiungere un fine, e non come una parte in sé con i propri specifici bisogni e desideri. In realtà il corpo è il veicolo di manifestazione dello spirito, o essenza, nel mondo, e non essere in contatto con esso può diventare la radice di svariate malattie. Perciò, per diventare una persona completa, devi imparare a essere, nuovamente e prima di tutto, il tuo corpo.

## Terzo strato: Sé vissuto come Forma pensiero cosciente

Questo strato non solo è cruciale ma anche particolarmente vulnerabile quando si cresce senza un Senso di Sé naturale. È durante questo periodo che il bambino deve ottenere dall'educatore il riconoscimento e un feedback appropriati per la sua identità nascente, in modo che in futuro sia possibile la sana separazione dal genitore/tutore.

Quando questo non accade si ha, ovviamente, lo sviluppo di un Senso di Sé sostitutivo.

Nella Figura 14.3 si può notare come il terzo strato sia diviso in due parti: la dipendenza da un Senso di Sé sostitutivo, infatti, porta a una lacerazione a questo livello del Sé. Durante l'infanzia ci si è invischiati così tanto con l'educatore da identificare i propri strati fisici e *Psico-emotivi* più come parti dell'educatore che non i nostri. In effetti, gran parte di questo libro è dedicata proprio alla spiegazione di come questo strato del Sé sia influenzato dalla privazione di un sano riconoscimento nell'infanzia e allo studio dell'impatto che ha questa situazione nel corso della nostra vita.

## Quarto strato: *funzioni Psico-emotive*

Il quarto strato governa la mente, le emozioni, le motivazioni – ovvero tutto quello che può essere sperimentato come Sé. In caso di Senso di Sé assente, il quarto strato è particolarmente colpito, perché del tutto associato o sopraffatto dall'educatore. Quest'ultimo, infatti, tenta di rimanere al centro dell'esistenza del bambino, portando allo sviluppo di forze distruttive quali la Motivazione indiretta e gli Ego-riferimenti.

## Quinto strato: *Sé Sociale*

Dipendere dai risultati delle proprie attività, da eseguire perfettamente, e da alti standard da rispettare, porta a un disperato bisogno di controllare tutto ciò che ci circonda. Non possiamo permettere che le cose vadano storte perché questo porterebbe a sperimentare alti livelli di ansia oppure rabbia. Potrebbe addirittura portare alla depressione. Eppure, c'è una discrepanza tra quello che sentiamo e quello che gli altri vedono tutte le volte che siamo insicuri e poco diretti perché non siamo radicati nel nostro essere. Il comportamento sociale è saturo delle influenze del quarto strato, contaminato, e del terzo, diviso in due.

# LA DEFINIZIONE DI *SENSO*

Come accennato in precedenza, il principio cardine del Metodo del Senso di Sé è la capacità di percepire, cioè di avere un senso del proprio Sé. Ma cosa significa *Senso* in questo contesto?

I nostri sensi ci rendono consapevoli del mondo esterno; avere un *Senso* significa quindi percepire o notare qualcosa attraverso i sensi, consciamente o meno. Percepire significa essere, più o meno, consapevoli del proprio Sé.

# Il Senso di Sé è un'azione, non una cosa

Nonostante il linguaggio usato finora possa far apparire il Senso di Sé come una cosa tangibile, un oggetto reale, in realtà è una consapevolezza. Il termine *Senso di Sé* si riferisce alla coscienza di essere presenti al nucleo centrale del proprio essere. Questa presenza è continua, e si sviluppa per gradi diversi da persona a persona.

Quando tutto va bene e si possiede un Senso di Sé naturale non è necessario riconoscere consciamente tali processi ma, quando serve una guarigione dal Senso di Sé sostitutivo, una completa consapevolezza di tutti i sei Strati del Sé può rivelarsi estremamente utile.

È quindi ragionevole ipotizzare che: se il *Senso* è assente, allora, nell'esperienza soggettiva anche il *Sé* sembra essere assente. È lì, ma se non si è in grado di percepirlo, non si saprà mai che c'è. Questa è la ragione per cui il concetto di "rilevamento" è particolarmente importante nel Metodo del Senso di Sé.

## L'AUTOSTIMA RICHIEDE UN SENSO DI SÉ

L'uso del termine *autostima* è molto popolare ultimamente poiché la bassa autostima è spesso vista come la causa principale di molti problemi. Tuttavia, l'autostima e il Senso di Sé non sono la stessa cosa. Il *Merriam-Webster Dictionary* definisce l'autostima come: "sicurezza e soddisfazione di sé, amor proprio".

All'interno della Teoria del Senso di Sé, non possiamo seguire interamente questa definizione di *autostima*, poiché gli individui con un Senso di Sé assente non sono in grado di valutare o legittimare sé stessi. Al contrario, queste persone basano la propria sicurezza sulle opinioni altrui, interiorizzandole; di conseguenza la definizione del dizionario per loro non vale.

Quindi, prima di accostare l'autostima (e la sua controparte, l'autodisprezzo) al concetto di Senso di Sé, bisogna essere d'accordo con la seguente affermazione: "Al fine di poter stimare o disprezzare qualcosa, bisogna essere consapevoli della sua esistenza, la si deve *percepire*". In altre parole, non si può avere un'autostima, alta o bassa che sia, se non si è prima in grado di percepire il proprio Sé.

Probabilmente, quantomeno per me, questa mancanza di consapevolezza è la ragione per cui i miei ricordi, dalle elementari alle superiori, sono così sfocati. Sono stata una buona studentessa, ma ero presente a malapena a me stessa. Ricordo persone ed eventi non all'interno di avvenimenti singoli, bensì come un estenuante tentativo di soddisfare tutto e tutti. In effetti, sono estremamente grata di essere stata in grado di arrivare a una autocoscienza sufficiente per comprendere i tabù su cui mi ero fissata e liberarmene.

È mia intenzione rendere i lettori consapevoli della loro vita, attraverso il Metodo del Senso di Sé. Spero, quindi, che tu sia in grado di relazionarti davvero con te stesso in modo da avere il controllo della tua vita, anziché vivere come un giocoliere che tenta di mantenere i suoi attrezzi in aria senza farli mai cadere, come facevo io in passato.

# Capitolo 15
# Mappe per ristabilire il Senso di Sé

Questo capitolo propone alcune *Mappe per ristabilire il Senso di Sé*, in modo da aiutarti a capire meglio i tanti problemi e i dolori dovuti a un Senso di Sé sostitutivo. Saranno presentate tre mappe: quella del Senso di Sé naturale, quella del Senso di Sé assente e quella del Senso di Sé ristabilito.

La seconda è sicuramente la più importante dal punto di vista delle informazioni perché permette di visualizzare le tensioni in atto tra le varie strategie orientate al Senso di Sé sostitutivo, le quali non fanno che aggravare la salute e la capacità dell'individuo di funzionare in maniera corretta. Queste mappe possono anche essere confrontate tra loro: aiuteranno a capire l'importanza di prendere in mano la situazione e ripristinare il proprio Senso di Sé.

Basta anche solo una rapida occhiata per rendersi conto di come la seconda mappa sia la più complessa. Per vivere una vita sana e produttiva, devi renderla meno complicata. Questo è esattamente l'obiettivo del ristabilire il tuo Sé.

## MAPPA DEL SANO (NATURALE) SENSO DI SÉ

La prima mappa rappresenta lo scenario migliore, quello dal risultato più appagante. Quando, grazie a un Mirroring adeguato, si è stati riconosciuti dall'educatore, la vita procede tranquilla. Certo la vita non è mai facile per nessuno ma, di sicuro, è più semplice se non si è perseguitati dal presunto bisogno di soddisfare condizioni autoimposte e raggiungere traguardi prestabiliti. Sarà istintivo, infatti, concentrarsi sugli eventi davvero importanti, su ciò che si desidera fare e su come raggiungere i propri obiettivi.

## MAPPA DEL SENSO DI SÉ ASSENTE

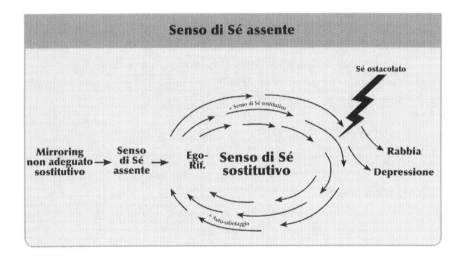

Questa mappa mostra le cause alla radice di gran parte della sofferenza umana: un Mirroring inadeguato e distorto e il suo effetto immediato, cioè la mancanza di riconoscimento del bambino in quanto persona "reale".

Il risultante Senso di Sé è assente e provoca un vuoto interiore che obbliga a sviluppare una dipendenza dall'esperienza del "Sé" attraverso un Senso di Sé sostitutivo.

Ciò porta alla formazione di Ego-riferimenti che differiscono da persona a persona. Quando queste condizioni vengono soddisfatte consentono soltanto di "Sentirsi bene con sé stessi" ma in forma discontinua e temporanea.

Le frecce che collegano i vari concetti rappresentano la direzione della forza che porta da un Mirroring inadeguato a un Senso di Sé sostitutivo. È come se, fin da bambino, ti ripetessi nella testa: "Io non sono riconosciuto come persona indipendente. Quindi non ho un Senso di Sé. Ho bisogno, allora, di qualche altra struttura per funzionare. L'unica alternativa è far felice il mio educatore, in modo da ricevere almeno un feedback positivo".

Il cerchio di frecce si riferisce alla ripetizione compulsiva di questo schema, che può essere infinita perché l'esperienza del Senso di Sé sostitutivo deve essere rinnovata continuamente. Questo schema circolare è l'insalubre "sentiero della dipendenza", in opposizione al sentiero salutare della mappa precedente. Qui l'obiettivo è mantenere costantemente un Senso di Sé sostitutivo in modo da non sperimentare rabbia o depressione. Questo causa un grande livello di ansia, sia per raggiungere il Senso di Sé sostitutivo, sia, una volta raggiunto, per mantenerlo.

Le paure del fallimento, dell'abbandono, del cambiamento e del non essere in grado di funzionare sono tipiche di un Senso di Sé sostitutivo. L'ansia è una forma di paura molto forte ma spesso vaga, perché la sua origine è difficilmente identificabile.

Poi c'è l'auto-sabotaggio; il Metodo del Senso di Sé interpreta questo fenomeno in maniera del tutto originale: è il modo in cui la natura ci mostra che siamo sulla strada sbagliata e vuole incoraggiarci a ritornare verso il nostro Sé autentico; dobbiamo, però, essere in grado di cogliere il suggerimento. Significa che la natura (o il Sé superiore) sta cercando di dirci che la nostra è una Motivazione indiretta e che stiamo mirando a raggiungere lo stato di "Sentirsi bene con sé stessi". L'auto-sabotaggio ci dà il messaggio di cui abbiamo bisogno per indagare sulla nostra Motivazione ultima e chiederci se siamo presenti a noi stessi o se stiamo semplicemente operando con un pilota automatico, avendo in mente un Obiettivo.

L'ansia, per esempio, di non poter realizzare uno scopo prefissato, basato su una Motivazione indiretta, può innescare una risposta di attacco o fuga tale da togliere il sonno per l'intera notte. Così l'insonnia può essere considerata un salvagente anziché una maledizione, perché è un modo naturale (cioè "della natura") per indirizzarci nella giusta direzione. Se però non lo capiamo, allora l'insonnia ci apparirà soltanto come un disturbo che ci impedisce di raggiungere il Senso di Sé sostitutivo.

Che cosa succede quando i nostri tentativi di raggiungere il Senso di Sé sostitutivo vengono contrastati? Il risultato immediato è la *rabbia*, totalmente sproporzionata all'Ostacolo, causata dalla sensazione di Annientamento.

A lungo andare, un altro risultato è la *depressione*. Raggiungere il Senso di Sé sostitutivo diventa il proprio *Sacro Graal*: immaginiamo di essere costretti a rinunciarvi, a causa di circostanze sfavorevoli, ma per sempre! Cosa ci rimane per cui vivere? Perdiamo ispirazione, ci sentiamo spenti, incapaci di fare ciò che più conta nella nostra vita: ottenere approvazione e raggiungere un Senso di Sé sostitutivo.

## MAPPA DEL SENSO DI SÉ RISTABILITO

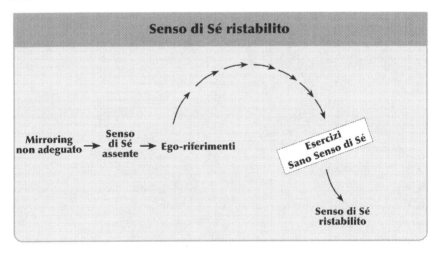

Il Metodo del Senso di Sé propone un processo di guarigione che porta a un Senso di Sé ristabilito. La terza mappa mostra il metodo per interrompere il circolo vizioso di dover adempiere ai bisogni del Senso di Sé sostitutivo. Anche se siamo stati soggetti, da bambini, a un Mirroring inadeguato e abbiamo vissuto con un Senso di Sé assente, rimane comunque la possibilità di ristabilire il nostro Senso di Sé, utilizzando le affermazioni e le attività descritte nei capitoli precedenti.

Questi passi verso la guarigione sono cruciali per liberarsi dall'altrimenti infinita ricerca di un Senso di Sé sostitutivo. Se portato avanti con dedizione e impegno, il ripristino del Senso di Sé può portare a un eccezionale miglioramento del Livello di qualità della vita.

Il mio consiglio è quello di ritornare su queste mappe più e più volte, nel corso della vita. Aiuteranno ad avere un quadro più ampio dei risultati negativi di un Mirroring inadeguato, nonché comprendere la differenza tra questa situazione patologica e la sua controparte positiva, ossia un Sano Senso di Sé.

# Capitolo 16
# La Soluzione del Senso di Sé

Ristabilire il proprio Senso di Sé aiuta a diventare più forti rispetto a una serie di problemi molto diffusi nella società di oggi e ciò può avere un impatto notevole sulla qualità della nostra vita e di quella dei nostri cari. Pur non essendo né un medico né una psichiatra, ritengo sia comunque ragionevole porsi alcune domande sulla relazione tra depressione, insonnia, abuso di sostanze e Senso di Sé assente. Se tale correlazione diventasse più chiara, potremmo comprendere un aspetto davvero importante per la risoluzione di questi problemi. In questo capitolo, spiegherò il perché di ciò che affermo.

Poiché non mi è stata fatta una diagnosi clinica, non posso dire con certezza di aver sofferto di depressione, durante tutti quegli anni in cui ho lottato contro l'insonnia e in cui ogni occasione era buona per far esplodere la mia rabbia. Inoltre, ero estremamente preoccupata per la qualità delle mie performance musicali, dal momento che erano necessarie per procurarmi lo stato di "Sentirsi bene con sé stessi".

Di conseguenza, parlare di depressione dal punto di vista medico e clinico è al di fuori delle mie competenze. Quello che cerco di offrire è la via di uscita che ha funzionato per me, ossia imparare a percepire davvero il mio Sé autentico. Spero, dal profondo del cuore, che ciò che questo libro ti ha lasciato sia la necessità di percepire il tuo Sé in modo diretto – attraverso il tuo respiro e attraverso la consapevolezza che tu sei, prima di tutto, un essere (umano) unico.

# INSONNIA

Non riuscire a prendere sonno o cadere addormentati è, per alcuni, solo un problema occasionale, per altri, invece, una situazione ricorrente. In quest'ultimo caso parliamo di *insonnia*, ossia di qualcosa che ha un impatto deleterio sulla qualità della vita.

Come per la depressione, la causa dell'insonnia è spesso oscura. Perché sorgono i problemi del sonno? Dormire è un processo naturale, proprio come mangiare – ne hai bisogno per funzionare al meglio. Evidentemente nei casi di insonnia ci deve essere qualcosa che interferisce con questo processo naturale. Sfortunatamente medici e ricercatori non hanno ancora trovato una risposta definitiva a questo problema.

Molte persone soffrono di carenza di sonno e ciò ha un effetto importante sulla società. Qui mi limiterò semplicemente a dire ciò che ancora non è stato detto: l'insonnia soffoca lo sviluppo e la realizzazione personale dell'individuo; influenza l'umore e il comportamento sociale, la produttività, la salute e addirittura la sicurezza propria e degli altri. Tuttavia, spesso, il problema rimane irrisolto mentre si perpetuano le conseguenze dannose. Nel mio caso, ad esempio, per più di venticinque anni non sono riuscita a passare una sola notte di vero riposo.

I medicinali più frequentemente usati per trattare l'insonnia sono sedativi, antidepressivi e ansiolitici. Quindi, oltre alla difficoltà di trovare il medicinale più adatto e la dose corretta per ciascun individuo, bisogna anche considerare che queste medicine hanno effetti collaterali che possono creare dipendenza, alterare la chimica del cervello e rallentare il processo di guarigione.

Sembra evidente che la mancanza di sonno sia il sintomo di un problema più profondo. Questi farmaci, silenziando il sintomo, si limitano a mascherare la questione più grande. Non solo rendono dipendenti dalle pillole, ma fanno sì che sia più difficile comprendere ciò che, in primo luogo, ha causato il problema e quindi cominciare un vero processo di cura. Se non si affronta il problema principale, infatti, si rischia di sviluppare ulteriori disturbi e disfunzioni.

# Come sfuggire all'insonnia

La prassi medica e i farmaci possono a volte rivelarsi necessari per chi soffre di insonnia, ma anche il Metodo del Senso di Sé può fare molto. L'insonnia può, infatti, essere curata cambiando le motivazioni e i bisogni di un comportamento insalubre e orientato al Senso di Sé sostitutivo in un comportamento sano, direttamente motivato e il cui scopo sia il proprio benessere.

Alla base della tua difficoltà a dormire potrebbe esserci la paura.

* Paura, addormentandoti, di perdere il Senso di Sé sostitutivo così faticosamente guadagnato.
* Paura di non essere in grado di funzionare il giorno dopo, e quindi di non riuscire a raggiungere il Senso di Sé sostitutivo.
* Paura che gli altri, o le circostanze in generale, si mettano in mezzo, creando Ostacoli.
* Paura che il sonno provochi un autosabotaggio del Sé sostitutivo.

La maggior parte di queste paure è legata al tuo bisogno di ottenere riconoscimento e convalida dagli altri, attraverso modalità indirette (Ordine del Giorno nascosto) e tramite una dipendenza da risultato. Il fatto che tutto questo, per lo più, lavora a livello subconscio, rende le cose ancor più complicate. Per accedere ai tuoi meccanismi inconsci devi essere preparato a fare molto esercizio al fine di conoscere te stesso. Devi impegnarti nell'introspezione, riconoscere le dinamiche dei tuoi pensieri e delle tue emozioni e capire perché queste ti portano a fare esperienza di te stesso e della tua vita in maniera malsana.

Il risultato dei tuoi sforzi può essere molto più che la sola guarigione dall'insonnia; può portarti realmente una vita migliore! Ma funzionerà solo se ci metterai molto impegno ed energia.

# Guardati dentro!

Probabilmente, anche se ancora non è stata data una spiegazione ufficiale per l'insonnia, tu conosci, magari a livello inconscio, il motivo per cui non riesci a dormire. Entrare in contatto con te stesso è il sentiero che il Metodo del Senso di Sé incoraggia, perché *tu* hai il potere di mettere fine alle ore d'agonia e di irrequietezza passate accanto a un'altra persona che, invece, russa pacifica per tutta la notte riuscendo, il giorno dopo, a essere felice e produttivo. Assicurati di usare questo potere per conoscere cosa accade dentro di te!

# DEPRESSIONE

Molte persone vengono etichettate come *depresse*; ma anche se le cause potenziali della depressione possono essere ben note, il fatto che le circostanze personali siano fattori dominanti e siano tanto diverse da persona a persona, significa che i sintomi della depressione sono, ancora troppo spesso, soppressi dai farmaci e che una cura effettiva non è prevista. Alcuni se la cavano da soli, mentre molti altri si fanno prescrivere medicinali o chiedono consigli riguardo alle tecniche di *biofeedback*[1]. Questi rimedi a volte aiutano, altre volte, invece, sommandosi agli svariati effetti collaterali, peggiorano la depressione.

## Cause principali della depressione

Il Metodo del Senso di Sé getta nuova luce sulla depressione, rivelando quella che potrebbe essere una chiave di lettura importante al fine di risolvere questo mistero: l'eterogeneità dei vissuti di ciascun individuo dà origine a comportamenti tra loro molto diversi, il che può oscurare la possibile causa comune del disturbo (un Senso di Sé assente). Una persona con un Sano Senso di Sé può quindi aver bisogno di un approccio diverso per curare la depressione rispetto a una persona con un Senso di Sé assente. Questo metodo è unico perché analizza quelle condizioni e le raggruppa sotto un ombrellone, procurando così un metodo per alleviare la depressione e rendere più efficaci i metodi convenzionali.

---

[1] Il biofeedback è una tecnica terapeutica mediante la quale l'individuo impara a riconoscere, correggere e prevenire le alterazioni fisiologiche alla base di svariate condizioni patologiche con conseguente loro riduzione ed eliminazione.

# Depressione dovuta a cambiamenti in circostanze al di fuori di te stesso

La depressione si sviluppa nelle persone con un Senso di Sé assente nel momento in cui un'azione, o un comportamento, ritenuto cruciale per ottenere l'approvazione dei genitori, viene bloccato per sempre oppure è fuori portata.

Si noti che non ho detto "ostacolato" o "rimandato" – no, è *bloccato per sempre*! Non c'è alcuna speranza di realizzare ciò che è ritenuto (percepito) come assolutamente necessario per evitare l'Annientamento. Gli Ego-riferimenti sono un meccanismo di comportamento inciso profondamente nella psiche, perché derivano da Strategie di sopravvivenza elaborate nella prima infanzia. Se queste intenzioni e questi sforzi angosciosi sono mantenuti anche quando l'approvazione non è più disponibile (ad esempio, con la scomparsa dell'educatore primario), allora l'intero senso della vita può sgretolarsi. Poiché questo processo si svolge a livello inconscio, non è riconosciuto: di conseguenza, la causa della depressione non viene affrontata.

## Avvertenza per chi è in via di guarigione

È importante riconoscere la possibilità di sviluppare una depressione autoimposta. Se decidi di ristabilire o rafforzare il tuo Senso di Sé, sappi che ci saranno momenti in cui ti sentirai sgonfio, depresso per non essere in grado di portare a termine le Strategie di sopravvivenza della prima infanzia. Del resto, sono strategie che ti accompagnano da molto tempo e che ti hanno aiutato a sopravvivere fino a ora. Il tuo inconscio non le lascerà andare via facilmente. Anziché lottare contro queste vecchie abitudini, prova a rispettarle e, dolcemente, allontanati da esse.

## Come uscire dalla depressione

Se la depressione deriva davvero dall'impossibilità di costruire un Sano Senso di Sé, allora c'è speranza. La risposta per superare la depressione è a portata di mano: ristabilire il proprio Senso di Sé. E come si fa? Ricorda: come detto in precedenza, dovrai far maturare la consapevolezza che la tua vita riguarda *te* come persona unica e indipendente. È qui che entra in gioco il ricondizionamento: devi *ricondizionare* il tuo Senso di Sé con un *nuovo programma* che si concentri esclusivamente sul Sé.

## ALCOLISMO

Ci sono molti tipi di dipendenza: l'uso di alcol o altre sostanze, il gioco d'azzardo, lo shopping compulsivo, internet, il lavoro, il sesso e altri ancora. Basandomi sulla mia storia personale, vorrei concentrarmi su una di esse: l'alcolismo. Ciò che descriverò è comunque applicabile a ogni altro tipo di dipendenza.

Le probabilità di diventare dipendenti dal "Sentirsi bene con sé stessi", attraverso il raggiungimento del risultato desiderato e l'ottenimento dell'approvazione, dipendono dal tipo di Motivazione. Con un Sano Senso di Sé è improbabile imboccare quella strada, perché richiederebbe una Motivazione indiretta accompagnata da un Senso di Sé assente. È quello che accade, invece, nel caso della dipendenza da alcol. In questa sezione vorrei chiarire che – dal mio punto di vista – il Senso di Sé assente è la causa principale di molti casi di alcolismo e che questo si configura, quindi, più come una dipendenza che come una patologia.

La ricerca nel campo della dipendenza negli ultimi anni ha dato risultati incredibili: sono stati aperti svariati centri di cura e c'è una consapevolezza più profonda delle conseguenze dell'abuso di sostanze. Sappiamo come il corredo genetico possa essere un fattore importante nel processo di smaltimento dell'alcol nel fegato e che alcune persone non possiedono gli enzimi necessari per attivare questo processo. Sappiamo che l'abuso prolungato lacera le pareti protettive delle cellule, condizione che fa aumentare il bisogno di bere alcol. È un ciclo difficile da interrompere, ma qual è il motivo a monte per cui si diventa alcolisti? Il *Disease Model* (*Modello Malattia*)[2] non dà una risposta a questa cruciale domanda, eppure è fondamentale trovare le ragioni perché solo conoscendo il motivo per cui qualcosa avviene possiamo davvero fare in modo che non accada più.

[2] E. M. Jellenek (1890-1963) ha concepito il modello dell'alcolismo come malattia, definendo l'alcolismo una patologia medica con lo scopo di liberare gli alcolisti dallo stigma di essere etichettati come "peccatori" o comunque come "cattive persone".

# Duplice problema

La dipendenza da un Senso di Sé sostitutivo è una dipendenza in sé e per sé, segue quindi le stesse regole di tutte le altre dipendenze: si presenta solo e soltanto quando *non sei presente al tuo Sé*.

Lo stesso vale per l'alcolismo: si eccede nel consumo di alcolici nonostante la consapevolezza dell'effetto distruttivo che questo ha sul corpo, sulla mente e, in ultima analisi, sulla vita. Una persona sana di mente non permette che questo succeda; con la coscienza di essere prima di tutto una persona, ossia un organismo vivente che dovrà curare il danno provocato dall'abuso di alcol, non ci si permette di andare, regolarmente, oltre certi confini. Solo quando lo spirito è impossibilitato a prendere possesso del corpo e a proteggerlo, si cade vittime di tale comportamento autodistruttivo. Quando corpo e mente non percepiscono il Sé, questo non può essere attivato, e allora il corpo e la mente sono vittime di comportamenti automatici e casuali che l'abuso di alcol complica ulteriormente.

Purtroppo, l'alcolista deve superare un duplice problema, poiché per superare la sua dipendenza deve prima ristabilire il proprio Senso di Sé. Questa, però, non è un'operazione facile da portare avanti quando si hanno una forza di volontà e un'intelligenza ridotte, e sappiamo che l'abuso di alcol può diminuire entrambe. *Alcolisti Anonimi* e associazioni simili si sono dimostrate efficaci nel far sì che le persone si mantenessero sobrie per lunghi periodi se non per sempre. Ciononostante, le percentuali di successo, nei programmi a tappe, sono notoriamente basse. In base a un sondaggio del 2007, inerente l'omonima associazione americana (*Alcoholics Anonymous* – AA), il 33% degli 8000 membri nordamericani intervistati erano riuscito a rimanere sobri per più di dieci anni, il 12% era rimasto sobrio da cinque a 10 anni, il 24% da uno a cinque e il 31% per meno di un anno[3]. Questi numeri non sono indicativi di una percentuale di successo soddisfacente, ma potrebbero aumentare nettamente se fosse offerto un aiuto attivo per ripristinare il Senso di Sé delle persone.

---

[3] Kevin Gray, "Does AA Really Work? A Round-Up of Recent Studies". https://www.thefix.com/content/the-real-statistics-of-aa7301.

## Come uscire dalla dipendenza

La Teoria del Senso di Sé afferma che un Senso di Sé assente è la causa principale di ogni forma di dipendenza. Se ciò è vero per quanto riguarda *l'abuso* di sostanze, la *dipendenza dall'abuso* di sostanze detiene un posto speciale, poiché in questo caso esiste una condizione che impedisce alle persone di prendere iniziative e perseguire l'autoguarigione da un Senso di Sé assente; l'alcolista o il tossicodipendente perdono la capacità di controllarsi e regolarsi a causa dell'effetto che la dipendenza stessa ha su di loro.

Gli alcolisti possono essere paragonati a kamikaze che rinunciano alla propria vita per cause politiche o religiose, ma, a differenza di questi ultimi, gli alcolisti lo fanno solo perché non hanno percezione di ciò che è in gioco: il dono della vita (il loro Sé). L'immenso valore di questo dono, la vita, ci rende tutti uguali e con gli stessi bisogni e desideri, ma se non si è mai imparato a connettersi con il proprio Sé e a valorizzare la propria vita, non si può riconoscerne l'importanza, anzi, non si è nemmeno in grado di capire che la si può perdere per sempre!

## Adottare il Metodo del Senso di Sé nei centri di cura

Sarebbe meraviglioso se il Metodo del Senso di Sé potesse entrare a far parte del programma di studi dei centri di riabilitazione. Ripristinare il Senso di Sé è un ottimo primo passo per evitare ricadute. Quando ci si rende conto del valore del proprio corpo e della propria mente, si è meno inclini ad arrendersi a dipendenze di sorta. Durante la guarigione dall'abuso di alcol o droghe è fondamentale comprendere che si ha veramente qualcosa da perdere. Quel qualcosa è il proprio Sé.

## COMPULSIONE

L'essere umano è una creatura abitudinaria, è risaputo. Alcune abitudini sono innocue, mentre altre diventano dipendenze o compulsioni. Spesso c'è solo un margine impercettibile tra una dedizione positiva e una dipendenza negativa.

# Allenamento compulsivo

Gli studenti di musica, così come altri artisti o come gli atleti, sono incoraggiati a esercitarsi con sempre maggiore impegno. Viene fatto credere loro che la pratica renda perfetti e, in effetti, dedicare molte ore all'allenamento può aprire la possibilità al miglioramento, ma non è solo la quantità di tempo che conta: anche la mentalità e la Motivazione sono importanti.

Purtroppo, non tutti riescono a tenere presente tutti questi aspetti.

*La natura della tua Motivazione determina la natura della tua performance.*

Questo vuol dire che se possiedi un Sano Senso di Sé, ti alleni con questo senso, operi a partire da una Motivazione diretta e i tuoi sforzi hanno un solo scopo: migliorare. Ma è anche vero il contrario, se hai un Senso di Sé assente, la tua strategia di allenamento è focalizzata sull'acquisizione di un Senso di Sé sostitutivo, quindi il praticare uno sport o suonare uno strumento viene utilizzato solo come Veicolo. Il risultato dell'attività determina il livello in cui sei in grado di sentirti al sicuro dall'Annientamento... puoi esercitarti finché non sei esausto, ma con il passare del tempo, questo potrà portare a lesioni gravi, dovute a tensione muscolare o sovraccarico.

# La mia dipendenza

Quando ero una fagottista professionista, avevo abitudini di studio piuttosto compulsive. Un esempio: nell'anno in cui ho iniziato la mia carriera come fagottista nell'Orchestra Filarmonica di Amsterdam, sono andata in tournée, per la prima volta, in Giappone, suonando in molte città differenti, ma senza la possibilità di esercitarmi fra una tappa e l'altra.

I nostri strumenti venivano trasportati in un camion a temperatura controllata e ritirati tre giorni prima della partenza. Io però volevo esercitarmi fino all'ultimo minuto, ed ero molto preoccupata dal fatto di non avere il mio fagotto con me. Chiesi di parlare con il direttore dell'Orchestra e gli spiegai la mia preoccupazione, pregandolo di essere dispensata dal dover rimanere senza lo strumento per tre giorni consecutivi. Con mia grande sorpresa, lui mi rispose: "Non ti preoccupare. Andrà tutto bene!" Evidentemente aveva già una certa familiarità con le tendenze compulsive, che riteneva atteggiamenti emotivi che si doveva imparare a gestire.

Puoi applicare questo esempio anche a te stesso, sostituendo questa attività con quelle della tua vita, del tuo lavoro, delle tue passioni o, anche, con l'esperienza di essere genitore.

# Postfazione

*Alcune riflessioni sulle difficoltà sperimentate durante
il percorso di recupero dalla dipendenza da un Senso di
Sé sostitutivo… e perché vale comunque la pena provare!*

Ogni giorno il mio Senso di Sé cresce e, una parte sempre più grande di "me", comincia a credere che posso abbandonare il mio Senso di Sé sostitutivo. Ho usato il Senso di Sé sostitutivo come una stampella per più di sessanta anni perché non avevo nient'altro cui appoggiarmi, ma ora mi accorgo che era tutta una finzione. Ho avuto questa illusione per così tanto tempo che è stata dura rinunciarvi. La persistenza e gli strumenti appropriati, come gli esercizi offerti nel Metodo del Senso di Sé, mi hanno aiutato molto durante questo percorso.

Spero che questi pensieri finali ti aiutino a non rinunciare mai a lavorare per superare ciò che è andato storto durante la tua prima infanzia e adolescenza. Ho detto "non ha funzionato", ma del resto chi sono io per concludere che le cose non hanno funzionato davvero? Forse capire queste dinamiche faceva parte del destino della tua vita. Se ci sarà, per me o per te, un "… e vissero felici e contenti" non è dato saperlo. Un miglioramento, però, è garantito.

Per me tutto è cominciato quando, da bambina, ho sentito per la prima volta la necessità di convincere mia madre a prendermi in considerazione. Credevo che, per ottenere la sua attenzione, avrei dovuto essere all'altezza delle sue aspettative, e così ho cominciato a impegnarmi per soddisfare le "condizioni" che avrebbero portato alla sua approvazione, quelle condizioni che, con il tempo, sono diventate le mie Strategie di sopravvivenza della prima infanzia. Con gli anni queste strategie si sono radicate in profondità nella mia mente inconscia e sono diventate le mie Motivazioni. Non ne ero consapevole: ci sono voluti molti anni perché fossi in grado di comprendere appieno la portata di questo problema e i suoi sconvolgenti effetti sulla mia vita.

Quando ho iniziato il processo di autoguarigione, non immaginavo che tutto sarebbe girato attorno alla necessità di liberarmi da una dipendenza dall'approvazione genitoriale, reale o interiorizzata. Questa sorpresa, e la mancanza di immediata cooperazione da parte del mio corpo, continuano a sorprendermi. Dopo un periodo così lungo di negazione e incuria di me stessa, il mio sistema non voleva riconoscere né accettare di buon grado le mie cruciali scoperte. Ho dovuto rimuovere i mattoni di cui era composta la mia strategia di sopravvivenza uno a uno, fino a demolire il muro che mi separava dal mio Sé autentico e dalla possibilità di vivere una vita vera.

Negli anni in cui cominciai a ripristinare il mio Senso di Sé, il rischio di ricadere nel Buco nero era molto alto. A volte capitava di sorpresa, proprio mentre, finalmente, mi stavo divertendo, e allora ogni evento positivo che accadeva a Livello di qualità della vita veniva risucchiato in quel Buco nero. Questo a sua volta innescava immediatamente ansia e insonnia. Sintomi fisici, come le emicranie o l'ansia, rialzavano la testa ogni volta che aprivo gli occhi al mattino. È stata davvero necessaria molta dedizione per continuare a organizzare la mia vita e prendermi cura del mio corpo in quei momenti, ma ce l'ho fatta. Giorno dopo giorno tutto è migliorato e alla fine i risultati non hanno tardato ad arrivare.

Annibale, nel 218 a.C., attraversò le Alpi con i suoi elefanti; fatte le debite proporzioni, non credo che i miei sforzi per la guarigione siano stati meno difficoltosi. Non voglio compararmi al grande comandante cartaginese, ma solo usare il paragone per sottolineare quanto sforzo sia stato necessario per reindirizzarmi e riscoprire il mio Sé in modo abbastanza accurato da rimanervi fedele.

Ecco un'interessante citazione di Kevin Toohey[1], basata su uno dei pensieri di Jung riguardo l'autonomia della psiche:

> *"Psicologicamente un complesso, oppure un sentimento distruttivo, possono essere così devastanti da richiederci uno sforzo eroico per potervi sfuggire. Il tappeto può essere una buona metafora. Il tappeto è un prodotto di filatura;*

[1] Kevin Toohey, analista junghiano ed ex presidente della *C.G. Jung Society of Melbourne*, su "The Frogg Princess", da *Jung Talks, 50 years of the C.G. Jung Society of Melbourne*, edito da Annette Lowe, Melbourne, 2011.

possiamo *dire che rappresenti la storia dell'identificazione.
In qualunque momento della nostra vita, non è facile vedere come le esperienze, o i fili, della nostra vita formino un
arazzo che racconta la storia del Sé. La fuga dalle tendenze
distruttive nell'inconscio avviene attraverso la comprensione, filo per filo, del significato delle proprie esperienze e del
proprio destino".*

Presentare il mio lavoro al mondo si accompagna alla speranza
che persone di ogni età, ceto sociale, razza o sesso possano esserne
positivamente influenzate, diventando coscienti del bisogno di esaminare la loro presenza nel mondo. Ognuno di noi deve al proprio
Sé la possibilità di vivere davvero la propria vita e di poter essere una
vera guida per i propri figli. Dobbiamo vivere in modo tale da riuscire
ad avere una visione chiara di quelle che potrebbero essere "questioni in sospeso", riconoscerle e fare qualcosa al riguardo. Questo
deve accadere prima che i nostri figli richiedano la nostra attenzione,
in modo da non dover provare il nostro diritto a esistere attraverso o
nonostante loro.

Coloro che decidono di diventare, o sono già, genitori devono
essere pienamente consapevoli delle responsabilità che si assumono
nel momento in cui decidono di prendersi cura di una nuova generazione. Per molti, diventare genitori è un'aspettativa eteroimposta,
non una scelta vera e propria. Mi chiedo se davvero l'umanità possa
ancora sostenere questo approccio. Non sarebbe meglio se adottassi-
mo tutti le misure necessarie per rispondere a una tale responsabilità,
lavorarando per facilitare lo sviluppo di un Sano Senso di Sé nelle
nuove generazioni?

Un Sano (ristabilito) Senso di Sé è ciò che serve per essere sé
stessi. I vostri figli vi seguiranno e svilupperanno a loro volta il loro
Senso di Sé in modo naturale. Quando due generazioni riusciranno
a vivere le proprie vite con un Senso di Sé naturale, il nostro mondo
sarà un luogo migliore.

# Glossario

### Accumulare punti

Ricercare il successo attraverso l'utilizzo di un *Veicolo* con l'unico obiettivo di raggiungere un proprio *Ego-riferimento*. Si accumulano punti per poter arrivare all'*Obiettivo segreto*, ossia ottenere un qualche tipo di approvazione esterna. Lo scopo di tale comportamento è un *"Sentirsi bene con sé stessi"* che funziona come un *Senso di Sé sostitutivo*.

### Annientamento

Forte senso di abbandono; un non sentirsi visti né ascoltati, pensare di non essere tenuti in considerazione né di avere alcun impatto su ciò che ci circonda. Tutto ciò viene vissuto come forma di non esistenza.

### Buco nero

Metafora che indica un'intollerabile, terrificante "invisibilità", sperimentata a livello subconscio da chi non si sente una "persona reale". Il *Buco nero*, come una forza della natura, risucchia comportamenti e azioni al fine di colmare sé stesso con un *Senso di Sé sostitutivo*.

## Conflitto interiore

Lotta tra due o più istanze autoimposte, in competizione e incompatibili tra di loro messe in atto per poter ottenere un *Senso di Sé sostitutivo*. Questa competizione interiore non porta ad alcun risultato se non a sperimentare un elevato livello di ansia.

## Ego-riferimenti

Sono quei presupposti, accettati inconsciamente, che ci permettono di raggiungere un'approvazione esterna, mediante comportamenti studiati per ottenere quei risultati che ci portano allo stato di *"Sentirsi bene con sé stessi"*.

## Formula magica

È lo schema per comprendere l'essenza del *Metodo del Senso di Sé*. Ci si allontana dal volere a tutti i costi *"Sentirsi bene con sé stessi"* e si cerca la maniera corretta per percepirsi e avere, così, la piena consapevolezza del proprio corpo, delle proprie emozioni e della propria mente.

## Invischiamento

Relazione malsana tra il bambino e il suo principale educatore. L'identità e le motivazioni dell'infante sono strettamente intrecciate a quelle dell'adulto tanto da provocare nel bambino un'eccessiva necessità di approvazione.

## Livello di qualità della vita

Una reazione emotiva in sintonia con la reale intensità degli eventi della propria vita. Questa è un'indicazione di un *Sano Senso di Sé*.

## *Mirroring* - Rispecchiamento

L'insieme di quei processi inconsci, verbali e non, con i quali il genitore/educatore trasmette un feedback primario al bambino. Tale feedback è adeguato quando l'educatore si relaziona al fanciullo quale individuo reale e indipendente; oppure inadeguato, se l'educatore usa il bambino come mezzo per soddisfare i propri bisogni emozionali. Il bambino si riflette in questa dinamica accettandola come pura verità. Il potersi rispecchiare correttamente è decisivo per lo sviluppo di un *Sano Senso di Sé*.

## Modalità attenzione

Movimenti degli occhi rilassati, capaci di rimanere concentrati a lungo su un obiettivo, indicano uno stato d'animo radicato e una persona con un *Sano Senso di Sé*.

## Modalità scansione

Quando gli occhi di una persona si muovono inquieti alla ricerca del modo migliore per *Accumulare punti*, in modo da poter soddisfare la necessità di approvazione e *"Sentirsi bene con sé stessi"*.

## Motivazione

È ciò che crea un incentivo, un impulso a fare o non fare qualcosa; ciò che determina un comportamento in base ai propri desideri.

## Motivazione diretta

È la *Motivazione* basata sul presente. L'incentivo è puro, semplice, diretto e non provoca un *Conflitto interiore* o un *Ordine del giorno nascosto*.

## Motivazione indiretta

Entra in azione quando la *Motivazione* non è quella che sembra, ma si è sviluppata con il fine di raggiungere il temporaneo stato emotivo del *"Sentirsi bene con sé stessi"* che sostituisce la sensazione di essere una persona "reale".

## Obiettivo orientato al Senso di Sé sostitutivo

È quando si utilizza la *Motivazione indiretta* per convincere il genitore a passare da un'opinione negativa a una positiva e potersi così sentire una persona "reale".

## Obiettivo segreto

L'obiettivo più profondo situato nell'inconscio, ossia ottenere l'approvazione dell'educatore. Questo obiettivo è però solo un malsano sostituto del riconoscersi come una persona "reale".

## Ordine del giorno nascosto

Si tratta di un fine inconscio che guida azioni e comportamenti. Non è lo scopo reale, ma la dimostrazione dell'abilità di realizzare un *Ego-riferimento* alla perfezione, seguendo un percorso automatico verso il proprio *Obiettivo segreto*.

## Ostacolo

Qualsiasi difficoltà che si incontra nel percorso verso il *Senso di Sé sostitutivo*; provoca momenti di rabbia e può portare a episodi di violenza o alla sua controparte: la depressione.

## Paura dell'Annientamento

È il timore di essere invisibili agli occhi degli altri. Questo concetto non può essere interiorizzato appieno senza prima aver compreso la definizione di *Annientamento*.

## Relazione diretta con sé stessi

Modo sano di relazionarsi con sé stessi, che significa essere in grado di sperimentare il proprio Sé senza doversi confrontare con i propri successi o con il parere altrui.

## Relazione indiretta con sé stessi

È quando si crede di potersi percepire solo in virtù di responsi esterni, ottenendo così un benessere transitorio anziché un permanente *Senso di Sé*.

### Sano Senso di Sé

Capacità di sperimentare e di essere presenti a sé stessi e alla propria vita, riconoscendo che le decisioni prese sono campi di espressione esclusivi. Ne consegue il sentirsi in diritto di vivere, così da essere in grado di sperimentare la propria "essenza".

### Sé autentico

È l'integrazione di corpo, emozioni e mente che porta a fare esperienze in modo sano; le azioni e i comportamenti sono conseguenza della vita reale e non influenzate da motivazioni patologiche.

### Senso di Sé

Consapevolezza conscia o inconscia di ESISTERE quale persona unica e autonoma.

### Senso di Sé assente

Caratteristica di chi non ha mai sviluppato la sana e costante consapevolezza di essere una persona reale e indipendente.

### Senso di Sé naturale

Si tratta della consapevolezza, normalmente sviluppata durante l'infanzia, di essere una persona "reale" e indipendente, con il diritto di esistere a prescindere da ciò che gli altri possano dire o pensare.

## Senso di Sé ristabilito

È il risultato del lavoro compiuto con il *Metodo del Senso di Sé*, ossia la guarigione dalla dipendenza da un *Senso di Sé sostitutivo*. Consiste nell'arrivare ad avere una ferma consapevolezza di essere una persona vera, libera di vivere in base alla propria essenza, alle proprie preferenze, abilità e limiti. L'intima coscienza di essere indipendenti dal nostro genitore o educatore; liberi da ogni dipendenza da risultati o approvazione. Si ha la solida percezione di essere incondizionatamente vivi e reali.

## Senso di Sé sostitutivo

Struttura psico-emotiva che si sviluppa nei bambini, quasi come se fosse la spina dorsale della loro psiche, che hanno avuto educatori che li vedevano come un'estensione di sé stessi inducendoli a un orientamento compulsivo al fine di conseguire approvazione.

## "Sentirsi bene con sé stessi"

Stato emotivo, di relativo benessere e sicurezza, derivato dall'ottemperare con successo i desideri dell'educatore. L'approvazione ricevuta riduce la necessità di produrre determinati risultati a tutti i costi, ma solo in modo temporaneo e quindi non sano. Questo stato è solo una pallida imitazione del sentirsi veramente vivi.

## Sistema orientato al Senso di Sé sostitutivo

È quell'insieme di esigenze, comportamenti, motivazioni, abitudini, convinzioni, finalità e paure che agisce nella persona con l'obiettivo di ottenere approvazione esterna. Questo meccanismo diventa la base di un modo di vivere malsano.

## Specchio distorto

Si instaura quando l'educatore primario, troppo preso dai suoi problemi e dalle sue esigenze emozionali, è incapace di riconoscere il bambino come un essere indipendente; il riflesso che quindi trasmette risulta distorto. Il bambino, inevitabilmente, fraintende quel che vede riflesso; questa conclusione è comprensibile ma del tutto scorretta, con ripercussioni potenzialmente negative su larga scala.

## Strategia di sopravvivenza della prima infanzia

È l'insieme di comportamenti, meccanismi e tattiche nati per sopravvivere alla mancanza di riconoscimento e sviluppati fin dalla prima infanzia. Questa strategia si perpetua fino all'età adulta portando alla ricerca continua di approvazione per *"Sentirsi bene con sé stessi"*.

## Veicolo

Attività o comportamento utilizzato per dimostrare abilità specifiche o tratti caratteristici (*Ego-riferimenti*) finalizzata a ottenere approvazione per *"Sentirsi bene con sé stessi"*.

## Verifica della Motivazione

Si tratta di uno strumento cruciale, che serve a riconoscere la propria *Motivazione* (*indiretta*) e registrare i propri *Ego-riferimenti* e *Ordini del giorno nascosti*, per arrivare a capire qual è l'*Obiettivo segreto*.

## Voce genitoriale interiorizzata

Sono quei messaggi, verbali e non, trasmessi, consapevolmente o meno, dai genitori ai figli che si installano nella mente del bambino fino a essere percepiti come verità assoluta.

# L'Autrice

**Antoinetta Vogels** è nata nei Paesi Bassi nel 1946, alla fine della Seconda guerra mondiale. Ricorda vividamente i racconti del padre sugli orrori del conflitto, mentre camminava con lui tra le rovine della sua città nativa Groninga (Groningen).

Fu da bambina che prese la ferma decisione di fare qualcosa per opporsi alla guerra.

Cresciuta con un Senso di Sé assente e alla continua ricerca di ciò che mancava nella sua vita, già sentiva che l'esistenza le avrebbe comunque offerto un'opportunità per contribuire alla conoscenza dei comportamenti umani.

Ex fagottista presso varie orchestre professioniste dei Paesi Bassi, Antoinetta era una musicista disciplinata che amava la creatività e l'espressività della sua professione.

La maternità le diede la gioia di avere due figlie adorabili, ma fu anche l'inizio improvviso di una grave forma di insonnia che la obbligò a un prematuro ritiro dalle scene. Da qui nasce il viaggio interiore di Antoinetta: ricercare la causa dell'insonnia che l'ha afflitta per più di venticinque anni.

Analizzando i pensieri e le sensazioni affidati per anni a un registratore, Antoinetta ha condotto un lavoro di autointrospezione sempre più approfondito e sviluppato, in tal modo, un metodo per identificare una serie di modelli comportamentali nonché per sviluppare la Teoria del Senso di Sé.

La missione di Antoinetta è rendere ognuno di noi consapevole di quanto un Sano Senso di Sé sia un elemento cruciale e nella vita dell'individuo e per il mondo intero. Ciò contribuirebbe alla pace anziché al conflitto.

Antoinetta ha vissuto nei Paesi Bassi fino al 1995 quando, insieme alla sua famiglia, si trasferì negli Stati Uniti d'America, a Ithaca, NY. In seguito si spostò a Seattle, sua sede di lavoro da oltre un decennio.

Le numerose vacanze estive trascorse durante l'infanzia in Italia con la propria famiglia, hanno alimentato in Antoinetta un immenso affetto nei confronti del popolo e della cultura italiana, tanto da aprire un franchising, oltre che nel suo paese d'origine, anche in Italia, con il nome Sano Senso di Sé.

Attraverso la sua società, la HealthySenseOfSelf LLC, Antoinetta mette a disposizione le riflessioni e le tecniche necessarie a ristabilire il proprio Senso di Sé.

*"Un Sano Senso di Sé è la spina dorsale della psiche umana. Senza di esso una persona spreca la propria vita".*

# Per approfondire il Metodo di Antoinetta Vogels

## RECENSIONE DI KIRKUS[1]
### (TRADOTTO DALL'ORIGINALE IN LINGUA INGLESE)

L'autrice offre una teoria scaturita dallo studio della sua esperienza di bambina trascurata psicologicamente, e delle conseguenze che questo ha avuto sulla sua vita. Il termine *invischiamento* è utilizzato per descrivere una relazione disfunzionale con confini permeabili e poco chiari che possono portare a una dannosa mancanza di autonomia. Questo è esattamente ciò che Antoinetta Vogels ha sperimentato da bambina, con una madre che le rifiutava l'amore e che concedeva l'approvazione solo a condizioni egocentriche. Man mano che l'autrice cresceva, cominciava a rendersi conto di questa situazione e di come contribuisse ad alimentare stati estremi di ansia e stress. Ha passato gran parte della sua vita, compresi i suoi anni da adulta, inseguendo l'approvazione dei genitori, tanto da non riuscire a sviluppare la propria autostima. Dopo aver studiato sé stessa per anni, ha ora raccolto le sue conclusioni in questo libro creando la Teoria e il Metodo del Senso di Sé. Il libro è rivolto in particolare a tutti coloro che hanno vissuto circostanze simili. All'inizio, l'autrice sottolinea il ruolo cruciale del caregiver primario. Sebbene non sia una psicologa, Antoinetta sicuramente pensa e scrive come tale; questo volume è ricco di definizioni, di termini specifici ed esempi di supporto. La Teoria del Senso di Sè della Vogels è incredibilmente ben articolata, con intuizioni che dovrebbero risuonare in coloro che hanno vissuto un'infanzia difficile, causa di percorsi di vita tortuosi o sofferenti. L'autrice incita anche i nuovi genitori ad accogliere i loro figli in un'atmosfera di amore incondizionato. Sfortunatamente il resto del

---

[1] "Kirkus Reviews" è una rivista letteraria statunitense fondata nel 1933 da Virginia Kirkus.

lavoro, vale a dire gli effetti di un Senso di Sé assente e i suggerimenti per il recupero della Vogels, perdono parte dell'efficacia della prima sezione e includono alcune ridondanze. Inoltre, è probabile che solo quei lettori che si adattano alla stessa visione dell'autrice troveranno queste sezioni particolarmente utili. Detto questo, l'organizzazione del manuale da parte della Vogels e le sue valutazioni meticolose sono eccezionali. Sebbene la sua teoria abbia ancora bisogno di essere perfezionata, i concetti di cui scrive sono vitali e dovrebbero essere seriamente esplorati nel mondo della psicologia e dello sviluppo umano. Questo libro dovrebbe aiutare i lettori che hanno vissuto un'infanzia privata dell'accettazione dei genitori ad abbandonare le loro abitudini di ricerca di approvazione e scoprire chi sono veramente.

## INFORMAZIONI SUL METODO DEL SENSO DI SÉ

Un Sano Senso di Sé è la percezione che ti permette di essere una persona distinta dalle altre. Con un Sano Senso di Sé puoi esprimere liberamente te stesso: un essere umano unico! Inoltre, ti consente di diventare sempre più indipendente, in tutte le fasi del tuo sviluppo. Il Senso di Sé viene sì nutrito e coltivato sin dalla nascita, ma si riesce a raggiungere solo quando gli educatori, che si sono presi cura di te nella prima infanzia, ti vedono e riconoscono quale essere autonomo, anziché considerarti (seppur inconsapevolmente) un'estensione di sé stessi se non addirittura un peso. Un Sano Senso di Sé è la base indispensabile per vivere una vita autentica, priva di vergogna, rimpianti o ansia, al contrario, invece, di una vita basata su una dipendenza da approvazione.

Il Metodo del Senso di Sé è un programma di autoaiuto che ti permette di determinare se hai, oppure no, un Sano Senso di Sé e, nel caso questo manchi, ti aiuta a costruire un Senso di Sé ristabilito. Ristabilire il tuo Senso di Sé ti porterà a vivere meglio, come se possedessi un Senso di Sé naturale. Come chi dispone di un Sano Senso di Sé, infatti, anche tu riuscirai a sviluppare un maggior senso di pace interiore, ad avere più vitalità, a instaurare relazioni migliori e a incrementare in modo significativo la qualità generale della tua vita.

# Visione

La nostra azienda è impegnata a fornire strategie e approfondimenti che contribuiscano ad aumentare in modo significativo la qualità della vita dell'individuo e, come obiettivo a lungo termine, del mondo in generale. Il Metodo del Senso di Sé aiuta ad aumentare o ripristinare nell'individuo un Sano Senso di Sé, il che porta immediatamente a migliorare la salute, la produttività, il successo, il benessere e la pace. La società Healty Sense of Self (HySoS, con franchising nei Paesi Bassi e in Italia) è impegnata a diffondere questo messaggio in modi sempre diversi, efficaci e rivolti a un numero sempre maggiore di individui e gruppi così che gli effetti del Metodo possano contribuire in modo significativo alla diffusione di una forma di esistenza pienamente vitale e autentica.

# Dichiarazione d'intenti

Crediamo che il mondo possa essere un luoho migliore e Healty Sense of Self contribuisce a questa visione sviluppando e fornendo istruzione ed esercizi per rendere il nostro Senso di Sé sempre più sano. I nostri metodi educativi offrono una serie di servizi tra cui, ma non solo: offrire informazioni a individui e gruppi sotto forma di conferenze, teleconferenze, seminari e teleseminari, webinar online, discorsi e presentazioni educative, podcast, video, apparizioni radiofoniche e televisive, articoli su giornali e riviste, newsletter, *Ezine* (la nostra rivista online).

Il nostro sogno più grande è una fondazione HySoS che comprenda strutture terapeutiche ed educative, con franchising nazionali e internazionali. HySoS si impegna ad aiutare le persone a (ri)allinearsi con chi sono veramente, rafforzando o ripristinando il loro Senso di Sé. Pertanto, lavoriamo in modo specifico con genitori, insegnanti, formatori di insegnanti, sacerdoti e altre figure che abbiano influenza su un gran numero di persone, perché vogliamo orientare gli educatori a ottenere il massimo impatto sul mondo.

Vogliamo essere sia un'azienda che una famiglia, fornendo così a molte persone ciò che manca nella loro vita: uno scopo.

# ABSTRACT

## Introduzione

L'insonnia, come molti altri disagi mentali, emotivi e fisici, fa parte di una vasta gamma di sofferenze umane che condividono una causa principale: un Senso di Sé assente. Al contrario, con un Senso di Sé ristabilito, è possibile abbattere molti, se non tutti, gli aspetti che portano a un cattivo stato di salute o a una mancanza di benessere.

Nel mio caso fu proprio l'insonnia, che si manifestò subito dopo la nascita della mia primogenita, nel 1985, quando ripresi a lavorare come fagottista nell'Orchestra Filarmonica di Amsterdam, il motivo per cui cominciai a indagare le cause alla base di questa mia improvvisa condizione di disagio.

Ho quindi sviluppato un metodo per aiutare le persone a ripristinare il proprio Senso di Sé, riconoscere la loro vera Motivazione e comprendere che fare, o evitare di fare qualcosa, spesso non c'entrano nulla con chi si è veramente e con ciò che si vorrebbe davvero per sé stessi.

I risultati dei miei studi hanno dato origine a diversi libri tradotti in tre lingue e a un corso online sul Metodo del Senso di Sé. Chiedersi: "PERCHÉ faccio QUELLO che faccio?" oppure "PERCHÉ evito di fare, spesso a tutti i costi, certe cose?" ci aiuta ad analizzare i retroscena della nostra motivazione; ci fa vedere con più nitidezza cosa ci spinge verso quel comportamento, e ci fa arrivare alla conclusione che essere così estraniati dal proprio Sé autentico potrebbe essere la causa che ha portato ai sintomi della malattia che si sta vivendo.

L'intenzione di questo abstract è di invitare i professionisti di formazione accademica, in particolare gli psicologi, a indagare sulla validità del mio approccio e, se ritenuto pertinente, ad adottare misure per testare le mie conclusioni conducendo studi su scala più ampia.

## Il problema

All'epoca in cui cercavo un aiuto non era disponibile, in campo medico, alcuna cura efficace per l'insonnia. Ho dovuto, di conseguenza, prendere in mano la situazione; il mio obiettivo era porre fine all'insonnia, ripristinare il mio benessere e rimettere in sesto la mia vita.

Durante questo processo ho notato che in me esistevano una serie di altri problemi: rabbia, paura delle mie stesse emozioni, necessità di manipolare gli altri per ottenerne benefici, controllo ossessivo delle circostanze, mancanza di momenti spontanei di felicità e un comportamento maniacale in ambito lavorativo.

Attraverso una profonda esplorazione delle reazioni mentali ed emotive inconsciamente motivate, ho concluso che erano tutte guidate da un unico fattore: l'urgente necessità di compensare la mancanza di un Sano Senso di Sé.

Questa scoperta mi ha portato alla conclusione che una miriade di altri problemi potrebbero essere collegati a questa causa: difficoltà nell'educazione dei figli, problemi di relazione, insonnia, ansia e depressione, problemi di gestione della rabbia, problemi di peso e disordini alimentari, dipendenza, violenza domestica, paura del fallimento, ansia da prestazione, solitudine, mancanza di empatia e compassione, incapacità di lavorare all'interno di gruppi, sia sul lavoro che nella vita in generale.

Tendo a supporre che anche altre patologie, quali l'Alzheimer e altre forme di demenza, fibromialgia, disturbi bipolari, ADHD (Disturbo da Deficit di Attenzione/Iperattività) possano avere origine nella mancanza di un Sano Senso di Sé.

# Il metodo

Pur non possedendo una formazione accademica in ambito psicologico, posso però considerarmi un'esperta "fai da te" della Motivazione.

Il mio metodo ha raccolto e analizzato le mie diverse esperienze, basandosi su un costante lavoro di introspezione applicato a oltre 30 anni di registrazioni e revisioni dei miei pensieri, dei miei sentimenti e delle mie scoperte (dal 1995 a oggi). Calarmi così a fondo dentro me stessa mi ha fornito gli strumenti necessari per poter mappare i miei processi interiori e trarre conclusioni coerenti. Pormi la domanda: "PERCHÉ faccio QUELLO che faccio?" ed essere brutalmente onesta con me stessa è stato determinante in questo approccio.

Osservare gli altri, per scoprire quale fosse la parte essenziale che in me sembrava mancante e in loro presente, mi ha aiutato a giungere alle personali conclusioni riguardo agli effetti che il Senso di Sé, o la sua assenza, hanno sul comportamento.

# I risultati

Come detto sopra, ho rilevato che i vari disturbi che sperimentavo avevano una causa comune: un Senso di Sé assente. Il Senso di Sé assente deriva da un Mirroring inadeguato nel bambino causato dai suoi educatori. Quando, durante l'infanzia, l'educatore, spesso suo malgrado, impedisce lo sviluppo di un Sano Senso di Sé nel bambino, lo rende dipendente dall'approvazione esterna. Guadagnarsi il sorriso del genitore provoca nel piccolo la sensazione di "Sentirsi bene con sé stessi", fornisce un fugace momento di dignità, che viene però scambiato per un Senso di Sé. Questo ciclo di dipendenza dall'approvazione altrui sostituisce la connessione con il Sé autentico (Senso di Sé sostitutivo).

Conseguenza dell'urgenza di colmare questo vuoto è lo sviluppo della necessità di funzionare alla perfezione; una persona con un Senso di Sé assente tende a utilizzare condizioni autoimposte per convincere il suo educatore di essere degno della sua attenzione. Queste condizioni variano individualmente in quanto si basano su ciò che si apprende durante l'infanzia.

La dipendenza dall'approvazione, se non affrontata, viene mantenuta anche in età adulta e porta a una quantità enorme di stress che può provocare una miriade di malesseri mentali, emotivi e fisici.

Il Metodo del Senso di Sé, attraverso l'introspezione guidata, offre la visione delle conseguenze devastanti ottenute quando le motivazioni sono orientate verso l'acquisizione di un Senso di Sé sostitutivo. Fornisce inoltre esercizi di consapevolezza del corpo, visualizzazioni creative e affermazioni positive come mezzi per ripristinare il Senso di Sé.

# Conclusioni

Quali sono le implicazioni di questa scoperta? Ripristinare il proprio Senso di Sé è la risposta alla serie in apparenza non correlata di problemi causati da un Senso di Sé assente. Nel momento in cui l'attenzione si sposta dalla compulsione a ottenere l'approvazione altrui alla possibilità di sperimentare un auto accettazione incondizionata, molti dei sintomi scompariranno naturalmente.

Da questo approccio derivano numerosi vantaggi, perché consente alla maggior parte delle persone di risolvere i propri problemi in maniera autonoma; ciò si traduce in un minor numero di visite ambulatoriali e, di conseguenza, in minori costi sanitari.

Gli effetti immediati di un ritrovato Senso di Sé sono: meno stress, migliore salute e benessere, migliore qualità della vita e maggior autorealizzazione oltre che portare a un'educazione dei figli più responsabile e adeguata. Questi cambiamenti positivi si riflettono anche in un minor numero di assenze dal lavoro o da scuola e in un maggiore senso di soddisfazione personale.

Spero che, con il tempo, conclusioni più ufficiali e scientificamente fondate consentano l'implementazione del principio del Senso di Sé nelle varie tecniche di guarigione.

È il mio sogno mettere a disposizione la consulenza del Sano Senso di Sé in contesti educativi, dalle scuole elementari alle università e altri istituti di formazione professionale.

Immagino che il mio approccio possa, nella migliore delle ipotesi, essere considerato un ampio caso di studio. Tuttavia, non spetta a me trarre conclusioni; semplicemente considero immorale non condividere informazioni che potrebbero essere potenzialmente utili al bene di tutti.

# Altri prodotti Sano Senso di Sé

- *A Guided Journal to a Healthy Sense of Self: Thoughts to Inspire Peace Within and Around the World*

- *How to overcome insomnia all by yourself*

## CORSO ONLINE (IN LINGUA INGLESE):

- *Online Course: Introducing the Sense of Self Method*

## TESTI IN OLANDESE:

- *Gezond Zelf-Gevoel: Dé Methode om het beste uit Jezelf te halen*

- *Werkboek voor de Zelf-Gevoel Methode (gebaseerd op de onlinecursus maar ook onafhankelijk te gebruiken)*

- *Het Gezond Zelf-Gevoel Dagboekje - Een inspiratiebron voor persoonlijke en wereldvrede*

- *Slapeloosheid - Hoe kom je er vanaf?*

# Corso online (in lingua olandese):

- *Online Cursus: de Zelf-Gevoel Methode*

# Contatti:

# Italia:

- Email: info@sanosensodise.it

# USA:

- Email: contact@healthysenseofself.com

# Paesi Bassi:

- Email: info@gezondzelfgevoel.nl

# Sito web Italia:

http://www.sanosensodise.it

# Sito web USA:

www.HealthySenseOfSelf.com

# Sito web Paesi Bassi:

http://www.Gezondzelfgevoel.nl

## FACEBOOK ITALIA:

http://www.Facebook.com/SanoSensodiSe

## FACEBOOK USA:

http://www.facebook.com/Healthysenseofself

## FACEBOOK PAESI BASSI:

http://www.Facebook.com/GezondZelfGevoel

## INSTAGRAM USA:

www.instagram.com/Healthysenseofself

## INSTAGRAM PAESI BASSI:

www.instagram.com/gezondzelfgevoel_nl

## TWITTER USA:

https://twitter.com/healthysos

## LINKEDIN USA:

http://www.linkedin.com/in/annetvogels

# Ringraziamenti

Mettere in dubbio il ruolo svolto dagli educatori può essere, per molti, scomodo. È stato difficile convincere i miei amici a leggere le bozze e ad ascoltare le mie teorie, ma quelli tra loro che sono rimasti colpiti da questi contenuti, hanno dimostrato un'estrema disponibilità e una profonda dedizione alla produzione di questo libro. Sono loro che hanno avuto cura dell'innumerevole quantità di lavoro necessario per presentare il materiale in maniera il più possibile razionale e comprensibile. Non posso quindi dire di aver scritto questo libro da sola.

Dal 2008, sono state coinvolte molte persone che si sono dedicate intensamente al progetto e desidero ringraziarle dal profondo del mio cuore. Senza di voi, questo libro sarebbe rimasto nel "Cassetto dei Sogni". Il suo contenuto sarebbe rimasto interessante per me, ma inaccessibile agli altri, e solo in pochi sarebbero riusciti a ricavarne qualcosa. Anzi, forse nessuno avrebbe voluto aprire quel cassetto, perché i benefìci non sarebbero stati chiari, e i contenuti troppo spaventosi. Ma grazie alle vostre intuizioni, al vostro impegno e al vostro tempo, abbiamo una potenziale soluzione a tanti problemi che è ora a disposizione delle persone che soffrono. Grazie a tutti voi, immensamente, per aver individuato con me il quadro complessivo e per aver usato il vostro tempo e le vostre energie per raccontare la mia storia e dare forma alla mia teoria, in modo che anche gli altri possano trarne beneficio.

Lasciatemi cominciare ringraziando profusamente Alia Aurami, tra le prime ad ascoltare ciò che avevo da dire e verificarne la validità. Alia è stata, anche, preziosissima nello scrivere la prima versione della Teoria del Senso di Sé, ancora disponibile (in inglese) su www.holispsych.com. In molti hanno trovato questi primi scritti utili e illuminanti.

Grazie di cuore a Deborah Drake e Nora Tamada, che sono state regolarmente al mio fianco quali risorse linguistiche e che hanno
lavorato sulle conclusioni che traevo dalle mie sfide rendendole uni-
versalmente accessibili. Grazie per la vostra indefessa attenzione e
grazie per la vostra gentile pazienza. Nei primi stadi del Metodo del
Senso di Sé non lavoravamo da remoto, ma ci ritrovavamo di persona;
ricordo con gioia le memorabili discussioni riguardo la terminologia
(in special modo del Glossario) per trovare le parole più appropriate
o per meglio descrivere i vari concetti. La natura delle nostre parole
chiave è alquanto buffa, dal momento che, a un certo punto, si è ri-
trovata a vivere di vita propria e, tuttora, questo processo non sembra
ancora del tutto terminato. Quindi grazie per i vostri preziosi consigli
e per essere rimaste fedeli alle vostre opinioni quando abbiamo discusso, per lungo tempo, prima di arrivare finalmente a un accordo.

Ringrazio mia figlia Laura per la sua dedizione e pazienza nel
produrre i prototipi di ciò che poi è diventato lo stile del nostro mar-
chio, del font e delle illustrazioni.

Altre persone, in questi ultimi anni, sono arrivate e poi ripartite e,
tra loro, vorrei menzionare e ringraziare Lily Burns, Michael Maine e
Bookmasters.

Grazie anche a Jolene Spath, Leighah Beadle-Darcy, Werner Vogels e Kim Vogels. Voglio esprimere specialmente la mia gratitudine
a un amico di lunga data, Gianluigi Ottobrini, per il lavoro svolto da
Novara. Grazie per aver tradotto il libro in italiano; sappi che dalle
nostre discussioni ho imparato moltissimo, e che tutto ciò ha contri-
buito grandemente a migliorare questo scritto.

Grazie a Marielle Higler e Ilse Wortelboer per aver tradotto il libro
in olandese e per aver discusso dei problemi che ne sono sorti.

Grazie a tutti coloro che hanno aiutato chi, a sua volta, ha aiutato
me: le loro famiglie e i loro amici.

Un grazie speciale ai lettori della versione beta. Il vostro coraggio
nell'essere critici e onesti sul materiale ha fatto una differenza notevole. Un grandissimo grazie al talentuoso gruppo di grafici editoriali
formato da Marco Scozzi e Vanessa Cucco, per la realizzazione dei

risultati grafici, reinventati in bianco e nero con la loro adorabile creatività.

Un ringraziamento ad Alessandro Pietro Tasselli, che ha preso la versione originale in inglese per poi fare, con discrezione, le scelte necessarie per rendere il libro accessibile al lettore italiano; ha messo il primo tassello di questa versione italiana!

Poi, di nuovo, sono specialmente in debito con la coppia favolosa: Marco Scozzi e Vanessa Cucco, che hanno saputo rendere il contenuto di questo libro nella tipica e rinomata bellezza della scrittura italiana. Con abilità linguistica hanno trasformato il Metodo del Senso di Sé in quello che chiamerei "modestamente" un'opera di grande classe, in breve un lavoro che sono orgogliosa di chiamare mio. È affascinante ritrovare i miei concetti resi con eleganza e accuratezza nella lingua che così tanto amo.

Voi tutti mi fate sentire che non sono sola in questa intensa missione per rendere il nostro mondo un luogo migliore. Siete voi che avete reso possibile che altri imparino e beneficino dalla mia storia.

E ultimo, ma non per importanza, da un luogo di perdono radicale, vorrei esprimere un grazie a mia madre per avermi donato questa esperienza umana.

**Grazie.**

Printed in the United States
by Baker & Taylor Publisher Services